中國博士後科學基金第 71 批面上資助項目階段性成果
（立項號：2022M712142）

浙江省教育廳一般項目階段性成果
（立項號：Y201942227）

麗水歷代詩歌石刻
匯輯校注

The collection and annotation of
the Poetry stone carvings in the Lishui city

侯成成 編著

中國社會科學出版社

圖書在版編目（CIP）數據

麗水歷代詩歌石刻匯輯校注／侯成成編著 . —北京：中國社會科學出版社，
2024.5

ISBN 978 – 7 – 5227 – 3480 – 4

I.①麗…　Ⅱ.①侯…　Ⅲ.①石刻—匯編—麗水　Ⅳ.①K877.4

中國國家版本館 CIP 數據核字(2024)第 082160 號

出　版　人	趙劍英
選題策劃	宋燕鵬
責任編輯	金　燕
責任校對	李　碩
責任印製	李寡寡

出　　版	中国社会科学出版社
社　　址	北京鼓樓西大街甲 158 號
郵　　編	100720
網　　址	http://www.csspw.cn
發　行　部	010 – 84083685
門　市　部	010 – 84029450
經　　銷	新華書店及其他書店

印　　刷	北京明恒達印務有限公司
裝　　訂	廊坊市廣陽區廣增裝訂廠
版　　次	2024 年 5 月第 1 版
印　　次	2024 年 5 月第 1 次印刷

開　　本	710×1000　1/16
印　　張	23.75
字　　數	345 千字
定　　價	136.00 元

凡購買中國社會科學出版社圖書，如有質量問題請與本社營銷中心聯繫調換
電話:010 – 84083683
版權所有　侵權必究

前　言

　　石刻，是文獻的重要類別。與寫本文獻、刻本文獻，以及長沙窯瓷器、海洋沉船（如唐代"黑石號"沉船、南宋"南海一號"沉船）瓷器等易移動文物文獻相比，"石刻"類文獻，因內容與形式均較穩定且存時久遠而獨具"紀念碑性"①。石刻，有石碑、摩崖等多種形制，文本上也繁雜多樣。對於其研究價值，需要不同領域的專家，從各自視角出發共同挖掘。可喜的是，學界給予"石刻"的關注正在逐步增加。這一研究動態，從國家社科基金立項名單中，就可以窺得一斑。如果以"石刻"為關鍵詞，在"國家社科基金項目數據庫"中進行檢索就會發現，以各類"石刻"為研究對象的立項課題，近年來呈現出穩步增多的態勢。

　　在石刻研究聲勢高漲的學術背景下，詩歌石刻研究領域，卻顯得相對寂寞。儘管有些學者，嘗試著對詩歌石刻進行區域性或斷代性專題探討，但整體而言，現有成果仍然薄弱，可開拓空間依舊很大。這一研究現狀的出現，與詩刻研究資料的零散性與有限性有關。散佈在全國各地的大量詩歌石刻，長期未能被完整而集中地呈現出來。故而，學者們在開展相應研究時，難免會陷入"巧婦難為無米之炊"的窘境。

---

　　① 此處借用著名美術史家巫鴻先生提出的"紀念碑性"這一概念，旨在說明"石刻"內蘊的紀念與儀式功能。參見［美］巫鴻著《中國古代藝術與建筑中的"紀念碑性"》，李清泉译，上海人民出版社 2009 年版，第 1—18 页。

實際上，我國有著厚重的金石學傳統。目前所知最早的金石學著作，可以上溯到西晉時期，即陳勰《雜碑》一書。北宋時期，北宋歐陽修《集古錄》、趙明誠《金石錄》等各類金石專著，更是噴湧而出。此後，各代金石學撰述不絕。這些層累出現的金石著作中，有些就關注并著錄有詩歌石刻。部分成果甚至以提要或跋語的形式，對所錄詩刻的文句、詩家仕歷、撰作或勒刻時間等問題，作了初步考察。在信息交流相對不暢的古代社會，前賢們能夠做到這一點，實屬難能可貴。然而，在新的時代條件下，儘管我們所具備的研究條件早已發生了質的飛躍，但這批古人曾經留心過的詩刻資料，卻長期沒有得到足夠重視，甚至於缺乏基本的現代學術意義上的整理與研究，這不得不讓人感到惋惜。

麗水市，地處浙西南山區、甌江上游，古稱"處州"、"括州"或"栝蒼"，歷史悠久且名勝古跡眾多。比如，縉雲縣仙都鼎湖峰，相傳為黃帝乘龍升天之所。據《史記·封禪書》載，西漢元鼎年間，齊人公孫卿親郊太一借申公之口言曰："漢主亦當上封，上封則能僊登天矣。黃帝時萬諸侯，而神靈之封居七千。天下名山八，而三在蠻夷，五在中國。中國華山、首山、太室、泰山、東萊，此五山黃帝之所常遊，與神會。黃帝且戰且學僊。患百姓非其道者，乃斷斬非鬼神者。百餘歲然後得與神通。黃帝郊雍上帝，宿三月。鬼臾區號大鴻，死葬雍，故鴻冢是也。其後黃帝接萬靈明廷。明廷者，甘泉也。所謂寒門者，谷口也。黃帝采首山銅，鑄鼎於荊山下。鼎既成，有龍垂胡顏下迎黃帝。黃帝上騎，群臣後宮從上者七十餘人，龍乃上去。餘小臣不得上，乃悉持龍顏，龍顏拔，墜黃帝之弓。百姓仰望黃帝既上天，乃抱其弓與胡顏號，故後世因名其處曰鼎湖，其弓曰烏號。"這段神話色彩濃郁的說辭，隨著《史記》一書的世代流播而廣為人知。

《史記》所載"黃帝乘龍升天"之處"鼎湖"，顯然與今天的縉雲縣仙都鼎湖峰無甚關涉。但隨著時間的推移以及歷史的演化，至遲在唐代，時人就已經將今縉雲縣鼎湖峰，附會為"黃帝乘龍升天"

傳說的發生地。鼎湖峰，高一七〇點八米，直徑五十六米，周長一百八十米，底面積零點二五公頃，體積約四十萬立方米，因狀貌似筍，故又有"石筍"之稱。尤其是，峰頂有湖，風激湖浪，散作晴天雨點，堪稱奇觀。中唐時期詩人徐凝、曹唐等人，即有詩句詠讚鼎湖峰。徐凝《題縉雲山鼎池二首》其一作："黃帝旌旗去不回，空餘片石碧崔嵬。有時風卷鼎湖浪，散作晴天雨點來。"曹唐《仙都即景》亦讚有："孤峰應礙日，一柱自擎天。"其中，徐凝詩作中的首二句，即化用《史記·封禪書》中的"黃帝乘龍升天"之典。可見，在中唐時人看來，今仙都鼎湖峰，即為傳說中的黃帝乘龍升天之處。此外，我們還可以找到一些文物佐證。《光緒縉雲縣志》卷十二《碑碣志》轉引南宋王厚之《復齋碑目》言，仙都鼎湖峰旁，早在唐咸通年間，就已經出現了專門祭祀黃帝的"仙都山黃帝祠堂"，且祠堂內見有咸通八年（八六七）《仙都山黃帝祠堂碑》："《復齋碑目》有唐仙都山黃帝祠碑，袁鼚撰，雲遊子書，咸通八年立。"這通唐代碑刻，儘管早已佚失，但它既然曾經存在過，那就說明，至遲在咸通時人看來，鼎湖峰即為黃帝乘龍升天之處。或許，這已經成為唐人普遍的歷史記憶。

實際上，早在東晉南朝時期，麗水一帶就已經進入到了當世名人的尋訪視野。比如，著名道教理論家葛洪、山水詩派的開創者謝靈運，就曾經到訪於此。在今蓮都區南明山雲閣崖石壁的正中央，勒刻有"靈崇"兩個隸書大字。"靈崇"二字，相傳為葛洪所題，現已入選國家文物局《第一批古代名碑名刻文物名錄》。"靈崇"題字的附近，另外鐫刻有北宋處州知州劉涇所賦讚頌詩："□□□鷟□□□仙翁□□□。何此副墨為，而沉寓心書。靈崇故揮掃，縹緲神飛驚。老木同消磨，煙華終梗㮕。葺投久塵點，藻栻囘天光。宿禾清淨像，夢寐獲金事。拔諸琳瑯館，起敬未省心。穹壤均長年，勿猥文字見。"可見，在北宋時人看來，南明山雲閣崖石壁上的"靈崇"二字，即為葛洪手跡。

劉涇，《宋史》卷四四三有傳。據載，此人"字巨濟，簡州陽安人，舉進士，王安石薦其才，召見，除經義所檢討。久之，為太學博士，罷，知咸陽縣，常州教授，通判莫州、成都府，除國子監丞，知處、虢、真、坊四州。元符末上書，召對，除職方郎中。卒，年五十八。涇，為文務奇怪語，好進取，多為人排斥，屢躓不伸。"據《宋史》本傳中的上述簡略記載來看，這位"好進取"但"屢躓不伸"的"劉涇"，應該是位性情中人，且曾經擔任過處州知州一職。此詩應該就是他在處州知州任上時撰作。

麗水各地，還存有其他與葛洪有關的遺跡。比如，南明山雲閣崖附近，有一處名作"葛洪煉丹臺"的山岩，相傳葛洪曾在此處煉丹。而在南明山另一處名作"石梁"的景觀（所謂"石梁"，實為一塊形似橋樑的長條形巨石）下方，豎立有多方吟詠"石梁"景觀的詩碑，其中一方為清陳璃無題詩碑。該方詩碑的碑面，勒有陳璃五律一首："葛翁仙去也，何處覓丹砂。虹斷石梁瀑，鶯留山洞花。離文天奐象，麗景物增華。獨立峯頭嘯，雲開爛晚霞。"此詩首聯二句，即詠葛洪。此詩末尾附有題記作："光緒戊子春登南明山，鬱平陳璃作並書。""鬱平"即今廣西貴縣。據題記知，此詩為光緒十四年（一八八八），廣西貴縣陳璃遊南明山葛洪遺跡及"石梁"景觀後撰作、書丹並勒石。

生活在東晉南朝時期的謝靈運，在中國詩歌史上具有崇高地位。南朝宋時，謝靈運曾經擔任過永嘉太守，彼時麗水正屬於永嘉轄境。據《宋史》謝靈運本傳載，謝靈運在永嘉太守任上時，無心政事，"肆意遊遨，遍歷諸縣，動逾旬朔"，且"所至輒為歌詠，以致其意。"在現今所見謝靈運賦作的眾多詩篇中，《石門新營所住四面高山回溪石瀨修竹茂林詩》、《登石門最高頂》兩首五言古詩，頗為引人注目。在麗水市青田縣高市鄉境內的甌江畔，恰有一處名作"石門洞"的風景名勝，即今石門洞景區。石門洞景區內有一處名作"石門飛瀑"的瀑布景觀，該景觀左側有一處形似彎月的淺洞，名作"月洞"。"月洞"內一塊大石石壁上，即勒有謝靈運上述兩首五古詩。這兩方摩崖詩刻，也一併入選國家文物局《第一批古代名碑名

刻文物名錄》。它們如果是晉宋時期刻石，那麼自然彌足珍貴。但據
今人邱亮先生在《謝靈運摩崖詩刻辨僞與考佚》[①] 一文中的考證，
此兩方詩刻並非晉宋刻石，而是唐人據別本補刻者。儘管如此，這
兩方詩刻依然極富價值，它們至少展現出了謝靈運詩歌在後世社會
的流傳實態。鑒於這兩首五古詩，皆見於久在海內流傳的南朝梁昭
明太子《文選》（分別見於卷二十二、卷三十），且詩刻的殘存文字
與《文選》本相同，所以我們認爲，唐代好事者勒刻此二詩時所據
底本，應是來源於昭明太子《文選》或其版本系統。

　　麗水境內，多山石岩洞、少平原川澤，風景之美，古來共談。
進入唐代以後，借助唐人的詩筆，麗水的山川美景，更是廣爲流播。
比如，李白《送王屋山人魏萬還王屋》詩中，就有描寫麗水風光的
詩句：“縉雲山谷難，石門最可觀。瀑布掛北斗，莫窮此水端。噴壁
灑素雪，空蒙生晝寒。卻思惡溪去，寧懼惡溪惡。咆哮七十灘，水
石相噴薄。路創李北海，岩開謝康樂。松風和猿聲，搜索連溝壑。”
詩人方幹在寫給時任處州知府段成式的《贈處州段郎中》一詩中，
亦對麗水山水讚美有加：“幸見仙才領郡初，郡城孤峭似仙居。杉蘿
色里遊亭樹，瀑布聲中閱簿書。德重自將天子合，情高元與世人疏。
寒潭是處清連底，賓席何心望食魚。”以李白和方幹爲代表的唐代詩
人，或許並未親身到訪過麗水，但他們對麗水山水的吟詠，與實際
景觀極爲契合。可見，麗水的山水之美，早在唐代時期，即已聲名
遠播。

　　優美的自然風光、富集的名勝古跡，以及歷代文人的吟詠宣揚，
爲麗水歷代詩歌石刻的產生，提供了絕佳的自然與文化前提。筆者
曾長期生活在浙江省麗水市，深知在麗水城鄉的亂石荒草之間，散
存著數量較多的歷代詩歌石刻。這批詩刻資料的價值，至今沒有得
到足夠彰顯。鑒於此，筆者自二〇一三年十月國慶假日期間，在慶
元縣五大堡鄉明代銀坑洞洞口石壁上，初見正德七年（一五一二）

───────────

① 　見于《文學遺產》2021 年第 5 期，第 55—65 頁。

佚名曠工所賦無題七言絕句以後，便著手利用工作餘暇，斷續地對麗水歷代詩刻資料，進行搜集、踏訪與整理，至今已匆匆十年。十年間，我所積累的詩刻資料日益增多。現對它們進行校注整理并結集出版，希望這本小書，能夠引起大家對於各地詩歌石刻以及其他文學石刻的關注！

　　我相信，本書是有價值的，它至少匯輯了一批長期存在但學界關注不多的新資料。資料是研究的基礎。每當有新的研究資料出現，相應領域的研究空間，就會得到一定程度的拓展。但同時我也知道，本書在對於個別詩刻的題解與校注上，還存在著諸多欠缺乃至訛誤。對此，我誠懇而熱切地期待著大家的善意批評。多一分批評，我也就多了一分前行的動力。

目　录

摩　崖　篇

詩 碑 篇

凡　例

一、麗水本《禹貢》揚州域。其疆域四至，雖然歷史上屢有更遷，但自唐以後，即穩定少變，故依照今麗水市範圍統計詩刻。

二、書題中的“歷代”，指一九四九年新中國建立以前各代。一九四九年以後，出於文旅發展需要而重勒或重建的詩刻，因文物價值有限且可靠性偏低，故不予考察。

三、一些墓志銘的銘文，雖然亦具有詩歌的因素，有的本身就是詩歌，但因形式雜糅，且已為專門文體，所以亦不予考察。

四、在詩刻數量的統計上，以刻石為單位，而非以詩歌作品為單位。比如，緝雲縣仙都景區初暘山石壁上，勒有民國緝雲知縣黃端履所賦七絕四首，它們彼此合為一個整體，故宜計作一方。

五、“詩刻”，理應為詩歌上石者，但麗水詩刻中卻有例外。晚清青田縣籍學者端木國瑚，在晚年鄉居期間，曾在松陽縣松陰溪畔的一處大石上，用墨筆題寫了一首無題七律。該詩雖然未被鑿刻入石，但在功能與目的上，實與一般的刻詩無異，且《民國松陽縣志》即徑將其收入是書《金石志》，所以本書亦予以收錄。

六、在詩刻的排序上，按照詩作者的年代先後進行排列。一般情況下，詩刻的鐫勒時間，與詩作者的生活年代相近。但麗水詩刻中，卻有例外。比如，謝靈運系為東晉南朝時人，但據當代學者研究，青田縣石門洞景區“月洞”石壁上的兩方謝靈運五古詩，卻非東晉南朝時期刻石，而是由某位喜好謝詩的唐人據別本摹刻。

七、個別詩刻的鐫勒年代，與“詩作者的生活年代”相距較遠。

所以，擬題時為避混淆，統一以"詩作者年代"或者"詩歌作品的產生年代"為基準進行擬題。比如，目錄中所見"東晉南朝謝靈運摩崖詩刻"，意為東晉南朝時人謝靈運所賦詩歌的摩崖石刻，而非東晉南朝時期勒刻的謝靈運詩歌摩崖石刻。

八、若筆者自攝照片模糊不清，則轉引他人圖片，并在圖片下標明出處；若自攝照片雖然清楚，但別處見有清晰度相對更高的拓片，則在自攝照片後附上拓片，并在拓片下註明出處。

九、本書所撰"題解"，首先介紹詩刻的形制、尺寸等基本樣貌，其次對詩歌作品所附"序文"或"題記"進行釋錄，並且以之為據，對詩歌的撰作者、書丹者、勒刻者以及相應時間略作考證。而在釋錄"序文"與"題記"時，用"/"表示自然轉行。

十、原石殘缺，依殘缺位置用（前缺）（中缺）（後缺）表示；因殘毀或磨平而造成缺字，用□表示，缺幾個字，用幾個□；不能確知缺幾個字的情況，上缺用￢￢￢￢表示，中缺用￢￢￢￢表示，下缺用￢￢￢￢表示，皆佔三格；缺字可據別本或上下文義補足時，將所補之字置於□內，并在校記中說明理由；俗體字、異體字或同音假借字，一如其舊，但在校記中註明正字；有重文符號者，直接補足。

十一、文本"校記"與"箋注"合在一起，先校記，后箋注。

十二、原刻中的陰文或陽文印鑒，在首句之注解中予以說明。

摩崖篇

一 南朝宋謝靈運石門洞摩崖詩刻（一）

圖一　月洞今貌，筆者攝

圖二　詩刻今貌，筆者攝

　　題解：鐫刻在麗水市青田縣石門洞景區"石門飛瀑"景觀左側一處名作"月洞"的洞穴（因形似彎月而得名）石壁上，摩崖，一方，五言古詩一首，原刻題作《石門新營所住四面高山回溪石瀨修竹茂林詩》，且詩題後附見有"謝靈運"之作者署名。此詩系為南朝宋時謝靈運之作，被南朝梁蕭統《文選》卷三十收載，且詩題與詩刻相同。整方詩刻，橫長三八釐米、縱高六〇釐米，通篇豎寫陰刻，自上而下、自右向左，共計十一行，字徑約三釐米，楷書，字跡略顯草率。據今人邱亮先生考證，此方謝靈運摩崖詩刻，並非南朝宋時期刻石，而是唐代時人據別本補刻。

　　青田縣石門洞景區內的"月洞"石壁上，總共見有兩方謝靈運摩崖詩刻，此為其中之一。它們皆已入選國家文物局《第一批古代名碑名刻文物名錄》。這兩方謝靈運詩刻之上，另疊刻有兩則題記。其中，第一則題記，共計四行，字徑約十二釐米，文本內容作："尚書郎苗振/閣門祗候常鼎/同遊，辛卯孟冬/初五日。"據徐文平考證，題記中的"苗振"、"常鼎"，系為北宋仁宗皇祐年間人物，他們於皇祐三年（一〇五一）遊石門洞、觀"石門飛瀑"，並在月洞石壁上留此題刻[①]；第二則題記，共計五行，字徑五到八釐米不等，文本內容作："太常博士密閣校理通/判婺州王起、國子博士/通判處州石祖德、殿/直管界巡檢張宗旦，/皇祐癸巳歲寒食同來。""皇祐癸巳"即皇祐五年（一〇五三），"王起"與"石祖德"的生平事跡無考，但"張宗旦"的生平事跡，略見於《清江三孔集》卷一四《張公美偈言記》，有興趣的學者可以參看。

　　據《宋書》卷六七謝靈運本傳及南朝宋虞龢《論書表》載，謝靈運"少好學，博覽群書，文章之美，江左莫逮"（《宋書》謝靈運本傳），且"靈運能書，而特多王法"（虞龢《論書表》），其詩作與書法，時人稱為"二寶"。但石門洞景區月洞石壁上的這兩方謝靈運

　　① 徐文平：《石門洞摩崖石刻與碑刻》，青田縣文化與廣電旅遊體育局 2019 年印行，第 37 頁。

摩崖詩刻，字跡草率，難稱雅觀，絕非謝靈運書風。即使它們不是據謝靈運手跡摹刻者，但如果是南朝宋時刻石，也是彌足珍貴的。因為，不唯浙江，即便就全國而言，南朝時期的詩歌石刻，存量極為稀少。然而實際上，月洞石壁上的這兩方謝靈運摩崖詩刻，也很難講是南朝宋時刻石。

這兩方摩崖詩刻上，既然見有北宋皇祐年間所刻題記，那麼也就說明，在北宋皇祐年間的題刻者看來，這兩方署名"謝靈運"的詩刻，並非南朝宋時的謝靈運原刻，否則就不會在其上覆刻題記，而是應該倍加珍惜。自清代乾嘉以後，歷代金石學者們，對於它們是否為南朝宋時刻石，已多有質疑。但是前賢質疑，僅限主觀推測，長期缺乏堅實證據。直到今人邱亮在《謝靈運摩崖詩刻辨偽與考佚》一文中，運用文獻考辨與實地查勘相結合的方法，論證出兩方詩刻為唐時補刻，且勒石時間是在唐徐嶠來遊之後、裴士淹去世之前，即唐開元二十八年（七四〇）至大曆九年（七七四）之間①。從現有材料上看，邱亮先生的結論，是極具說服力的。

此方謝靈運摩崖詩刻，清李遇孫《栝蒼金石志》卷一、陸繼煇《八瓊室金石補正續編》卷二，以及青田縣文管會《石門洞太鶴山摩崖碑碣》第一頁、王友忠《青田文物圖集》第二一〇頁、吳志華《處州金石》上冊第二七九頁，均已見有釋文。筆者二〇一八年十月一日初次訪石。以下校錄，以《文選》卷三十為參校本。

釋文：躋險築幽居[一]，披雲臥石門[二]。苔滑誰能步[三]，葛弱豈可捫[四]。嫋嫋秋風過[五]，萋萋春草繁[六]。美人遊不還，佳期何由敦[七]。芳塵凝瑤席[八]，清醑滿金樽[九]。洞庭空波瀾[一〇]，桂枝徒攀翻[一一]。結念屬霄漢[一二]，孤景莫與諼[一三]。

---

① 邱亮：《謝靈運摩崖詩刻辨偽與考佚》，《文學遺產》2021 年第 5 期。

俯濯石下潭^[一四]，仰看條上猿^[一五]。早聞夕飆急^[一六]，晚見朝日暾^[一七]。崖傾光難留^[一八]，林深響易奔^[一九]。感往慮有復^[二○]，理來情無存^[二一]。庶持乘日車^[二二]，得以慰營魂^[二三]。匪為眾人說，冀與智者論。

校注：

[一] "躋""築""幽"，據《文選》卷三十補。"躋"，《說文·足部》："登也。"《徐霞客遊記·遊黃山日記後》："有路可直躋蓮花峰。""幽居"，僻靜的居所。唐韋應物《幽居》詩："獨無外物牽，遂此幽居情。"元洪希文《幽居》詩："投老安閒世味疏，深深水竹葺幽居。"

[二] "披""雲""石門"，據《文選》卷三十補。"披雲"，撥開雲霧。典出《世說新語·賞譽》："衛伯玉為尚書令，見樂廣與中朝名士談議，奇之。曰：'自昔諸人沒已來，常恐微言將絕，今乃復聞斯言於君矣。'命子弟造之，曰：'此人，人之水鏡也，見之，若披雲霧睹青田。'"曹魏嵇康《琴賦》："天吳踊躍於重淵，王喬披雲而下墜。"

[三] "滑"，據《文選》卷三十補。

[四] "捫"，摸，摩挲。清段玉裁《說文解字注·手部》："捫，又專稱摩挲。"唐李白《蜀道難》："捫參歷井仰脅息，以手撫膺坐長歎。"南宋陸遊《午睡起遇急雨》詩："揩眼捫鬚破晝眠，闌邊小立獨幽然。"

[五] "嫋嫋"，據《文選》卷三十補。"嫋嫋"，風搖動草木貌。《楚辭·九歌·湘夫人》："嫋嫋兮秋風，洞庭波兮木葉下。"王逸注曰："嫋嫋，風搖木貌也。"唐李白《悲清秋賦》："荷花落兮江色秋，風嫋嫋兮夜悠悠。"

[六] 第二個"萋"，據《文選》卷三十補。"萋萋"，草長茂盛貌。唐崔顥《黃鶴樓》詩："晴川歷歷漢陽樹，芳草萋萋鸚鵡洲。"

北宋李重元《憶王孫·春詞》："萋萋芳草憶王孫,柳外樓高空斷魂。"

〔七〕"敦",聚合。《詩經·大雅·行葦》:"敦彼行葦,牛羊勿踐履。"朱熹注:"敦,聚貌。"唐李白《贈宣城趙太守悅》詩:"驚飆頹秀木,跡屈道彌敦。"

〔八〕"芳塵",芳香之塵,多指女子之步履而起者。語出晉王嘉《拾遺記·晉時事》:"(石崇)又屑沉水之香如塵末,布象牀上,使所愛者踐之。"唐沈佺期《洛陽道》詩:"行樂歸恆晚,香塵撲地遙。""瑤席",酒宴。唐李世民《春日玄武門宴群臣》詩:"九夷簉瑤席,五狄列瓊筵。"劉禹錫《酬嚴給事賀加五品》詩:"雕盤賀喜開瑤席,彩筆題詩出瑣闈。"

〔九〕"清",據《文選》卷三十補。"清醥",清酒。唐白居易《酒功讚》詩:"麞靈者何?清醥一酌。離人遷客,轉憂為樂。"北宋蘇轍《答顏複國博》詩:"病後不勝清醥釀,別時仍得舊書傳。""金樽",精美的酒器。唐李白《將進酒》:"人生得意須盡歡,莫使金樽空對月。"北宋蔡挺《喜遷鶯》詞之下闋中有:"太平也,且歡娛,莫惜金樽頻倒。"

〔一〇〕"洞""空""波",據《文選》卷三十補。"洞庭",即洞庭湖。《楚辭·九歌·湘夫人》:"洞庭波兮木葉下。"唐韓愈《岳陽樓別竇司直》詩:"洞庭九州間,厥大誰與讓?"

〔一一〕"桂""徒""攀翻",據《文選》卷三十補。"桂枝",桂樹的枝幹。《楚辭·招隱士》:"蝯狖群嘯兮虎豹嗥,攀援桂枝兮聊淹留。"北宋米芾《中秋登樓望月》詩:"天上若無修月戶,桂枝撐損向西輪。""攀翻",攀折。唐李白《金陵白下亭留別》詩:"別後若見之,為餘一攀翻。"北宋王安石《次韻徐仲元詠梅二首》其二:"搖落會應傷歲晚,攀翻臘膌欲寄情親。"

〔一二〕"屬""霄",據《文選》卷三十補。"結念",念念不忘。唐沈佺期《鳳笙曲》:"豈無嬋娟子,結念羅幃中。"清曹家達《四時田園雜興四首》其二:"何處求黃虞,結念在廬井。""屬",

後作“囑”，意作託付或委託。《廣韻·燭韻》：“屬，付也。”“霄漢”，天河。五代南唐李煜《破陣子》詞：“鳳閣龍樓連霄漢，玉樹瓊枝作煙蘿，幾曾識干戈？”南宋張孝祥《踏莎行》詞：“趁此秋風，乘槎霄漢。”

［一三］“孤”“莫”“與”，據《文選》卷三十補。“孤景”，孤影。東漢蔡琰《悲憤》詩：“煢煢對孤景，怛吒糜肝肺。”南朝江淹《還故園》詩：“山中信寂寥，孤景吟空堂。”“諼”，《玉篇·言部》：“忘也。”唐白居易《贈元稹》詩：“之子異於是，久要暫不諼。”

［一四］“俯”“石”“下”，據《文選》卷三十補。“濯”，洗滌。《詩經·大雅·泂酌》：“泂酌彼行潦，挹彼注茲，可以濯罍。”毛傳：“濯，滌也。”西晉左思《詠史八首》其五：“振衣前仞岡，濯足萬里流。”

［一五］“條”，《說文·木部》：“小枝也。”唐李白《折楊柳》詩：“攀條折春色，遠寄龍庭前。”賀知章《詠柳》詩：“碧玉妝成一樹高，萬條垂下綠絲絛。”

［一六］“飆”，《說文·風部》：“扶搖風也。”清桂馥《說文義證》：“扶搖風也者，《初學記》引作疾風也。”唐駱賓王《螢火賦》：“值衝飆而不烈，逢淫雨而逾煥。”

［一七］“暾”，《正字通·日部》：“日始出昀物貌。”唐李白《登金陵冶城西北謝安墩》詩：“白鷺映春洲，青龍見朝暾。”北宋蘇轍《送吳思道道人歸吳興二絕》其一：“惠山唯有錢夫子，一寸閒田曉日暾。”

［一八］“傾”，據《文選》卷三十補。

［一九］“深”，據《文選》卷三十補。

［二〇］“感”“慮”，據《文選》卷三十補。“往”，過去，昔日。《玉篇·彳部》：“往，古往也。”唐杜甫《往在》詩：“往在西京日，胡來滿彤宮。”“復”，返回，反復。《詩經·小雅·蓼莪》：“顧我復我，出入腹我。”毛傳：“復，反覆也。”此句，《文選》李

善注曰：“悲感已往，而夭壽紛錯，故慮有迴復。”

　　［二一］“情”，據《文選》卷三十補。此句，《文選》李善注：“妙理若來，而物我俱喪，故情無所存。”

　　［二二］“持”“乘”，據《文選》卷三十補。“日車”，神話中太陽所乘六龍駕的車。《莊子·徐無鬼》中有：“有長者教予曰：‘若乘日之車而遊於襄城之野。’”唐盧仝《歎昨日三首》其三：“上帝板板主何物，日車劫劫西向没。”

　　［二三］“以”“營”，據《文選》卷三十補。“營魂”，魂魄。西晉陸機《文賦》：“攬營魂以探賾，頓精爽於自求。”南宋周南《呈趙蹈中》詩：“且將濁酒慰營魂，多留幾日論文字。”

二　南朝宋謝靈運石門洞摩崖詩刻(二)

圖三　詩刻今貌，筆者攝　　　　　圖四　詩刻拓片，採自吳志華
　　　　　　　　　　　　　　　　　《處州金石》上冊，第二八一頁

　　題解：鑴刻在麗水市青田縣石門洞景區"石門飛瀑"景觀左側"月洞"石壁上（位於前述謝靈運《石門新營所住四面高山回溪石瀨修竹茂林詩》摩崖詩刻的左側），摩崖，一方，五言古詩一首，原刻題作《登石門最高頂》，但無作者署名。此詩亦為謝靈運之作，被南朝梁蕭統《文選》卷二十二收載，且詩題與詩刻相同。整方詩刻，橫長四三釐米、縱高五八釐米，通篇豎寫陰刻，自上而下、自右向作，共計九行，每行

十二到十三字不等，字徑約三釐米，楷書，字跡與前一方謝靈運摩崖詩刻相同，應系為同時書丹并上石。

正如本書在第一則謝靈運摩崖詩刻題解中所揭示的那樣，此方謝靈運摩崖詩刻上，疊刻有"太常博士密閣校理通/判婺州王起、國子博士/通判處州石祖德、殿/直管界巡檢張宗旦，/皇祐癸巳歲寒食同來"等數行題記。此則題記，至少揭示出以下兩則信息：第一，月洞石壁上的這兩方謝靈運詩刻的鐫刻時間下限，是在北宋皇祐年間；第二，月洞石壁上的兩方謝靈運詩刻，並非南朝宋時刻石，而是北宋皇祐以前補刻者。否則，北宋皇祐時人，就不會在其上肆意疊刻題記，而是應該加以珍視與保護。

此方謝靈運摩崖詩刻，清李遇孫《栝蒼金石志》卷一、陸繼煇《八瓊室金石補正續編》卷二，以及青田縣文管會《石門洞太鶴山摩崖碑碣》第二頁、王友忠《青田文物圖集》第二一〇頁、吳志華《處州金石》上冊第二八一頁，已見釋文。筆者二〇一八年十月一日初次訪石。以下校錄，參校以《文選》卷二十二。

釋文：晨策尋絕 壁 [一]，夕息 在山樓 [二]。疏峯 抗高館 [三]，對 嶺臨迴溪 [四]。長林羅戶穴 [五]，積石擁 基階 [六]。連巖覺路塞 [七]，密 竹使徑迷 [八]。來人 忘新術 [九]，去子 惑故蹊 [一〇]。活活夕流 駛 [一一]，嗷嗷夜 猨 啼 [一二]。沈 冥 豈別理 [一三]，守 道自不 攜 [一四]。心 契九秋 幹 [一五]，目翫三春荑 [一六]。居常以待終 [一七]，處順故安排 [一八]。惜無同懷客 [一九]，共 登 青雲梯 [二〇]。

校注：

[一] "壁"，據《文選》卷二十二補。"絕壁"，陡峭的山崖。唐杜甫《望嶽三首》其三："渴日絕壁出，漾舟清光旁。"北宋蘇軾《石鐘山記》："至莫夜月明，獨與邁乘小舟，至絕壁下。"

　　[二]　"在山樓"，據《文選》卷二十二補。"山樓"，居於山中。《國語·越語上》："越王句踐樓於會稽之上。"韋昭注："山處曰樓。"南宋劉克莊《水龍吟》詞："先生避謗山樓，戒門不納高軒客。"

　　[三]　"疏峯"，據《文選》卷二十二補。"抗"，《廣雅·釋詁一》："舉也。"曹魏曹植《洛神賦》："抗羅袂以掩涕兮，淚流襟之浪浪。""高館"，高大的館舍。唐王維《奉寄韋太守陟》詩："寒塘映衰草，高館落疏桐。"北宋王安石《飲裴侯家》詩："掃除高館邀我入，自出糲麥憐民窮。"

　　[四]　"對"，據《文選》卷二十二補。

　　[五]　"長林"，高大的樹林。曹魏嵇康《琴賦》："涉蘭圃，登重基。背長林，翳華芝。"清靜諾《詠秋蘭》詩："長林眾草入秋荒，獨有幽姿逗晚香。""戶穴"，洞穴。唐孟浩然《初年樂城館中臥疾懷歸作》詩："蟄蟲驚戶穴，巢鵲眄庭柯。"南宋王柏《早梅有感》詩："今年寒色苦未老，戶穴不固泄萬蟄。"

　　[六]　"積石"，積聚在一起的石塊。西漢晁錯《言兵事書》："山林積石，經川丘阜，草木所在，此步兵之地也。"唐駱賓王《邊庭落日》詩："河流控積石，山路遠崆峒。""基階"，據《文選》卷二十二補，意為建築物的基礎和臺階。《舊唐書·張廷珪傳》："或開發盤礴，峻築基階。"

　　[七]　"連巖"句，據《文選》卷二十二補。"連巖"，連延的山巖。唐蔡文恭《奉和夏日遊山應制》詩："連巖聳百仞，絕壑臨千丈。"明李雲龍《西行二首》其二："疏樹相蔽虧，連巖互陰朗。"

　　[八]　"竹"，據《文選》卷二十二補。"密竹"，密生之竹。唐柳宗元《永州龍興寺東丘記》："屏以密竹，聯以曲梁，桂檜松杉楩楠之植，幾三百本，嘉卉美石，又經緯之。"南宋陸遊《閒居自述》詩："淨掃明窗憑素幾，閒穿密竹岸烏巾。"

　　[九]　"來""忘新術"，據《文選》卷二十二補。"術"，《說文·行部》："邑中道也。"曹魏何晏《景福殿賦》："房室齊均，堂庭如一，出此入彼，欲反忘術。""新術"，即新踩出來的路。清梁章鉅《安聖

寺》詩：“輕輿轉林麓，新術陟麥隴。”

[一〇]“惑故蹊”，據《文選》卷二十二補。“去子”，離開的人。“蹊”，小路。清段玉裁《說文解字注·彳部》：“蹊，凡始行之以待後行之徑曰蹊。”《史記·李將軍列傳》：“諺曰：‘桃李不言，下自成蹊。’”“故蹊”，舊路，原來的老路。

[一一]“駛”，據《文選》卷二十二補。“活活”，《廣韻·末韻》：“水流聲。”《詩經·衛風·碩人》：“河水洋洋，北流活活。”清潘高《憶幼子》詩：“溪水亦活活，溪麥亦芊芊。”“夕流”，晚上的溪流。唐韋建《泊舟盱眙》詩：“泊舟淮水次，霜降夕流清。”“駛”，流駛。唐王維《贈從弟司庫員外絿》詩：“欲緩攜手期，流年一何駛。”

[一二]“嗷嗷”“猨”，據《文選》卷二十二補。“嗷嗷”，鳥獸鳴聲。《廣雅·釋詁二》：“嗷，鳴也。”西漢司馬相如《長門賦》：“白鶴嗷以哀號兮。”“猨”，同“猿”。《玉篇·犬部》：“猨，似獼猴而大，能嘯也。猿同猨。”唐柳宗元《憎王孫文》：“猨王孫居異山，德異性，不能相容。”

[一三]“沈”“豈別理”，據《文選》卷二十二補。“沈冥”，隱居的人。南朝宋劉義慶《世說新語·棲逸》：“阮光祿在東山，蕭然無事，常內足於懷。有人以問王右軍，右軍曰：‘此君近不驚寵辱，雖古之沈冥，何以過此！’”“別理”，置之不理。

[一四]“守”“攜”，據《文選》卷二十二補。“守道”，堅守道德。北齊顏之推《顏氏家訓·省事》：“君子當守道崇德，蓄價待時。”“攜”，《集韻·齊韻》：“離也。”金元好問《潁亭留別》詩：“故人重分攜，臨流駐歸駕。”

[一五]“契”“秋”，據《文選》卷二十二補。“心契”，憧憬。清袁枚《隨園詩話》：“園林心契卅餘年，今日真來大隱居。”“九秋”，秋天。唐杜甫《月》詩：“斟酌姮娥寡，天寒奈九秋。”“榦”，《字彙·榦部》：“草木莖也。”唐皮日休《桃花賦》：“密如不榦，繁若無枝。”

[一六]“目覕”，觀察研習。東漢張衡《東京賦》：“是以西匠營宮，目覕阿房，規摹踰溢，不度不臧。”“三春”，春天。東漢班固《終

南山賦》：“三春之季，孟夏之初，天氣肅清，周覽八隅。”“薆”，草木的嫩芽。《集韻·齊韻》：“薆，卉木初生葉兒。”唐王維《贈裴十迪》詩：“桃李雖未開，薆萼滿芳枝。”

[一七]“居常”，守常道。唐王績《晚年敘志示翟處士》詩：“自有居常樂，誰知身世憂。”“待終”，等待壽終。《列子·天瑞》：“貧者，士之常，死者人之終也，處常待終，當何憂哉。”

[一八]“處順”，順從自然。《莊子·大宗師》：“且夫得者時也，失者順也，安時而處順，哀樂不能入也。”北宋釋道潛《處順齋》詩：“處順安時真曠達，本無哀樂動幽情。”

[一九]“同懷”，志趣相合。唐賈島《戲贈友人》詩：“書贈同懷人，詞中多苦辛。”賈至《閑居秋懷寄陽翟陸贊府封丘高少府》詩：“我有同懷友，各在天一方。”

[二〇]“青雲”，高空。《楚辭·遠遊》：“涉青雲以泛濫兮，忽臨睨夫舊鄉。”南宋葉適《送郭黃中》詩：“雁山削玉上青雲，仙侶常遊遣俗紛。”

三　唐徐嶠石門洞摩崖詩刻

圖五　筆者攝

　　題解： 鐫刻在麗水市青田縣石門洞景區 "石門飛瀑" 景觀左側 "月洞" 石壁上，摩崖，一方，五古殘詩一首，原刻題作《遊石門山》，詩題后附見有 "敕採訪大使、潤州刺史徐嶠" 之銜名。此方詩刻，横長十五釐米、縱高四五釐米，通篇豎寫陰刻，自上而下、自右向作，共計殘存三行，字徑約三釐米，隸書，字跡草率。其中，殘存三行中，首行為詩題與署名，共計十五字；末兩行為詩句，每行兩句又三字。

　　此方摩崖詩刻，首見於清代阮元《兩浙金石志》。此後，李遇孫《栝蒼金石志》、陸繼煇《八瓊室金石補正續編》等清際金石著作，皆有著錄。阮元在《兩浙金石志》卷二跋語中言：此方詩刻的作者 "徐嶠"，乃唐徐齊聃之孫、徐堅之子①。但陸繼煇在《八瓊室金石補正續編》卷三十跋語中，提出了另外一種觀點，即此處 "徐嶠"，是唐大歷間書法家徐浩之父 "徐嶠"②。按，原刻首行在 "徐嶠" 之作者署名前，冠有 "潤州刺史" 之官銜。徐齊聃之孫 "徐嶠"，史傳中未見有 "潤州刺史" 之仕歷；而唐徐浩之父 "徐嶠"，《全唐文》原作者小傳中，明言其歷 "趙湖洛潤" 等州刺史③。故而，此方詩刻所見五言殘詩的作者 "徐嶠"，應以徐浩之父 "徐嶠" 為是。徐浩之父 "徐嶠" 卒於唐玄宗開元三十年，故而此方詩刻的撰作與摹勒時間，可系年到開元年間。

　　此方摩崖詩刻，清李遇孫《栝蒼金石志》卷二、陸繼煇《八瓊室金石補正續編》卷三〇，以及青田縣文管會《石門洞太鶴山摩崖碑碣》第三頁、王友忠《青田文物圖集》第一六二頁、吳志華《處州金石》上冊第二八四頁，已見釋文。筆者二〇一八年十月一日初

---

　　① （清）阮元：《兩浙金石志》卷二，浙江古籍出版社 2012 年版，第 27 頁。

　　② （清）陸繼煇：《八瓊室金石補正續編》卷三〇，《續修四庫全書》，上海古籍出版社 1995 年影印本，第 900 冊，第 107 頁下欄。

　　③ （清）董誥：《全唐文》卷二六七，中華書局 1983 年版，第 2710 頁上欄。周紹良《全唐文新編》據岑仲勉《讀全唐文劄記》中的考證，將原作者小傳中的 "歷趙、湖、洛、潤三州（按應作 '四'）刺史"，修改為 "歷趙、衢、豫、吉、湖、洺州刺史"。

次訪石。以下校錄，參校以《栝蒼金石志》。

釋文：維舟青溪泊[一]，徐步石門瞻[二]。窵屈借巖洞[三]，空□□□纖。□飛下習□，響□□□□□□

校注：

[一] "維舟"，系船停泊。南朝梁何遜《與胡興安夜別》詩："居人行轉軾，客子暫維舟。"唐儲光羲《釣魚灣》詩："日暮待情人，維舟綠楊岸。""青溪"，碧綠的溪水，亦作"青谿"。唐杜甫《萬丈潭》詩："青溪含冥寞，神物有顯晦。"唐盧鴻一《嵩山十志·樾館》詩："紫巖隈兮青谿側，雲松煙蔦兮千古色。""泊"，《玉篇·水部》："止舟也。"《世說新語·德行》："周鎮罷臨川郡還都，未及上住，泊青溪渚。"

[二] "徐步"，緩慢步行。北宋蘇軾《鷓鴣天》詞："村舍外，古城旁。杖藜徐步轉斜陽。"元趙孟頫《浪淘沙》詞："今古幾齊州，華屋山丘。杖藜徐步立芳州。無主桃花開又落，空使人愁。""瞻"，《爾雅·釋詁下》："視也。"西晉陸機《文賦》："遵四時以歎逝，瞻萬物而思紛。"

[三] "窵"，據《栝蒼金石志》補。

四　唐張願石門洞摩崖詩刻

圖六　筆者攝

　　題解：鐫刻在麗水市青田縣石門洞景區"石門飛瀑"景觀左側"月洞"石壁上（位於前述徐嶠摩崖詩刻下側），摩崖，一方，原刻題作《題石門山瀑布八韻，敬贈□□□公并序》，詩題後附見有"吳郡守兼江東採訪使張願"之作者署名。此方詩刻，橫長十九釐米、縱高六六釐米，通篇豎寫陰刻，自上而下、自右向左，共計殘存四行，字徑約三釐米，楷書，字跡方正。其中，首行為詩題，次行為作者署名，第三至四行為序文，且詩句文字業已磨平，故而詩歌體裁難斷。

　　次行所見"吳郡守兼江東採訪使張願"之署名，提供了詩刻的定年信息。阮元據蘇州改稱"吳郡"以及改隸江南東道的時間，推測此方詩刻乃唐天寶中勒石①。按，查《同治蘇州府志》，知是書卷五十二中，載見唐歷任吳郡太守名單。其中，就有"張願"之名，且言"張願"為湖北襄陽人。除此之外，《同治蘇州府志》別無他言。然而，《蘇州府志》詳載"吳從眾"、"趙居貞"兩任吳郡太守的到任時間：吳從眾的到任時間比張願早，是在開元二十八年，而趙居貞的到任時間比張願晚，是在天寶九年，且這兩任太守與張願之間，又分別間隔了另外兩任和一任太守②。據此推算，張願擔任吳郡太守的時間，應是在天寶初年，至遲不晚於天寶八年。而此方詩刻的鐫刻時間，應定年在此時間段內。

　　此方摩崖詩刻，僅剩詩題、作者署名及序文依稀可辨。其中，序文部分，清李遇孫《栝蒼金石志》卷二、清陸繼輝《八瓊室金石補正續編》卷三〇，以及王友忠《青田文物圖集》第一六二頁、吳志華《處州金石》上冊第二八五頁，已見錄文。筆者二〇一八年十月一日初次訪石。以下對於序文的校錄，參校以《栝蒼金石志》。

　　序文：所歷名山觀瀑布者多矣[一]，石門飛流若布[二]，遠近如

---

① （清）阮元：《兩浙金石志》卷二，浙江古籍出版社 2012 年版，第 27 頁。
② 同治《蘇州府志》卷五二，江蘇古籍出版社 1991 年影印本，第 484 頁下欄。

□□□□□□□□□□百步石壁 千 尋^[三]，激流成□□□□□

校注：

［一］"瀑"，原刻殘存右側"暴"部，此處據殘筆畫及文義補。《栝蒼金石志》釋作"曝"。

［二］"門"，原刻漫漶，此處據《栝蒼金石志》補。

［三］"千"，原刻漫漶，此處據《栝蒼金石志》補。

五　唐郭密之石門洞摩崖詩刻(一)

圖七　筆者攝

　　題解：鐫刻在麗水市青田縣石門洞景區"石門飛瀑"景觀左側"月洞"石壁上，摩崖，一方，五言古詩一首，原刻題作《永嘉經謝公石門山作》，詩題後附見有"諸暨縣令郭密之"之作者署名。此詩在傳世文獻中，又見於南宋趙孟奎《分門纂類唐歌詩》卷二二，以及清彭定求等編《全唐詩》卷八八七，且詩題與詩刻相同。此方詩刻，橫長四四釐米、縱高四〇釐米，通篇豎寫陰刻，自上而下、自右向左，連同詩末題記，共計十一行，字徑約四釐米，楷書。其中，首行為詩題，次行為作者署名，第三到十行為詩句正文（文字損毀較多，每行殘存六到十一字不等），第十一行為"時天寶八載冬仲月勒"之紀年題記。

　　據詩末題記知，此詩的鐫刻時間是在唐天寶八載（七四九）。而此方詩刻的撰者"郭密之"，《萬曆紹興府志》卷三六有傳："天寶中令諸暨，建義津橋、築放生湖，溉田二千餘頃，民便之。"[①]　"郭密之"之名，還見於《新唐書》卷四五《地理志五》、高適《薊門不遇王之渙郭密之因以留贈》詩、贊寧《宋高僧傳》卷十七《唐越州焦山大歷寺神邕傳》，以及《唐代墓誌匯編》下冊《大唐右衛倉曹參軍攝監察禦史郭密之故妻京兆韋氏墓誌銘》等文獻資料中，但相應記載均較簡略。此處僅作提示，不再贅述。

　　此方摩崖詩刻，清阮元《兩浙金石志》卷二、李遇孫《栝蒼金石志》卷二、陸繼輝《八瓊室金石補正續編》卷三〇，以及青田縣文管會《石門洞太鶴山摩崖碑碣》第四頁、王友忠《青田文物圖集》第二一〇頁、吳志華《處州金石》上冊第二八六頁，已見釋文。筆者二〇一八年十月一日初次訪石。以下校錄，參校以《分門纂類唐歌詩》卷二二。

　　釋　文：絕境經耳目[一]，未曾曠躋登[二]。一窺石門險[三]，

---

①　萬曆《紹興府志》卷三六，臺灣成文出版社有限公司 1970 年影印本，第 2469 頁。

載滌心神憻[四]。洞壑閟金澗[五]，攲崖盤石楞[六]。陰潭下冪冪[七]，秀嶺上層層[八]。千丈瀑流寒[九]，半溪風雨恒[一〇]。興餘志每愜[一一]，心遠道自弘[一二]。乘輶廣儲偫[一三]，祗命愧才能[一四]。轕辀周氣象[一五]，捫蘿歷騫崩[一六]。忽如生羽翼[一七]，怳若將超騰[一八]。謝客今已矣[一九]，我來誰與朋。

校注：

[一]"絕境"句，原刻漫漶，據《分門纂類唐歌詩》補。

[二]"未曾"，原刻漫漶，據《分門纂類唐歌詩》補。"躋登"，攀登。唐杜光庭《請駕不巡幸軍前表》："竊惟漢曲襄川，方當寒沍，霜雪嶮棧，豈易躋登。"南宋翁卷《山中採藥》詩："採掇獲所願，躋登倦忘歸。"

[三]"門""險"，原刻漫漶，據《分門纂類唐歌詩》補。

[四]"載""滌""心神"，原刻漫漶，據《分門纂類唐歌詩》補。"載"，助詞，用在句首，起加強語氣的作用。《篇海類編·器用類·車部》："載，語助也。"戰國楚宋玉《高唐賦》："秋蘭茝蕙，江離載菁。""滌"，《廣韻·錫韻》："除也，淨也。"唐白居易《松聲》詩："一聞滌炎暑，再聽破昏煩。"

[五]"閟"，遮蔽。《漢書·盧綰傳》："綰愈恐，閟匿。"顏師古注："閟，閉也，閉其蹤蹟。"唐孟郊《逢江南故畫上人會中鄭方回》："珠沉百泉暗，月死群象閟。""金澗"，溪澗的美稱。唐孟浩然《登鹿門山懷古》詩："金澗餌芝朮，石床臥苔蘚。"王維《遊化感寺》詩："瓊峰當戶拆，金澗透林明。"

[六]"崖""盤""石楞"，原刻漫漶，據《分門纂類唐歌詩》補。"攲崖"，傾斜的山崖。唐孟郊《石淙十首》其八："二老皆勁骨，風趨緣攲崖。"明區懷年《同諸子納涼於飲虹澗》詩："古木稠能蔭，攲崖疊可攀。""盤"，《正字通·皿部》："盤曲。"唐秦韜玉《織錦婦》詩：

“合蟬巧間雙盤帶，聯雁斜銜小折枝。”“楞”，同“稜”，稜角。“石楞”，多稜的山石。清朱筠《登蓮花峰絕頂見雲城之異，歌以記之》詩：“清風推我石楞寸，魂魄不墮喉歙歔。”

［七］“陰潭”，原刻漫漶，據《分門纂類唐歌詩》補。“冪冪”，濃密貌。唐賈至《巴陵寄李二户部張十四禮部》詩：“江南春草初冪冪，愁殺江南獨愁客。”常浩《寄遠》詩：“可憐熒熒玉鏡臺，塵飛冪冪幾時開。”

［八］第二個“層”，原刻漫漶，據《分門纂類唐歌詩》補。“秀嶺”，秀美的山嶺。東晉支遁《詠禪思道人》詩：“迴壑佇蘭泉，秀嶺攢嘉樹。”北宋李廌《足亭張康節南亭也臺數尺亭在其上》詩：“秀嶺聳蒼玦，寒溪搖翠鉤。”“層層”，一層又一層。唐劉禹錫《竹枝詞九首》其九：“山上層層桃李花，雲間煙火是人家。”北宋蘇軾《浣溪沙》詞：“麻葉層層檾葉光，誰家煮繭一村香。”

［九］“千丈瀑流”，原刻漫漶，據《分門纂類唐歌詩》補。“瀑流”，瀑布。唐岑參《終南雲際精舍尋法澄上人不遇》詩：“崖口懸瀑流，半空白皚皚。”林嵩《贈天臺王處士》詩：“赤城不掩高宗夢，寧久懸冠枕瀑流。”“寒”，《方言》卷六：“擾也。”

［一〇］“恒”，《分門纂類唐歌詩》作“恆”，“恒”為“恆”之俗字，意為常久。《正字通·心部》：“恒，俗恆字。”《玉篇·心部》：“恆，常也，久也。”唐柳宗元《三戒·永某氏之鼠》：“彼以其飽食無禍為可恆也哉！”

［一一］“志每愜”，原刻漫漶，據《分門纂類唐歌詩》補。“愜”，快意。《文選·陸機〈文賦〉》：“故夫誇目者尚奢，愜心者貴當。”李善注：“愜，猶快也。”唐白居易《和夢遊春詩一百韻》詩：“恍若有所遇，似愜平生欲。”

［一二］“心”，原刻漫漶，據《分門纂類唐歌詩》補。“弘”，《字彙·弓部》：“大之也。”《論語·衛靈公》：“人能弘道，非道弘人。”《新唐書·魏徵傳》：“故道德之旨未弘，而鍥薄之風先搖。”

［一三］“輅”，《說文·車部》：“小車也。”清龔自珍《己亥雜詩三

百十五首》其一百五十四："高秋那得吳虹生，乘軺西子湖邊行。""儲
偫"，儲備。《文選・揚雄〈羽獵賦〉》："甲車戎馬，器械儲偫。"李善
注："儲偫，待也。"清錢謙益《兵部右侍郎孫公墓志銘》："公廉辨彊
直，人才物論，儲偫於胸中，有萬曆初名選郎之遺風。"

[一四]"祗命""愧"，原刻漫漶，據《分門纂類唐歌詩》補。"祗
命"，奉命。唐韓愈《早赴街西行香贈盧李二中舍人》詩："天街東西
異，祗命遂成遊。"釋皎然《奉送袁高使君詔征赴行在效曹劉體》詩：
"餞徒促遠期，祗命赴急宣。""愧"，《爾雅・釋言》："慙也。"唐皮日
休《貧居秋日》詩："門小愧車馬，廩空慙雀鼠。"

[一五]"輟棹"，停船。唐岑參《晚過盤石寺禮鄭和尚》詩："談
禪未得去，輟棹且踟躕。"北宋李中《舟中望九華山》詩："排空蒼翠
異，輟棹看崔嵬。""氣象"，景象。唐閻寬《曉入宜都渚》詩："回眺
佳氣象，遠懷得山林。"北宋汪洙《神通詩》："登臺觀氣象，雲物喜
呈祥。"

[一六]"騫崩"，原刻漫漶，據《分門纂類唐歌詩》補。"捫條"，
撫持枝條。"騫崩"，本義作毀損坍圮。南宋釋文珦《南山松柏章》詩：
"松柏有常性，南山不騫崩。"明張萱《湛華亭告成志喜》詩："怒流數
侵岸，能不虞騫崩。"此處指山路崎嶇不平。

[一七]"羽翼"，翅膀。《管子・霸形》："寡人之有仲父也，猶飛
鴻之有羽翼也。"唐白居易《燕詩示劉叟》詩："一旦羽翼成，引上庭
樹枝。"

[一八]"超騰"，飛騰。唐李白《東海有勇婦》詩："學劍越處子，
超騰若流星。"北宋歐陽修《伏日贈徐焦二生》詩："崎嶇澗穀窮上下，
追逐猿狖爭超騰。"

[一九]"客""今""已"，原刻漫漶，據《分門纂類唐歌詩》補。
"謝客"，謝靈運，小名"客兒"，故世人稱其"謝客"。唐李白《翰林
讀書言懷呈集賢諸學士》詩："嚴光桐廬溪，謝客臨海嶠。"

六　唐郭密之石門洞摩崖詩刻（二）

圖八　筆者攝

　　題解：鐫刻在麗水市青田縣石門洞景區 "石門飛瀑" 景觀左側 "月洞" 石壁上，摩崖，一方，五言古詩一首，原刻題作《永嘉懷古》，詩題後附見有 "諸暨縣令郭密之" 之作者署名。《全唐诗》未收此诗，但《全唐诗外編》之第二編《全唐诗補逸》卷五已作補輯。此方詩刻，橫長三〇釐米、縱高五五釐米，通篇豎寫陰刻，自上而下、自右向左，共計八行，每行殘存十五到十七字不等，字徑約四釐米，楷書，字迹方正。其中，首行為詩題，次行為作者署名，其餘六行為詩句部分。

　　此詩筆跡，與上一首郭密之詩相同，足見兩詩上石時所據底本，系出自同一人之手，且此詩亦應是天寶八年勒刻。阮元在《兩浙金石錄》中，首次著錄了此二方郭密之詩刻。此後的金石學者們，亦對其多有關注。比如，清人錢大昕在《十駕齋養新錄》卷十五中，就錄有這兩方詩刻，並評價二詩風格 "古淡近選體（筆者按，《昭明文選》所選之詩被後世稱為選體，皆漢魏南北朝五言詩也）"①。

　　此方摩崖诗刻，清《雍正處州府志》卷一九、阮元《兩浙金石志》卷二、李遇孫《栝蒼金石志》卷二、陸繼煇《八瓊室金石補正續編》卷三〇，以及陳尚君《全唐詩補編》第二編、青田縣文管會《石門洞太鶴山摩崖碑碣》第五頁、王友忠《青田文物圖集》第二一〇頁、吳志華《處州金石》上冊第二八八頁，已見釋文。筆者二〇一八年十月一日初次訪石。以下校錄，參校以《雍正處州府志》。

　　釋文：永嘉東南盡[一]，｜倚棹｜皆可究[二]。帆引滄海風[三]，舟沿縉雲溜[四]。群山何隱磷[五]，萬物更森秀[六]。地氣冬轉｜暄｜[七]，｜溪｜氣陰改晝[八]。緬懷謝康樂[九]，｜伊｜昔茲為｜守｜[一〇]。逸興滿雲林[一一]，清｜詩｜冠宇宙[一二]。嘗遊石門裏，｜勝踐｜宛如舊[一三]。峭壁苔蘚濃，懸｜崖｜風雨

---

①　（清）錢大昕：《十駕齋養新錄》卷一五，上海書店出版社 2011 年版，第 302 頁。

驟[一四]。巖隈 餘 灌莽[一五]，壁畔空泉鼗。物是人已非，瑤潭 淒獨漱 [一六]。

校注：

[一]“永嘉”，地名，即永嘉郡，境內山水名勝極多。據《宋書·謝靈運傳》載，謝靈運為永嘉太守時，無心政事，遂肆意遨遊，所至輒成詠。後因以“永嘉”用為吟詠山水的典故。唐李白《與周剛清溪玉境潭宴別》詩：“康樂上官去，永嘉遊石門。”

[二]“倚棹”，原刻漫漶，據《雍正處州府志》補。“倚棹”，劃動船槳，猶言泛舟。唐白居易《自問行何遲》詩：“逢山輒倚棹，遇寺多題詩。”韋莊《家叔南遊卻歸因獻賀》詩：“遙知倚棹思家處，澤國煙深暮雨微。”

[三]“滄海”，泛指大海，此處特指東海。唐徐堅《初學記》卷六引晉張華《博物志》：“東海之別有渤澥，故東海共稱渤海，又通謂之滄海。”劉禹錫《遙和令狐相公坐中聞思帝鄉有感》詩：“滄海西頭舊丞相，停杯處分不須吹。”

[四]“縉雲”，指仙都。清朱彝尊《雲中至日》詩：“去歲山川縉雲嶺，今年雨雪白登臺。”“溜”，移動。南唐李煜《浣溪沙》詞：“佳人舞點金釵溜，酒惡時拈花蕊嗅，別殿遙聞簫鼓奏。”

[五]“磷”，峻貌。《漢書·司馬相如傳》：“徑入雷室之砰磷鬱律兮。”顏師古注：“砰磷鬱律，深峻貌。”唐白居易《三遊洞序》：“仰睇俯察，絕無人跡，但水石相薄，磷磷鑿鑿，跳珠濺玉，驚動耳目。”

[六]“森秀”，清秀。北魏賈思勰《齊民要術·檳榔》引《林邑國記》曰：“檳榔，樹高丈餘，皮似青桐，節如桂竹，下森秀無柯，頂端有葉。”唐方幹《貽高讜》詩：“石上長松自森秀，雪中孤玉更凝明。”

[七]“暄”，據殘痕及文義補，《雍正處州府志》作“暝”。“地氣”，氣候。《周禮·考工記序》：“橘逾淮而北為枳，鸜鵒不逾濟，貉逾汶則死。此地氣然也。”唐張九齡《感遇十二首》其七：“豈伊地氣暖？

自有歲寒心。""暄",《玉篇·日部》:"春晚也。"南朝宋鮑照《採菱歌七首》之三:"睽闊逢暄新,悽怨值妍華。"

[八]"溟",據殘痕及文義補,《雍正處州府志》作"暄"。

[九]"緬懷",追念。東晉陶淵明《扇上畫贊》:"緬懷千載,託契孤遊。"唐李白《春日獨酌二首》其二:"我有紫霞想,緬懷滄州間。""謝康樂",謝靈運。靈運曾襲封康樂公,故有此稱。唐李白《送王屋山人魏萬還王屋》詩:"路創李北海,巖開謝康樂。"杜甫《石櫃閣》詩:"優遊謝康樂,放浪陶彭澤。"

[一〇]"伊",據殘痕及文義補,《雍正處州府志》作"風"。"守",原刻漫漶,據《雍正處州府志》補。"伊昔",從前。唐杜甫《天育驃騎歌》:"伊昔太僕張景順,監牧攻駒閱清峻。"劉希夷《代悲白頭翁》詩:"此翁白頭真可憐,伊昔紅顏美少年。"

[一一]"逸興",超逸豪放的意興。唐李白《宣州謝朓樓餞別校書叔雲》詩:"俱懷逸興壯思飛,欲上青天覽明月。"杜甫《劉九法曹鄭瑕丘石門宴集》詩:"搖曹乘逸興,鞍馬得荒林。""雲林",隱居之所。唐王維《桃源行》詩:"當時只記入山深,青溪幾度到雲林。"杜牧《送隱者一絕》:"無媒徑路草蕭蕭,自古雲林遠市朝。"

[一二]"詩",原刻漫漶,據《雍正處州府志》補。"清詩",格調清新的詩篇。北宋蘇軾《次韻答錢穆父見寄》詩:"清詩已入新歌舞,要使邦人識雅言。"南宋陸遊《西村》詩:"一首清詩記今夕,細雲新月耿黃昏。"

[一三]"勝踐",原刻漫漶,據《雍正處州府志》補,意作前往勝景遊玩。唐張九齡《臨泛東湖》詩:"郡庭日休暇,湖曲邀勝踐。"北宋王安石《平甫遊金山同大覺見寄相見後次韻二首》其一:"勝踐肯論山在險,冥搜欲與海爭深。"

[一四]"崖",據殘痕及文義補,《雍正處州府志》作"岩"。

[一五]"餘",原刻漫漶,據《雍正處州府志》補。"巖隈",深山曲折處。南宋李彌遜《水月岩》詩:"明月落巖隈,滿月掛山額。"元張緯《結廬》詩:"卻恐漢庭須羽翼,鶴書未許老巖隈。""灌莽",叢生

的草木。《文選·鮑照〈蕪城賦〉》：“灌莽杳而無際，叢薄紛其相依。”
呂向注：“水草雜生曰灌莽也。”《資治通鑒·唐太宗貞觀六年》：“煙火
尚希，灌莽極目。”

　　［一六］“淒獨漱”，原刻漫漶，據《雍正處州府志》補。“淒”，
《正字通·水部》：“寒涼也。”唐司空曙《九月送人》：“水風淒落日，
岸葉颯衰蕪。”“漱”，沖蕩。《文選·左思〈招隱詩〉》：“石泉漱瓊瑤，
纖鱗亦浮沈。”李善注：“漱，猶蕩也。”

　　唐孟郊《遊韋七洞庭別業》詩：“波濤漱古岸，鏗鏘辨奇石。”

七　唐李蕃南宮山摩崖詩刻

圖九　詩刻今貌，馬鷹提供

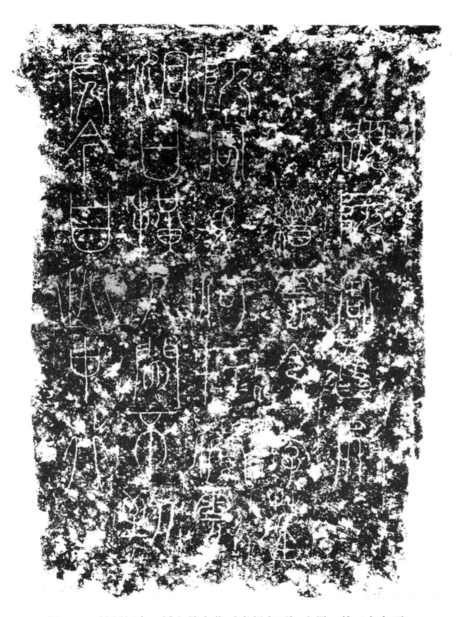

圖一〇　詩刻拓本，採自吳志華《處州金石》上冊，第二九九頁

　　題解：鐫刻在麗水市縉雲縣壺鎮南宮山"阮客洞"內左側石壁上，摩崖，一方，五言絕句一首，原刻題作《題阮客舊居》，詩題後附見有"縉雲令李崿"之作者署名。《全唐詩》卷二六二見有此詩。此方詩刻，橫長七〇釐米、縱高九〇釐米，通篇豎寫陰刻，自上而下、自右向左，共計五行，字徑九至十三釐米不等，篆書，字跡簡潔明快。其中，首行為詩題，次行為作者署名，末三行為詩作四句。此外，首行詩題的前一行，又楷書陰刻有"安平李少溫囗"等字。

　　此詩既有"縉雲令李崿"之明確署名，那麼撰者顯然是"李崿"。但由於詩題前又有"安平李少溫囗"之題字，故而北宋歐陽修《集古錄跋尾》在首錄此詩時，誤將此詩系於唐代篆書名家李陽冰名下（李陽冰，字少溫，故言"李少溫"即李陽冰）。此後，北宋張君房《雲笈七簽》，南宋趙明誠《金石錄》、王象之《輿地碑記目》，以及多種版本的明清《縉雲縣志》、清彭定求《全唐詩》等後出文獻，在著錄此詩時，皆因循歐陽修的說法，將此詩視為李陽冰之作。但細審筆跡就會發現，此方詩刻的書風書跡，呈現出乾澀瘦硬的特徵。這與唐代法書理論著作《述書賦》中關於李陽冰篆書風格"如虎如龍，勁利豪爽"的評論，相去甚遠。此詩是否為李陽冰之作，還有進一步討論的空間。

　　據《乾隆縉雲縣志》卷四、卷六載，李崿擔任縉雲縣令的時間是在唐建中年間，即七八〇年到七八三年間，而李陽冰擔任縉雲縣令的時間是在唐乾元年間，即七五九年到七六一年間①。李崿擔任縉雲縣令的時間比李陽冰早，且原刻中既然明確署名"李崿"，那麼，將此詩系於李崿名下，顯然更有說服力，同時也更符合邏輯。

　　此方摩崖詩刻，北宋張君房《雲笈七簽》卷一一三、清令狐亦岱《乾隆縉雲縣志》卷八、清鄒柏森《續栝蒼金石志》卷一、清何乃容《光緒縉雲縣志》卷一二，以及吳志華《處州金石》上冊第二

———————————

　　① 乾隆《縉雲縣志》卷四、卷六，臺灣成文出版社有限公司 1970 年影印本，第176 頁。

九八頁，已見釋文。筆者二〇一五年十月三日初次訪石。以下校錄，以吳志華《處州金石》所見拓片為底本，參校以《全唐詩》。

釋文：阮客身何在[一]，僊雲洞口橫[二]。人間不到處[三]，今日此中行[四]。

校注：

[一]"阮客"，北宋歐陽修在《集古錄跋尾》卷七中言："阮客者，不見其名氏，蓋縉雲之隱者也。彼以遁俗為高，而終以無名於後世，可謂獲其志矣。"

[二]"僊"，《全唐詩》作"仙"，"僊"與"仙"同。"橫"，橫互，充盈。《文選·木華〈海賦〉》："魚則橫海之鯨，突杌孤遊。"李善引郭璞《山海經》注曰："橫，塞也。"唐李白《送友人》詩："青山橫北郭，白水繞東城。"柳宗元《佩韋賦》詩："橫萬裏而極海兮，頹風浩其四起。"

[三]"不到處"，無法到達的地方，極言阮客洞的清幽僻遠。

[四]"此中行"，在阮客洞內穿行、觀覽。

八　唐趙□石門洞摩崖詩刻

　　題解：此方詩刻，現已痕跡全無。据清陸繼煇《八瓊室金石補正續編》卷三〇載，該詩刻原本鐫勒在麗水市青田縣石門洞"月洞"內的岩壁上，系在謝靈運《登石門最高頂》詩刻與張願《題石門山瀑布八韻，敬贈□□□公并序》詩刻的行間，摩崖，一方，豎寫陰刻，楷書，五古殘詩一首，原刻題作《和徐大使遊石門詩》。

　　清人陸繼煇時，此方詩刻，自上而下、自右向左，連同題記，尚且殘存八行（首行為詩題，末二行為紀年題記，中間五行殘存數字），而詩末題記作："攝採訪判官趙□／□□乾元元年［＿＿＿＿＿＿］"陸繼煇推測，題記中的"採訪判官趙□"，為唐開元年間所設十五道採訪使的屬官①。聯繫詩題中出現的"徐大使"稱謂，陸氏此觀點，可以信從的。不過，詩題中提到的那位"徐大使"，究竟是何許人？由於可利用材料的匱乏，我們目前還無法考知。

　　此方摩崖詩刻，雖然現已全無痕跡，但清陸繼煇《八瓊室金石補正續編》中，卻見有釋文。以下釋文，即轉引自是書卷三〇。

　　釋文：□監門□□，□□□□弼。［＿＿＿＿＿＿］^{［一］}寵命□召［＿＿＿＿＿＿］^{［二］}臨［＿＿＿＿＿＿］^{［三］}希飛流［＿＿＿＿＿＿］^{［四］}洞［＿＿＿＿＿＿］^{［五］}

---

　　①　（清）陸繼煇：《八瓊室金石補正續編》卷三〇，《續修四庫全書》，上海古籍出版社 1995 年版影印本，第 900 冊，第 108 頁上欄。

校注：

[一] 首句至此，為第二行內容。

[二] "寵命"二字至此，為第三行內容。

[三] "臨"字至此，為第四行內容。

[四] "希飛流"三字至此，為第五行內容。

[五] "洞"字至此，為第六行內容。

九　北宋葉清臣仙都摩崖詩刻

圖一一　鼎湖峰今貌，筆者攝

圖一二　詩刻今貌，姜建清提供

題解：鐫刻在麗水市縉雲縣仙都景區鼎湖峰北麓石壁上，摩崖一方，四言古詩一首，原刻題作《處州獨峰山銘》。此方詩刻，橫長二〇〇釐米、縱高一四〇釐米，現已漫漶難識。據微信朋友圈中流傳的詩刻描紅本①知，詩刻通篇豎寫陰刻，自上而下、自右向左，連同序文與題記，共計十四行，滿行十四字，字徑十至十四釐米不等，柳體楷書。其中，詩刻的首行為詩題，第二至六行為序文，第七至十三行為詩句，末行為紀年題記。

詩前序文作："黃帝車轍馬跡，周遍萬國，丹/成雲起，因瑞名山。則獨峰之/登，固宜有是。會將漕二浙，行/部栝蒼，道由仙都，親訪靈跡，/慨然感秦漢之不自度也。駐/馬溪上，勒銘山陰。"詩末題記作："寶元己卯，轉運副使道卿葉清臣。"據序文及題記知，此詩乃北宋仁宗寶元二年（一〇三九，歲在己卯），兩浙轉運副使葉清臣在上任途中，路經縉雲縣仙都時作。此外，蓮都區南明山高陽洞石壁上、青田縣石門洞郭密之詩刻的下方，皆見有"葉清臣"之題名。可見，葉清臣是一位性好山水之人。

葉清臣，《宋史》卷二九五有傳。據載，此人字道卿，蘇州長洲（今蘇州吳中區）籍，"幼敏異，好學善屬文。天聖二年，舉進士，知舉劉筠奇所對策，擢第二。"葉清臣為官期間，"遇事敢行，奏對無所屈"，曾自請外放，"為兩浙轉運副使"。對於葉清臣遷任兩浙轉運使的具體時間，《宋史》本傳語焉不詳。此方詩刻所附序文與題記中的相應文字，可補《宋史》記載之闕。

此方詩刻，元陳性定《仙都志》卷下（見於張繼禹編《中華道藏》第四十八冊第一八三頁上欄）、清何乃容《光緒縉雲縣志》卷一二以及吳志華《處州金石》上冊第三一〇頁，皆已見釋文。筆者二〇一五年三月二十一日初次訪石。以下校錄，以互聯網上流傳的

---

① 二十世紀末，仙都景區的工作人員於荒草中，發現了此方葉清臣摩崖詩刻。鑒於詩刻淺白難識，當時的景區工作人員，用油漆對文字作了描紅。由於經年累月的日曬雨淋，紅色油漆現在已經大多剝落。而網絡上流傳的詩刻描紅本照片，應該是多年以前拍攝，所以看起來光亮如新。

描紅本為底本，參校《仙都志》（甲本）及《光緒縉雲縣志》（乙本）。

釋文：於黃顯思，道崇帝先[一]。隆三邁五，功豐德全[二]。脫 履 厭世[三]，乘雲上仙[四]。 緬 彼飛龍[五]，格於皇天[六]。 虐 秦侈 漢 [七]， 鏖 兵事邊[八]。流痡刻下[九]， 溺 祚窮年[一〇]。 昭 是古 訓 [一一]，跋於 巖巓 [一二]。宜 爾靈 山[一三]，孤風 巋 然[一四]。

校注：

[一]“道”，道教。“帝”，黃帝。道者不僅把老子奉為教主，而且為了擴大自己的影響，亦將黃帝奉為教主。對此，成書於西漢初期的《淮南子》，在其“修務篇”中早有解釋：“世俗之人多尊古而賤今，故為道者必託之於神農黃帝而後能入說。”

[二]“三”，三皇。“五”，五帝。“三皇”“五帝”之所指，歷來存在多種觀點，但不影響我們對於此句的理解。“隆三”“功豐”二句意在說明，就“事功”與“品德”而言，黃帝乃三皇五帝之首。

[三]“履”，原刻漫漶，據甲本、乙本補。“履”，《小爾雅·廣服》：“在足謂之履。”曹魏曹植《君子行》：“瓜田不納履，李下不正冠。”北宋蘇軾《送周朝議守漢州》詩：“謂當收桑榆，華髮看劍履。”

[四]相傳黃帝在鼎湖峰乘龍升天。據《史記·封禪書》載，漢武帝時，公孫卿曾向漢武帝言：“黃帝采首山銅，鑄鼎於荊山下。鼎既成，有龍垂胡顏下迎黃帝。黃帝上騎，群臣後宮從上者七十餘人，龍乃上去。餘小臣不得上，乃悉持龍顏，龍顏拔，墜黃帝之弓。百姓仰望黃帝既上天，乃抱其弓與胡顏號，故後世因名其處曰鼎湖，其弓曰烏號。”

[五]“緬”，原刻漫漶，據甲本、乙本補。“緬”，《玉篇·系部》：“思兒貌。”《國語·楚語上》：“緬然引領南望。”唐杜甫《故秘書少監武功蘇公源明》詩：“反為後輩褻，予實苦懷緬。”“彼”，指示代詞，與“此”相對。“飛龍”，黃帝升天時所乘之龍。唐李白《登高丘而望

遠》詩："窮兵黷武今如此，鼎湖飛龍安可乘？"

[六]"格"，《字彙·木部》："感通也。"南朝梁裴子野《宋略·樂志敘》："先王作樂崇德，以格神人。""皇天"，上天。《尚書·大禹謨》："皇天眷命，奄有四海，為天下君。"西漢東方朔《七諫·怨世》："皇天保其高分，後土持其久。"

[七]"虐"，原刻漫漶，據甲本、乙本補。"虐"，《六書故·動物二》："殘酷也。"《國語·周語上》："厲王虐，國人謗。""秦"，秦朝。"侈"，《說文·人部》："奢也。"《史記·晉世家》："靈公壯，侈，厚斂以彫牆。""漢"，原刻漫漶，據甲本、乙本補。

[八]"鏖"，原刻漫漶，據甲本、乙本補。"鏖兵"，激烈的戰鬥。北周庾信《哀江南賦》："於是西楚霸王，劍及繁陽。鏖兵金匱，校戰玉堂。"唐杜牧《送國棋王逢》詩："守道還如周柱史，鏖兵不羨霍嫖姚。""事邊"，即邊事，邊防事務。唐常建《送李大都護》詩："單于雖不戰，都護事邊深。"北宋張詠《寄程說傅逸人》詩："一從召入金馬門，三載長纓事邊徼。"此句指，秦漢兩朝都曾在北方邊境，與匈奴發生激烈戰鬥。

[九]"痛"，甲本同，乙本作"痛"。"痛"，害。《尚書·泰誓下》："作威殺戮，毒痛四海。""刻下"，當下，目前。清高宗弘曆《偶閱今歲詩稿率題》詩："刻下甘膏亟相待，知何時是放懷時。"此句指，戰爭造成的災禍至今仍然未能完全消除。

[一〇]"溺"，原刻漫漶，據甲本、乙本補，意作陷入危難之境。南朝宋謝靈運《述祖德詩二首》其二："拯溺由道情，龕暴資神理。""祚"，流傳。《晉書·段灼傳》："（鄧）艾功名已成，亦當書之竹帛，傳祚萬世。""窮年"，全年，一整年。唐韓愈《進學解》："焚膏油以繼晷，恆兀兀以窮年。"

[一一]"昭""訓"，原刻漫漶，據甲本、乙本補。"昭"，《爾雅·釋詁下》："見也。"蜀漢諸葛亮《出師表》："論其刑賞，以昭陛下平明之理。""是"，《廣雅·釋言》："此也。"唐柳宗元《天對》詩："棋布萬熒，咸是焉託。"

［一二］“巖”“巔”，原刻漫漶，據甲本、乙本補。“跋”，此處意作“鐫刻”。

［一三］“爾”“靈”，原刻漫漶，據甲本、乙本補。

［一四］“歸”，原刻漫漶，據甲本、乙本補。“孤風”，孤高的風度。南朝宋王僧達《祭顏光祿文》：“氣高叔夜，嚴方仲舉。逸翮獨翔，孤風絕侶。”北宋蘇軾《孔長源挽詞二首》其一：“少年才氣冠當時，晚節孤風益自奇。”“歸然”，高聳挺立貌。《淮南子·詮言訓》：“至德，道者若邱山。歸然不動，行者以為期也。”毛澤東《西江月·井岡山》詞：“敵人圍困萬千重，我自歸然不動。”

十　北宋趙濡石門洞摩崖詩刻

圖一三　诗刻拓片，採自吳志華《處州金石》上冊，第三四〇頁

　　題解：鑴刻在麗水市青田縣石門洞景區"石門飛瀑"景觀左側"月洞"石壁上，摩崖，一方，七言絕句一首，原刻並無詩題，但诗末有"邑佐趙濡題"之作者署名。此方詩刻，笔者访而未得。据吴志华《处州金石》所見拓片知，诗刻橫長三〇釐米、縱高三五釐米，通篇豎寫陰刻，自上而下、自左向右，連同詩末"邑佐趙濡題"之署名，共計五行，字徑約七釐米，楷書，字跡嫵媚有致。

　　詩末所見"邑佐趙濡"之題名，各家郡邑志均未見記載，應是不入志的青田縣衙低階官吏。石門洞景區內的"月洞"石壁上，另有一則署名"邑佐趙濡"的題記："邑佐趙濡/文仲曾遊/是山飲泉/罷而遍觀/諸名公題/紀□以還/時治平四/年正月/初九/日。"① 可見，鑴刻在"月洞"石壁上的這首七絕，應是北宋治平四年（1067），趙濡遊覽石門洞、遍觀前代諸公題刻後撰作并上石②。

　　此方摩崖詩刻，清鄒柏森《續栝蒼金石志》卷一，以及青田縣文管會《石門洞太鶴山摩崖碑碣》第一二頁、王友忠《青田文物圖集》第一六三頁、吳志華《處州金石》上冊第三三九頁，皆見有釋文。筆者多次探訪，但皆未見石，或許詩刻早已磨平。以下校錄，以吳志华《处州金石》拓本为底本，參校以《續栝蒼金石志》。

　　釋文：瀑瀉 巖 前千尺雪[一]， 洞 高 深 處鎖煙霞[二]。我來自得忘形樂，峭壁 蒼 崖日已斜[三]。

　　校注：
　　[一] "巖"，原刻漫漶，據《續栝蒼金石志》補。"瀑"，《集韻·屋韻》："懸水。"明袁宏道《飲渭南郊外水亭》詩："清響落銀塘，崖

---

　　① 該題記共計十行，每行四字（後三行每行遞減一字），字徑 7 釐米。
　　② 鄒柏森疑石門洞月洞岩壁上的七絕，與石門洞側小懸崖上的題記，為同時勒刻。參見（清）鄒柏森：《續栝蒼金石志》卷一，《聚學軒叢書》，江蘇廣陵古籍刻印社 1982 年影印本，第 4 輯，第 14 頁。

高瀑自長。”“巖”,《說文·山部》:“岸也。”唐李白《瀑布》詩:“斷巖如削瓜,嵐光破崖綠。”

〔二〕“洞”“深”,原刻漫漶,據《續栝蒼金石志》補。“鎖”,《續栝蒼金石志》作“鏁”,據文義,此處應作“鎖”。“鎖”,《說文》:“鎖也。”毛澤東《菩薩蠻·黃鶴樓》:“煙雨莽蒼蒼,龜蛇鎖大江。”“煙霞”,雲霞。唐玄奘法師《大唐西域記·伊爛拏鉢伐多國》:“含吐煙霞,蔽虧日月;古今仙聖,繼踵棲神。”朱放《題竹林寺》詩:“歲月人間促,煙霞此地多。”

〔三〕“蒼”,原刻漫漶,據《續栝蒼金石志》補。“蒼”,《說文·艸部》:“艸色也。”段玉裁注:“引伸為凡青黑色之偁。”《詩經·王風·黍離》:“悠悠蒼天,此何人哉!”唐杜甫《可歎》詩:“天上浮雲似白衣,斯須變幻如蒼狗。”

十一　北宋王徵石門洞摩崖詩刻

圖一四　詩刻今貌，筆者攝

　　題解：鐫刻在麗水市青田縣石門洞景區"石門飛瀑"景觀左側"月洞"內的石壁上，摩崖，一方，五言古詩一首，原刻題作《題謝康樂石門作》，詩題后附見有"臨安主簿王徵"之作者署名。此方詩刻，橫長二七釐米、縱高五〇釐米，通篇豎寫陰刻，自上而下、自右向左，共計七行，滿行十八個字，字徑約三釐米，楷書，字跡工整。其中，首行為詩題及署名，其餘六行為詩句。

　　詩題中的"謝康樂石門作"之所指，應是同勒在石門洞景區"月洞"石壁上的前述兩首謝靈運五古詩（《石門新營所住四面高山回溪石瀨修竹茂林詩》、《登石門最高頂》）。由於首行"王徵"署名前，冠有"臨安主簿"之銜。故而可知，此詩乃臨安主簿王徵，觀覽石門洞謝靈運摩崖詩刻時作。王徵其人，文獻失載。

　　詩刻上覆刻有大字題名兩行："崔堯封甲寅/四月廿四日題。"據《光緒處州府志》卷十三《職官志》載，北宋熙寧年間，崔堯封曾任處州通判。蓮都區南明山仁壽寺後的岩壁上，有一則紀年為"熙寧乙卯五月十三日"的紀年題記，題記中出現了"通判處州崔堯封處民"之名。由此觀之，"月洞"石壁上的這首五古詩，其撰作與勒刻時間，應是在北宋熙寧八年（一〇七五）或其前後不久。

　　清李遇孫《栝蒼金石志》卷四，以及青田縣文管會《石門洞太鶴山摩崖碑碣》第二十三頁、王友忠《青田文物圖集》第一六五至一六六頁、吳志華《處州金石》上冊第三四一頁，皆見有釋文。筆者二〇一八年十月一日初次訪石。以下校錄，參校以《栝蒼金石志》。

　　釋文：吾聞永嘉守[一]，謝□□□心。勝跡若猶在[三]，雲澗清且深[四]。綠蘿自蒙密[五]，白日易森沉[六]。□□松筱□[七]，石門□登臨[八]。碧潭映千丈[九]，瀑布飛□□。秋雨□微□，暮煙生長林[一〇]。□□□皇華[一一]，□□往來□。偶爾□吟踐[一二]，遺風尚□□[一三]。悠悠歸路長[一四]，戀戀惜餘芳[一五]。□動□水興[一六]，茲焉安可忘[一七]。

校注：

[一]“永嘉守”，永嘉太守，此處特指謝靈運。唐劉禹錫《酬令狐相公贈別》詩：“海嶠新辭永嘉守，夷門重見信陵君。”明邢昉《同龍友石門洞觀瀑布歌》：“謝公昔為永嘉守，永嘉山水世無有。”

[二]“謝”，《栝蒼金石志》未能釋讀。

[三]“勝跡”，聲名遠播的古跡。唐孟浩然《與諸子登峴山》詩：“人事有代謝，往來成古今。江山留勝跡，我輩複登臨。”此處“勝跡”之所指，為石門洞月洞岩壁上的兩方謝靈運五古詩刻。

[四]“雲澗”，雲氣瀰漫的山間。唐張鴻《贈喬尊師》詩：“長忌時人識，有家雲澗深。”南宋陸遊《自詠》詩：“淘丹雲澗冷，採藥乳穴幽。”

[五]“自”，副詞，本是，本來。唐白居易《嵩陽觀夜奏霓裳》詩：“開元遺曲自淒涼，況近秋天調是商。”“蒙密”，茂密。北周庾信《小園賦》：“撥蒙密兮見窗，行欹斜兮得路。”南朝宋范曄《樂遊應詔詩》：“遵渚攀蒙密，隨山上嶇嶔。”

[六]“易”，表示同樣，相當於“亦”。《素問·骨空論》：“扁骨有滲理湊，無髓孔，易髓無空。”王冰注：“易，亦也。骨有空，則髓有孔；骨若無孔，髓亦無孔也。”“森沉”，幽暗陰沉。南朝宋鮑照《過銅山掘黃精》詩：“銅溪晝森沉，乳竇夜涓滴。”唐岑參《早上五盤嶺》詩：“蒼翠煙景曙，森沉雲樹寒。”

[七]“筱”，《栝蒼金石志》作“篠”。“筱”，後作“篠”，細竹。《說文·竹部》：“筱，箭屬。小竹也。”段玉裁注：“今字作篠。”南宋陸遊《過大蓬嶺度繩橋至杜秀才山莊》詩：“柳空叢筱出，松偃翠蘿蒙。”

[八]“登臨”，登山臨水。《史記·衛將軍驃騎列傳》：“封狼居胥山，禪於姑衍，登臨瀚海。”金元好問《東園晚眺》詩：“一詩不盡登臨興，落日東園獨倚欄。”

[九]“碧潭”，碧綠的水潭。唐王涯《秋思贈遠二首》其二：“厭攀楊柳臨清閣，閒採芙蕖傍碧潭。”南宋戴復古《黃岩舟中》詩：“星辰

冷落碧潭水，鴻雁悲鳴紅蓼風。”“映”，照映，相映。《後漢書·張衡傳》：“冠咢咢其映蓋兮，佩綝纚以輝煌。”李賢注：“映蓋，謂冠與車蓋相映也。”北周庾信《詠畫屏風·逍遙遊桂苑》：“狹石分花徑，長橋映水門。”

〔一〇〕“暮煙”，晚煙。唐王昌齡《留別郭八》詩：“長亭駐馬未前，井邑蒼茫含暮煙。”元王元鼎《憑欄人·閨怨》詞：“垂柳依依惹暮煙，素魄娟娟當繡軒。”“長林”，茂密的樹林。唐杜甫《茅屋為秋風所破歌》：“高者掛罥長林梢，下者飄轉沉塘坳。”清靜諾《詠秋蘭》詩：“長林眾草入秋荒，獨有幽姿逗晚香。”

〔一一〕“皇華”，《詩經·小雅·皇皇者華序》：“《皇皇者華》，君遣使臣也。送之以禮樂，言遠而有光華也。”“皇華”為《詩經·小雅》中《皇皇者華》篇的省稱。後因以為讚頌奉命出使或出使者的典故。南朝齊王融《永明十一年策秀才文》：“歌皇華而遣使，賦膏雨而懷賓。”唐王維《送李判官赴東江》詩：“聞道皇華使，方隨皁蓋臣。”

〔一二〕“吟”，《栝蒼金石志》作“唫”，“吟”與“唫”同。《玉篇·口部》：“唫，亦古吟字。”《增韻·侵韻》：“吟，哦也，詠也。”《莊子·德充符》：“倚樹而吟，據槁梧而瞑。”“踐”，登臨。《漢書·陳勝項籍傳贊》：“踐華為城，因河為池，據億丈之城，臨不測之川，以為固。”顏師古注：“服虔曰：‘斷華山為城。’晉灼曰：‘踐，登也。’晉說是。”

〔一三〕“遺風”，前代遺留下來的風氣。《史記·貨殖列傳》：“故其民猶有先王之遺風。”清劉廷璣《結交行》詩：“羊左遺風邈莫攀，管鮑高情亦烏有。”

〔一四〕“悠悠”，遙遠。《詩經·鄘風·載馳》：“驅馬悠悠，言至於漕。”東漢王粲《從軍詩五首》其五：“悠悠涉荒路，靡靡我新愁。”

〔一五〕“戀戀”，依依不捨。《後漢書·何進傳》：“惟受恩累世，今當遠離宮殿，情懷戀戀。”唐白居易《廬山草堂記》：“元和十一年秋，太原人白樂天見而愛之，若遠行客過故鄉，戀戀不能去。”“餘芳”，殘花。前蜀韋莊《寄園林主人》詩：“曉鶯閒自囀，遊客暮空歸。尚有餘芳在，猶堪載酒來。”明高啟《梅花九首》其六：“立殘孤影長過夜，看到餘芳不是春。”

　　[一六]“興”，動。《周禮·考工記·弓人》：“下柎之弓，末應將興。”鄭玄注：“興，猶動也，發也。”

　　[一七]“安”，副詞，表示疑問，相當於“豈”。《左傳·宣公十二年》：“暴而不戢，安能保大？”《史記·高祖本紀》：“安得猛士兮守四方。”

十二　北宋劉涇南明山摩崖詩刻（一）

圖一五　詩刻今貌，筆者攝

圖一六　詩刻拓片，筆者採自麗水市博物館"括蒼石語"展廳

題解：鐫刻在麗水市蓮都區南明山雲閣崖石壁上，摩崖，一方，五言古詩一首，原刻無題無署。南明山雲閣崖石壁的正中央，自上而下隸書陰刻有"靈崇"兩個大字。此二字，相傳為東晉道教理論家葛洪所題，現已入選國家文物局《第一批古代名碑名刻文物名錄》。此方詩刻，自上而下、自右向左，呈 U 形環繞在"靈崇"二字的兩側及下側，字徑相對較小，僅約八釐米，楷體。其中，分佈在"靈崇"二字右側的文字，大部分已不見痕跡，現在僅依稀可辨識出"鸞"字與"仙翁"兩字；分佈在"靈崇"二字左側的文字，共計三行，每行三句十五字，現在僅存首行；而分佈在"靈崇"二字下側的詩刻文字，共計五行，每行一句五字。

清乾嘉之際，時任處州府訓導的嘉興籍學者李遇孫，利用職務之便廣泛搜集，纂成麗水歷史上第一部金石學專志《栝蒼金石志》。李遇孫在是書卷一"葛稚川南明山題字"條目跋語中言，李遇孫時，摹勒在"靈崇"二字左側的詩刻三行中的後兩行，尚且清晰可見。但中華民國十四年（一九二五）時，時任麗水知縣李鐘岳，將後兩行磨平，并在其上覆刻題記："麗水南明山雲閣崖間，題有'靈崇'二字，為葛仙翁真跡，風霜剝蝕，已/成沒字之碑。爰考《栝蒼金石志》，敬摹刻，期以永保雲尔。/中華民國十四年乙丑冬月，知麗水縣事桐城李鐘嶽敬鐫。"同時，李遇孫在《栝蒼金石志》中記載到，李遇孫時，此方詩刻的末尾，另見有紀年題記："葛仙翁真跡，宋紹聖丁醜，蜀人劉涇書贊。"題記中的"劉涇"，《宋史》卷四四三有傳。據載，他字巨濟，北宋簡州陽安（今四川簡陽市）人，舉進士，曾知處州。可見，此詩應為北宋時期處州知州劉涇撰作、書丹並上石。而具體時間，應是在仁宗紹圣四年（一〇九七），具體見下一則"劉涇摩崖詩刻"之題解。

此方摩崖詩刻，清李遇孫《栝蒼金石志》卷一、《光緒處州府志》卷二十六《金石志》，以及徐文平《處州摩崖石刻》第九頁、吳志華《處州金石》上冊第二七六頁，皆見有釋文。筆者二〇一八年六月十七日初次訪石。以下校錄，參校以《栝蒼金石志》。

釋文：☐☐☐鷺☐☐☐仙翁☐☐☐[一]。何此副墨為[二]，而沉寓心書[三]。靈崇故揮掃[四]，縹緲神飛驚[五]。老木同消磨[六]，煙華終梗槩[七]。葺投久塵點[八]，藻栻回天光[九]。宿禾清淨像[一〇]，夢寐獲金事[一一]。拔諸琳瑯館[一二]，起敬未省心[一三]。穹壤均長年[一四]，勿猥文字見[一五]。

校注：

[一]　此句及以前，見於"靈崇"二字的右側。"鷺""仙翁"，《栝蒼金石志》未能釋讀。據文義，此處"仙翁"，指著名神仙家葛仙翁，即《抱樸子》的作者葛洪。唐元結《說洄溪招退者》詩中有："忽憚山深與地僻，羅浮尚有葛仙翁。"劉禹錫《赴和州於武昌縣再遇毛仙翁十八兄因成一絕》詩中亦有："武昌山下蜀江東，重向仙舟見葛洪。"

[二]　此句及以後，見於"靈崇"二字的下側和左側。"副墨"，指"靈崇"二字。清宣穎《南華經解》："文字是翰墨為之，然文字非道，不過傳道之助，故謂之副墨。"

[三]　"寓"，寄託之意。《管子·大匡》："賢者死忠以振疑，百姓寓焉。"尹知章注："寓，寄託也。"歐陽修筆記中多有"寓心"之用例，比如：《學書靜中至樂說》中有"不寓心於物者，真所謂至人也"，《夏日學書說》中有"夏日之長，飽食難過，不自知愧，但思所以寓心而銷晝暑者。"

[四]　"揮掃"，運筆揮寫。南宋陸遊《草書歌》："忽然揮掃不自知，風雲入懷天借力。"北宋王當《戲畫古松真清齋前》詩："古工予不師，揮掃恣淋漓。"

[五]　清人王尚庚在《栝蒼金石志》卷一"葛稚川南明山題字"條目下的跋語中，稱讚葛洪"靈崇"二字的書法風格："筆法體勢，飄若遊雲，矯若驚龍，超然仙趣，不類凡筆。"此語與詩中"縹緲神飛驚"之句相類。

[六]　"消磨"，消耗。唐賀知章《回鄉偶書》其二中有"近來人事半消磨"句，北宋黃庭堅《雜詩七首》其一中有"世事消磨綠鬢疏"

句，兩句中所用"消磨"，即為此意。

[七]"煙"，《栝蒼金石志》釋作"堙"，按據文義，應作"煙"。"煙華"，意為繁花。唐韋應物《龍門遊眺》中的"花樹發煙華，淙流散石脈"句，以及韋莊《閨月》中的"明月照前除，煙華蕙蘭濕"句中的"煙華"，皆為用例。"槩"，《栝蒼金石志》釋作"概"，"槩"與"概"同。《集韻·代韻》："槩，亦書作概。""梗概"，此處引申為凋零意。

[八]"葺投"，清理、彌補意。"塵點"，名詞，污染物。唐懷素《自敘帖》中的"魚賤絹素，多所塵點"句，即為用例。

[九]"栻"，為"飾"之借字。"藻栻"，即"藻飾"，修飾意。

[一〇]"宿禾"，與下句中的"夢寐"互文，過夜意。"清"，動詞，清理。"淨"，《栝蒼金石志》釋作"凈"，"凈"與"淨"同。古籍中多作"凈"，今"淨"字通行。"淨像"，即真淨像。北宋張商英有《題真淨像》詩曰："雲菴綱宗，能用能照。冷面嚴目，神光獨耀。孰傳其旨，覿露惟肖。前悅後洪，如融如肇。"

[一一]此句至末句，現已不存，此處據《栝蒼金石志》補。民國十四年（一九二五），麗水縣知事李鐘嶽，將此數句磨平，另勒題記數行。

[一二]"拔諸"，拔出、脫離。唐李頎《題神力師院》中有"隨病拔諸苦，致身如法王"句，即是用例。"琳瑯館"，即琳館，宮殿的美稱。北宋歐陽修《景靈朝謁從駕還宮》詩中有："琳館清晨藹瑞氛，玉毓朝罷奏韶鈞。"

[一三]"起敬"，與前句中的"拔諸"互文，意為清除、清理。"未省心"，指患得患失之心。唐崔塗《夏日書懷寄道友》詩中有："終期道向希夷得，未省心因寵辱驚。"

[一四]"穹壤"，即"窮壤"，意作窮鄉僻壤。"穹"與"窮"通，《逸周書·糴匡解》："刑罰不修，舍用振穹。"孔晁注："舍用常以珍民也。"謝墉疏："穹與窮通。"

[一五]"猥"，謙辭，指降低身份。蜀漢諸葛亮《出師表》中的"猥自枉屈"句，即是用例。"文字"，指葛洪"靈崇"二字。

十三 北宋劉涇南明山摩崖詩刻(二)

圖一七 詩刻今貌，筆者攝

圖一八　詩刻拓片，筆者採自麗水市博物館"括蒼石語"展廳

　　題解：鐫刻在麗水市蓮都區南明山雲閣崖石壁上，西距前述葛洪"靈崇"隸書題字約四米，摩崖，一方，五言古詩一首，原刻無題無署。此處摩崖的正中央，鐫刻有北宋著名書法家米芾所書"南明山"三字，楷體，字徑約五十釐米。此方詩刻，通篇豎寫陰刻，自上而下、自右向左，共計三行，字徑約七釐米，行楷。其中，前兩行分佈在米芾"南明山"題字的右側，每行四句二十字；第三行分佈在米芾"南明山"題字的左側，單行兩句十字。

　　原刻中雖然未見作者署名，但此方詩刻的字跡，與前述葛洪"靈崇"題字旁的劉涇詩刻相同，且兩方詩刻所在位置相距較近。故而，我們有理由相信，此方詩刻亦為劉涇撰作與書丹。此外，詩末另附有筆跡與詩作相同的題記："□紹聖丁醜，□杜穎洪道，／麗水陳正夫，幕程宏方壊。席昌壽□□，同□物□□。"據題記中的"紹聖丁醜"紀年可知，此詩及上一首劉涇五古詩，其撰作、書丹以及上石時間，都應系年到北宋仁宗紹聖四年（一〇九七）。

　　清李遇孫《栝蒼金石志》卷四，以及吳志華《處州金石》上冊第三八六頁，皆見有釋文。筆者二〇一八年六月十七日初次訪石。以下校錄，以麗水市博物館藏拓片為底本，參校以《栝蒼金石志》。

　　釋文：栝蒼南明山[一]，為州最勝絕[二]。守劉涇巨濟[三]，置□幾榻□[四]。謁米芾元章[五]，時使清漣側。書之字奇崛[六]，與山兩相高[七]。山可朽壞為[八]，此書常壁立[九]。

　　校注：

　　[一]"栝蒼"，蓮都區舊名，隋開皇九年（五八九）置，唐大歷十四年（七七九）改為麗水縣。《舊唐書》卷一九一："道士葉法善，栝州栝蒼人。""南明山"，山名，歷代詩家多有吟詠。比如，唐唐彥謙《遊南明山》詩："久聞南明山，共慕南明寺。幾度欲登臨，日逐擾人事。於焉偶閒暇，鳴蠻忽相聚。乘興樂遨遊，聊此託佳趣。涉水渡溪南，迢遙翠微裏。石磴千疊斜，峭壁半空起。白雲鎖峰腰，紅葉暗溪

嘴。長藤絡虛巖，疏花映寒水。金銀拱梵剎，丹青照廊宇。深洞結苔陰，嵐氣滴晴雨。羊腸轉咫尺，鳥道轉千裏。屈曲到禪房，上人喜延佇。香分宿火熏，茶汲清泉煮。投閒息萬機，三生有宿契。行廚出盤飧，擔甕倒芳醑。脫冠掛長松，白石藉憑倚。宦途勞營營，暫此滌塵慮。閫令促傳觴，投壺更聯句。興來較勝負，醉後忘尔汝。忽聞吼蒲牢，落日下雲嶼。長嘯出煙蘿，揚鞭賦歸去。"在眾多吟詠南明山的詩作中，此詩尤佳。故不避冗贅的將其羅列如前。

〔二〕"勝絕"，絕妙。唐薛用弱《集異記·崔商》中有："江濱有溪洞，林木勝絕，商因杖策徐步，窮幽深入。"白居易《盧山草堂記》："匡盧奇秀，甲天下山。山北峰曰香爐，峰北寺曰遺愛寺。介峰寺間，其境勝絕。"

〔三〕劉涇，字巨濟，曾知處州，《宋史》卷四四三有傳。

〔四〕"幾榻"，靠幾和臥榻，泛指日用器具。曹魏應璩《與侍郎曹長思書》："悲風起於閨闥，紅塵蔽於幾榻。"唐白居易《洛下諸客就宅相送偶題西亭》："幾榻臨池坐，軒車冒雪過。"

〔五〕米芾，字元章，北宋書法家，尤善行草，有"米癲"之譽，《宋史》卷四四四有傳。他與蘇軾、黃庭堅、蔡襄一起，被後世稱為"宋四家"。

〔六〕宋高宗趙構在《翰墨志》中，稱讚米芾的行草作品："沉著痛快，如乘駿馬進退裕如，不煩鞭勒，無不當人意。"宋高宗之讚語，與此詩中"書之字奇崛"之句相類。

〔七〕此句意為，米芾所書"南明山"三字，與南明山的秀麗風光，爭勝競美，相映成趣。唐杜牧《長安秋望》詩之末二句"南山與秋色，氣勢兩相高"，意境與此相類。

〔八〕"朽壤"，意為腐爛的土壤。西晉潘嶽《哀永逝文》："委蘭房兮繁華，襲窮泉兮朽壤。"唐羊士諤《野夫採鞭於東山》詩："風去留孤根，巖懸非朽壤。"

〔九〕"此書"，指題刻在石壁上的米芾所書"南明山"三字。"壁立"，像墻壁一樣聳立。西晉張載《劍閣銘》"惟蜀之門，作固作鎮，是曰劍閣，壁立千仞"句中的"壁立"，即是此意。

十四　北宋劉涇太鶴山摩崖詩刻

圖一九　太鶴山白鶴洞今貌，筆者攝

圖二○　詩刻今貌，筆者攝

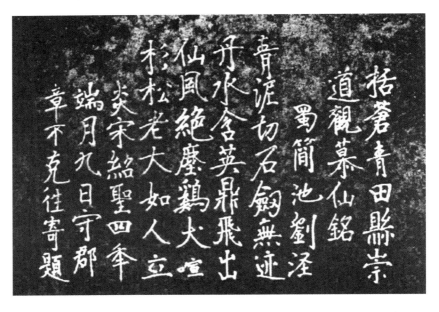

圖二一　詩刻拓片，採自吳志華《處州金石》上冊，第三九○頁

　　題解：鐫刻在麗水市青田縣鶴城街道太鶴山混元峰白鶴洞旁的一處巨石石壁上，摩崖，一方，七言絕句一首，原刻題作《栝蒼青田縣崇道觀慕仙銘》，詩題後附見有“蜀簡池劉涇”之作者署名。此方詩刻，橫長一八五釐米、縱高二六〇釐米，通篇豎寫陰刻，自上而下、自右向左，連同題記，共計十行，字徑二〇到二三釐米不等，行書，字跡俊逸。其中，詩末題記作：“炎宋紹聖四年端月九日，守郡章，不克往，寄題。”

　　據題記內容知，此詩乃北宋紹聖四年（一〇九七）處州知州劉涇在別地（或許在處州府衙）撰作並書丹，然後再寄送到青田勒石。劉涇手書的詩歌或題名，屢見於蓮都區南明山、青田縣石門洞等地。但就書風書藝而言，相較於其他詩刻或題名，此方詩刻更顯秀勁。上個世紀八十年代，青田縣政府曾對這方詩刻進行修復。故而個別早在清乾嘉之際就已經漫漶的文字，現在看來反而清晰可辨。

　　此方摩崖詩刻，清李遇孫《栝蒼金石志》卷四，以及青田文管會《石門洞太鶴山摩崖碑碣》第六九頁、王友忠《青田文物圖集》第一二五頁、吳志華《處州金石》上冊第三八九頁，已見釋文。筆者二〇一八年一二月三〇日訪石。以下校錄，參校以《栝蒼金石志》。

　　釋文：青泥切石劍無跡[一]，丹水含英鼎飛出[二]。仙風絕塵雞犬喧[三]，杉松老大如人立[四]。

　　校注：

　[一]“青泥”，青色的黏土。東晉葛洪《神仙傳·王烈》：“石中有一穴口，徑闊尺許，中有青泥流出如髓。”北宋蘇軾《吳中田婦歎》詩：“眼枯淚盡雨不盡，忍見黃穗臥青泥。”“劍”，與“劍”同。《集韻·驗韻》：“劍，或從刀。”《後漢書·馬援傳》：“吳王好劍客，百姓多創瘢。”

　[二]“丹水”，傳說中的水名。《山海經·南山經》：“丹穴之山，

其上多金玉，丹水出焉，而南流注於渤海。"北周庾信《謹贈司寇淮南公》："商山隱士石，丹水鳳凰磯。""含英"，含蘊英華。東漢班固《西都賦》："翡翠火齊，流耀含英。"唐釋尚顏《送陸肱入關》詩："亂山遙減翠，叢菊早含英。"

　　[三]"絕塵"，超脫塵俗。《晉書·庾袞傳》："庾賢絕塵避地，超然遠跡，固窮安陋，木食山棲，不與世同榮，不與人爭利。"東晉陶淵明《歸園田居五首》其二："白日掩荊扉，虛室絕塵想。""喧"，《玉篇·口部》："大語也。"南宋陸遊《喜雨》："蛙蛤徒自喧，蛟龍臥如蟄。"

　　[四]"杉松"，杉樹與松樹。唐杜甫《詠懷古跡五首》其四："古廟杉松巢水鶴，歲時伏臘走村翁。"韋應物《對春雪》詩："蕭屑杉松聲，寂寥寒夜慮。""立"，豎立。《尚書·牧誓》："比爾幹，立爾矛。"唐沈佺期《霹靂引》："俾我雄子魄動，毅夫髮立，懷恩不淺，武義雙輯。"

十五　北宋劉涇三岩摩崖詩刻

圖二二　三岩全貌，筆者攝

圖二三　詩刻今貌，筆者攝

　　題解：鐫刻在麗水市蓮都區三岩白雲洞（"三岩"主要由白雲、朝曦、清虛三處淺洞組成，而圖二二所見下層居間者即為白雲洞）前的一塊大石上，該大石現已從中間自上而下斷裂為兩部分，摩崖，一方，五言律詩一首，原刻題作《三岩遊》，且詩末附見有"劍南西川簡池劉涇"之作者署名。

　　此方詩刻，橫長一二八釐米、縱高一五七釐米，通篇豎寫陰刻，自上而下、自右向左，連同詩末題記，共計六行，每行九到十字不等，字徑約十五釐米，行書，字跡秀勁。其中，詩末署名："劍南西川簡池劉涇作。"可見，此詩亦為劉涇守栝期間撰作並摹勒。

　　此方摩崖詩刻，清李遇孫《栝蒼金石志》卷四、陸心源《宋詩紀事補遺》卷二十一，以及吳志華《處州金石》上冊第三八八頁，皆見有釋文。筆者原本以為此方詩刻早已毀損無存，但據麗水吳志華先生提示，知其仍在。故而，筆者於二〇二三年十月二十九日專程前往麗水，終於尋得此石。以下校錄，參校以《栝蒼金石志》（甲本）、《宋詩紀事補遺》（乙本）及《處州金石》（丙本）。

釋文： 混成初造物[一]，幽絕故離羣[二]。入戶清容月[三]，分棲淡借雲[四]。木陰闌暑氣[五]，泉滴厭秋聞[六]。欲索秦人記[七]，消磨篆不文[八]。

校注：

[一]“混成”，渾然天成。“造物”，本指老天、大自然，此指三巖地貌。南宋陸遊《鷓鴣天·家住蒼煙落照間》詞中有“元知造物心腸別，老卻英雄似等閑”句，即為用例。

[二]“幽絕”，清幽殊絕。“羣”，甲本、乙本同，丙本作“群”，“羣”與“群”同。《五經文字·羊部》：“羣，俗作群。”群，朋友，眾也。此處之“離群”，意為遠離塵世喧囂。

[三]“入戶”，進入家中。唐高駢《對雪》詩：“六出飛花入戶時”。“清容”，本指清秀的儀容，此處指皎潔的月色。《樂府詩集》卷四十四《子夜四時歌》：“含春未及歌，桂酒發清容。”

[四]“棲”，甲本、乙本作“栖”，丙本同。“棲”與“栖”同，意作“停留”。“分棲”，唐李白《涇川送族弟錞》詩中有“歎息蒼梧鳳，分棲瓊樹枝”句，即是用例。

[五]“木陰”，樹木的陰涼處。西晉陸機《猛虎行》詩中有：“渴不飲盜泉水，熱不息惡木陰。”“闌”，《廣雅·釋詁二》：“遮也。”《馬王堆漢墓帛書·戰國縱橫家書·朱己謂魏王章》：“晉國去梁千裏，有河山以闌之。”“暑氣”，盛夏的熱氣。

[六]“泉滴”，滴答的山泉。唐劉損《憤惋詩三首》其三：“莫道詩成無淚下，淚如泉滴亦須幹。”“厭”，抑制。《越絕書·外傳記軍氣》：“小人則不然，以強厭弱，取利於危。”“秋聞”，秋日的囂燥。南朝宋顏延之《夏夜呈從兄散騎車長沙》詩：“夜蟬堂夏急，陰蟲先

秋聞。”

[七]“索”,《小爾雅·廣言二》:“求也。”戰國楚屈原《離騷》:“路漫漫其修遠兮,吾將上下而求索。”《後漢書·張衡傳》:“人生在勤,不索何獲。”“秦人記”,此處指以往各代的摩崖石刻。

[八]此句意為,三岩的石壁上,篆刻斑駁,難以辨認。

十六　南宋謝伋石門洞摩崖詩刻（一）

圖二四　詩刻拓片，採自吳志華《處州金石》上冊，第四二三頁

　　題解：鐫刻在麗水市青田縣石門洞景區"石門飛瀑"景觀左側"月洞"石壁上，摩崖，一方，七言絕句二首（兩詩前後相接，屬同一方詩刻），原刻皆無詩題，且無作者署名。此方詩刻，橫長五十五釐米、縱高五十釐米，通篇豎寫陰刻，自上而下、自左向右，連同詩前序文，共計十行，字徑約七釐米，楷書，字跡工整有力。其

中，首三行為序文，第四到六行為第一首七言絕句，末四行為第二首七言絕句。詩刻中的部分文字，現已漫漶難識。

詩前序文作："陽夏謝伋為郡守，朝命/趣行，水漲風逆，檥□洞/□。紹興丙子三月十□日。"序文中的"紹"字，現已磨平、無法釋讀，但在清乾嘉年間，尚還清晰可辨，此處據清李遇孫《栝蒼金石志》補。"紹興丙子"，即南宋紹興二十六年（一一五六）。序文中提到的"陽夏謝伋"，見於南宋陳耆卿《嘉定赤城志》卷三四《人物門三》。據載，謝伋，字景思，河南上蔡人，南宋高宗朝參知政事謝克家之子，官至太常少卿、知處州①。同時，據序文中"謝伋為郡守朝命"一語推測，此二首七言絕句，或為謝伋沿甌江水道前往處州府上任途中、觀覽石門洞時撰作並勒刻。

此方摩崖詩刻，清李遇孫《栝蒼金石志》卷五，以及青田文管會《石門洞太鶴山摩崖碑碣》第二一頁、王友忠《青田文物圖集》第一六五頁、吳志華《處州金石》上冊第四二二頁，皆見有釋文。筆者二〇一八年十月一日初次訪石。以下校錄，參校《栝蒼金石志》。

釋文：分□□□舊經過[一]，石上篇章□□□[二]。□隊尋花來洞□[三]，□□□日喜行和[四]。

我本□休問逸人[五]，誤恩復使治斯民[六]。塵事擾來容貌改[七]，燭鬢羞到碧潭濱[八]。

校注：

[一]"舊"，據殘痕及文義補。

[二]"章"，據殘痕及文義補。"篇章"，詩文。唐賈島《寄韓潮州

---

① （宋）陳耆卿：《嘉定赤城志》卷三四《人物門三》，台灣成文出版社有限公司1983年影印本，第7334頁下欄。

愈》詩：“隔嶺篇章來華嶽，出關書信過瀧流。”杜荀鶴《秋日山中寄李處士》詩：“言論關時務，篇章見國風。”

〔三〕“洞”，據殘痕及文義補。“尋花”，出遊賞花。唐白居易《遺愛寺》詩：“弄石臨溪坐，尋花繞寺行。”北宋梅堯臣《永叔內翰見索謝公遊嵩書感歎希深師魯子聰幾道皆為異物獨公與餘二人在因作五言以敘之》詩：“尋花不見人，前代公侯宅。”

〔四〕“行”，據殘痕及文義補。

〔五〕“休”，據殘痕及文義補。“逸人”，逸民。《後漢書·趙岐傳》：“漢有逸人，姓趙名嘉。有志無時，命也奈何。”唐高瑾《三月三日宴王明府山亭》詩：“逸人談發，仙禦舟來。”

〔六〕“誤恩”，誤施恩澤，多用作謙詞。北宋王安石《三品石》詩：“草沒苔侵棄道周，誤恩三品竟何酬。”南宋陸遊《史院晚出》詩：“已乞殘骸老故丘，誤恩重作道山遊。”“治”，治理。《孟子·滕文公上》：“或勞心，或勞力。勞心者治人，勞力者治於人。治於人者食人，治人者食於人。”“斯民”，老百姓。西晉陸機《答賈謐詩》：“乃眷三哲，俾乂斯民。”

〔七〕“塵事”，世俗事務。東晉陶淵明《辛醜歲七月赴假還江陵夜行塗中》詩：“閒居三十載，遂與塵事冥。”唐杜甫《卜居》詩：“已知出郭少塵事，更有澄江銷客愁。”

〔八〕“燭鬢”，被紅燭所燃之鬢，指飽經風霜。北宋劉才邵《書翠波亭》詩：“人言止水燭鬢眉，便向靜處淘真機。”“濱”，水邊。西漢劉向《九歎·遠遊》：“馳六龍於三危兮，朝西靈於九濱。”王逸注：“濱，水涯也。”

十七　南宋謝伋石門洞摩崖詩刻（二）

題解：鐫刻在麗水市青田縣石門洞景區"石門飛瀑"景觀左側"月洞"石壁上，摩崖，一方，七言律詩一首，原刻既無詩題，又無

署名與題記。詩刻橫長四五釐米、縱高四〇釐米，通篇豎書陰刻，自上而下、自右向左，共計七行，每行八字，字徑約五釐米，楷書，字跡與前述謝伋詩刻相同，故此首七律亦應為謝伋之作①。

此方摩崖詩刻，《光緒青田縣志》卷七《古跡志》第三六三至三六四頁，以及青田縣文管會《石門洞太鶴山摩崖碑碣》第四三頁、吳志華《處州金石》上冊第四六〇頁，皆見有釋文。筆者二〇一八年十月一日初次訪石。以下校錄，參校以《光緒青田縣志》。

釋文：歸橈特特艤溪圻[一]，躡屐看山驗昔聞[二]。破雨飛空翻瀑雪[三]，倏風卷地作晴雲[四]。捫蘿環坐無塵到[五]，倒榼題詩待日曛[六]。只酌此泉酹千□[七]，□□□足張吾軍。

校注：

[一]“橈”，船槳，代指船。“歸橈”，歸舟。唐戴叔倫《戲留顧十一明府》詩：“未可動歸橈，前程風浪急。”北宋張先《浣溪沙》詞：“樓倚春江百尺高，煙中還未見歸橈。”“特特”，特意。北宋歐陽修《和人三橋》詩：“為愛斜陽好，回舟特特過。”南宋岳飛《池州翠微亭》詩：“經年塵土滿征衣，特特尋芳上翠微。”“艤”，《廣韻·紙韻》：“整舟向岸。”西晉左思《蜀都賦》：“試水客，艤輕舟。”“圻”，曲岸。《文選·謝靈運〈富春渚〉》：“泝流觸驚急，臨圻阻參錯。”李善注：“《埤蒼》曰：‘碕，曲岸頭也。’碕與圻同。”唐韓愈《除官赴闕至江州寄鄂嶽李大夫》詩：“古人辭禮闈，旌節鎮江圻。”

[二]“躡屐”，穿著木屐。唐李咸用《酬鄭進士九江新居見寄》詩：“躡屐扣柴關，因成盡日閒。”南宋韓元吉《水調歌頭·水洞》：“試尋高處，攜手躡屐上崔嵬。放目蒼崖萬仞。”“驗”，《玉篇·馬部》：“徵也，證也。”《韓非子·顯學》：“無參驗而必之者，愚也。”

---

① 需要強調的是，清光緒六年（一八八〇）修纂的《青田縣志》，已經首次將此詩定為謝伋之作，只是沒有說明具體理由。筆者僅是循著這一思路，作了進一步推理。

[三]"破雨",碎雨。南宋熊瑞《和胡文友冷齊口號四首》其一:"一聲暮笛穿雲裂,數點昏鴉破雨飛。"清華嵒《風雨歸舟》詩:"金風掀木葉,破雨一聲秋。""飛空",飛入空中。唐儲光義《詠山泉》詩:"映地為天色,飛空作雨聲。"清王錫《春江花月夜》詩:"春江兩岸百花深,皓月飛空雪滿林。""翻",翻騰。《文選·木華〈海賦〉》:"翻動成雷,擾翰為林。"李善注:"翻,動也。"唐杜甫《返照》詩:"返照入江翻石壁,歸雲擁樹失山村。""瀑雪",瀑布。明邢昉《同龍友石門洞觀瀑布歌》:"我亦清夏來絕境,瀑雪潭光兩相映。"清趙文哲《雨過黔陽縣》詩:"灘雷搖絕壁,瀑雪灑高帆。"

[四]"倏風",疾風。明黃衷《病起言懷》詩:"忽雨倏風天亦戲,既閒猶病數何奇。""卷地",從地面席捲而過。唐岑參《白雪歌送武判官歸京》詩:"北風捲地百草折,胡天八月即飛雪。"

[五]"捫蘿",攀援葛藤。唐宋之問《靈隱寺》詩:"捫蘿登塔遠,刳木取泉遙。""環坐",圍繞而坐。唐元稹《答姨兄胡靈之見寄五十韻》詩:"環坐唯便草,投盤暫廢觥。""塵",世俗。東晉陶淵明《歸園田居五首》之二:"白日掩荊扉,虛室絕塵想。"

[六]"倒榼",飲酒。南宋馮時行《建炎庚戌中秋夜與同官相期於月下既為頑雲障》詩:"聞君洗瓦盞,倒榼有餘盎。""題詩",題寫詩句。唐白居易《送王十八歸山寄題遊仙寺》詩:"林間暖酒燒紅葉,石上題詩掃綠苔。""日曛",日落。北宋曾鞏《答葛蘊》詩:"朝吟忘日昃,暮吟忘日曛。"

[七]"酌",《玉篇·酉部》:"挹也。""酹",酒水灑地以示祭奠。《漢書·外戚傳·孝元傅昭儀》:"為人有材略,善事人,下至宮人左右,飲酒酹地,皆祝延之。"顏師古注:"酹,以酒沃地也。"唐李白《山人勸酒》詩:"舉觴酹巢由,洗耳何獨清。"

十八　南宋王埴仙都摩崖詩刻

圖二六　小赤壁今貌，筆者攝

圖二七　詩刻今貌，筆者攝

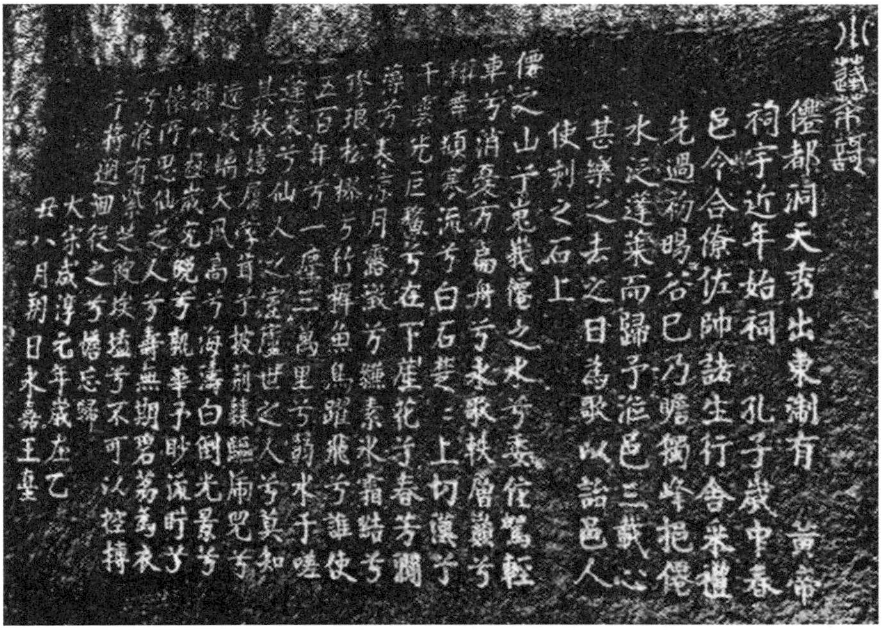

圖二八　詩刻拓片，採自吳志華《處州金石》上冊，第四五二頁

題解：鐫刻在麗水市縉雲縣仙都景區"小赤壁"石壁上，摩崖，一方，騷體詩一首，原刻題作《小蓬萊歌》。小赤壁，位於今仙都景區"好溪"（水名）畔，臨溪一面為絕壁，且紅白相間，如同火焰燃燒，故而得名"小赤壁"。而臨溪的絕壁，恰可為摩崖之用。清人袁枚曾遊訪仙都，并作《遊仙都峰記》一文。他在文中吟詠"小赤壁"："仙岩榜雉堞橫排，可書數百姓名。"①

此方詩刻，橫長三百釐米、縱高二百九十釐米，通篇豎寫陰刻，自上而下、自右向左，連同詩前序文與詩末題記，共計二十四行。其中，首行為詩題，第二到八行為序文（前二行每行十一字、中間四行每行十二字、末行五字），第九到二十二行為詩句（前十三行每行十四字、末行十字），末兩行為題記（每行九字）。詩題為篆體，字徑約十七釐米，其餘為楷體，字徑約十三釐米。

詩前序文作："僊都洞天②，秀出東淛③，有黃帝/祠宇④，近年始祠孔子⑤。歲中春，/邑令合僚佐，帥諸生行舍采禮。/先過初暘穀，巳乃瞻獨峰、挹僊/水、泛蓬萊而歸。予涖邑三載⑥，心/甚樂之。去之日，為歌以詒人，/使刻之石上。"詩末題記作："大宋咸淳元年歲在乙/醜八月朔日，永嘉王埴。"

詩末題記中出現的"永嘉王埴"，見於《乾隆縉雲縣志》卷四《官師志》。據《乾隆縉雲縣志》載，南宋嘉熙年間（一二三七至一

---

① （清）袁枚：《遊仙都峰記》，見於《小倉山房文集》卷二九，上海古籍出版社1988年版，第1783頁。
② "僊"，同"仙"。《說文·人部》："僊，長生僊去。"段玉裁注："《聲類》：'仙，今僊字。'蓋仙行而僊廢矣。"《廣韻·仙韻》："僊"，同"仙"。下同，不贅。
③ "淛"，同"浙"。《篇海類編·地理類·水部》："淛，與浙同。"
④ "黃帝"，原刻在此稱謂前，空有一字，以示敬。《光緒縉雲縣志》卷十二《碑碣志》據南宋王厚之《復齋碑目》載，仙都山原有唐咸通八年所立《仙都山黃帝祠堂碑》。可見，至遲在唐咸通年間，仙都山已有祭祀黃帝之祠廟。
⑤ "孔子"，原刻在此稱謂前，空有一字，以示敬。
⑥ "涖"，同"蒞"。《龍龕手鑑·水部》："涖，與蒞同。"

二四〇），王埴任職縉雲知縣①。但是序文和題記卻告訴我們，王埴擔任縉雲知縣的時間，是在一二六三至一二六五年間，《乾隆縉雲縣志》所載有誤。同時，序文和題記還揭示出，此詩乃咸淳元年（一二六五）八月，王埴離職他任之際、再遊"小蓬萊"時，有感而作並勒刻之詩。

此方摩崖詩刻，清李遇孫《栝蒼金石志》卷八、陸心源《宋詩紀事補遺》卷七十七，以及吳志華《處州金石》上冊第四五二至四五三頁，皆見有釋文。筆者二〇一四年十月七日初次訪石。以下校錄，參校以《栝蒼金石志》（甲本）及《宋詩紀事補遺》（乙本）。

釋文：僊之山兮嵬峩[一]，僊之水兮委佗[二]。駕輕車兮消憂[三]，方扁舟兮永歌[四]。軼層巔兮翔舞[五]，煩寒流兮白石楚楚[六]。上切漢兮幹雲[七]，光巨鰲兮在下[八]。崖花兮春芳[九]，澗藻兮寒涼[一〇]。月露瀠兮縑素[一一]，冰霜結兮璆琅[一二]。松樛兮竹釋[一三]，魚鳥躍飛兮誰使？五百年兮一塵[一四]，三萬裏兮弱水[一五]。於嗟蓬萊兮仙人之室廬[一六]，世之人兮莫知其敖嬉[一七]。履蒙茸兮披荊棘[一八]，驅虒兕兮遠蛟螭[一九]。天風高兮海濤白[二〇]，倒光景兮揮八極[二一]。歲晏晚兮孰華予[二二]？眇流盼兮懷所思[二三]。仙之人兮壽無期[二四]，碧荔為衣兮滄有紫芝[二五]。彼埃壒兮不可以控搏[二六]，予將遡洄從之兮憺忘歸[二七]。

校注：

[一]"嵬峩"，甲本、乙本皆未釋讀。"嵬峩"，高大雄偉貌。《文選·張衡〈西京賦〉》："疏龍首以抗殿，狀嵬峩以岌嶪。"張銑注："嵬峩、岌嶪，高壯貌。"唐柳泌《玉清行》詩："嵬峩丹鳳冠，搖曳紫霞裾。"清侯方域《定鼎說》："宋都中豫……水陸都會也。而勢多平衍以弘普，山無嵬峩以岌嶪。"

① 乾隆《縉雲縣志》卷四《官師志》，臺灣成文出版社有限公司 1970 年影印本，第 176 頁。

　　[二]"委佗"，甲本同，乙本作"委陀"。"委佗"，曲折貌。《後漢書·任光邳彤傳贊》："委佗還旅，二守焉依。"李賢注："委，音於危反；佗，音移。行貌也。"南宋度正《寄襄陽楊侍郎三丈》詩："沱江當其中，瀰漫而委佗。"

　　[三]"消憂"，甲本、乙本皆未釋讀，意為消解憂愁。東晉陶淵明《歸去來兮辭》："悅親戚之情話，樂琴書以消憂。"唐楊巨源《上劉侍中》詩："消憂期酒聖，乘興任詩狂。"

　　[四]"方"，甲本、乙本皆未釋讀，意為並排。《漢書·揚雄傳上》："敦萬騎於中營兮，方玉車之千乘。"顏師古注："方，並也。""永"，甲本作"詠"，乙本作"咏"，"咏"與"詠"同。《說文·言部》："詠，……或從口。""永"又與"詠"通，清朱駿聲《說文通訓定聲·壯部》："永，假借為詠。""永歌"，詠歌，歌唱。《詩經·周南·關雎序》："情動於中而形於言；言之不足，故嗟歎之；嗟歎之不足，故永歌之；永歌之不足，不知手之舞之，足之蹈之也。"

　　[五]"軼"，《廣雅·釋詁三》："過也。""層巔"，高聳而重疊的山峰。唐李白《夢遊天姥吟留別》詩："熊咆龍吟殷岩泉，栗深林兮驚層巔。"清傅潢《闈中題獨秀峰》詩："殿閣壓層巔，滿空任詼宕。""翔舞"，甲本、乙本皆未釋讀，意作飛舞。唐劉禹錫《將赴汝州，途出浚下，留辭李相公》詩："初逢貞元尚文主，雲闕天池共翔舞。"北宋蘇軾《浣溪沙·旋抹紅妝看使君》詞："老幼扶攜收麥社，烏鳶翔舞賽神村，道逢醉叟臥黃昏。"

　　[六]"頗"，甲本、乙本皆未釋讀。《說文·頁部》："頗，項枕也。"此處名詞作動詞用，意作臨近。"寒"，甲本、乙本皆未釋讀。"寒流"，寒冷的流水。唐劉禹錫《西塞山懷古》詩："人世幾回傷往事，山形依舊枕寒流。"南宋楊萬里《宿池州齊山寺即杜牧之九日登高處》詩："問著州民渾不知，齊山依舊俯寒流。""白石"，潔白的石頭。唐王維《山中》詩："荊溪白石出，天寒紅葉稀。""楚楚"，鮮明貌。第二個"楚"字，原刻作重文符號，據正。南宋劉過《西江月》詞："樓上佳人楚楚，天邊皓月徐徐。"

　　[七] "切"，《廣韻·屑韻》："近也，迫也。""漢"，天河。《詩經·小雅·大東》："維天有漢，監亦有光。"毛傳："漢，天河也。"南宋陸遊《秋夜將曉出籬門迎涼有感二首》其一："迢迢天漢西南落，喔喔鄰雞一再鳴。""幹雲"，甲本、乙本皆未釋讀，意為高聳入雲。北宋秦觀《長相思》詞："鐵甕城高，蒜山渡闊，幹雲十二層樓。"黃庭堅《徐孺子祠堂》詩："藤蘿得意幹雲日，簫鼓何心進酒尊。"

　　[八] "光"，甲本、乙本皆未釋讀，意作明亮。《廣雅·釋詁四》："光，明也。"《漢書·晁錯傳》："日月光，風雨時，膏露降，五穀孰。""巨鰲"，甲本、乙本皆未釋讀。"鰲"，《玉篇·魚部》："魚名。"傳說中的海中龜鰲，可負載大山或大地。當它移動時，會地動山搖。《淮南子·覽冥訓》："於是女媧煉五色石以補蒼天，斷鰲足以立四極，殺黑龍以濟冀州，積蘆灰以止淫水。"

　　[九] "崖"，甲本、乙本作"厓"，"崖"與"厓"同。《集韻·佳韻》："厓，或作崖。""崖花"，山邊之花。南宋姜夔《虞美人·摩挲紫蓋峰頭石》詞："摩挲紫蓋峰頭石，上瞰蒼崖立。玉盤搖動半崖花，花樹扶疏、一半白雲遮。"元張弘範《春寒》詩："往來忙煞蜂兒翅，偷採崖花釀蜜甜。""春芳"，春日的花香。唐李白《懼讒》詩："眾女妒蛾眉，雙花競春芳。"北宋蘇軾《占春芳》詞之上闋："紅杏了，夭桃盡，獨自占春芳。不比人間蘭麝，自然透骨生香。"

　　[一〇] "藻"，甲本、乙本皆未釋讀，意作水藻。《說文·艸部》："藻，水艸也。藻，澡或從澡。""澗藻"，山澗中的水藻。西晉陸機《招隱》詩："朝採南澗藻，夕宿西山足。"南宋馬廷鸞《宿屺瞻夜賦》："有恨臺瓜隨蔓盡，無情澗藻與波沈。""兮""寒涼"，甲本、乙本皆未釋讀。

　　[一一] "月露"，甲本、乙本皆未釋讀，意作月下之露。唐杜甫《貽華陽柳少府》詩："火雲洗月露，絕壁上朝暾。"北宋柳永《玉蝴蝶》詞："水風輕、蘋花漸老，月露冷、梧葉飄黃。遣情傷。""澂"，《說文·水部》："清也。"段玉裁注："澂之言持也，持之而後清。"《楚辭·九章·惜往日》："君含怒而待臣兮，不清澂其然否。""縑素"，細

絹。東晉葛洪《抱樸子·遐覽》：“縑素所寫者，積年之中，合集所見，當出二百許卷。”南宋岳珂《諸遂良枯樹賦帖贊》：“誰其後先，傳此縑素。”此句指，仙都小赤壁之月露，如細絹般清靜雅潔。

［一二］“璆琅”，玉石。南宋釋寶曇《病餘用前韻呈魏公》詩：“誰家金釵十二行，春風環佩鳴璆琅。”明尹臺《明山雲望詩二首》其二：“伊人秉奇尚，被褐懷璆琅。”此處喻指小赤壁的冰與霜如玉石般圓潤有光澤。

［一三］“松楞”句，甲本、乙本皆未釋讀。

［一四］“五”，甲本、乙本皆作“石”。“百”“塵”，甲本、乙本皆未釋讀。“一塵”，一微塵也。出《華嚴經·如來出現品》：“雖復量等大千世界，而全住在一微塵中。一微塵既然，一切微塵，皆亦如是。”

［一五］“三萬”句，化用北宋蘇軾《金山妙高臺》詩中的“蓬萊不可到，弱水三萬裏”兩句。

［一六］“人”，甲本、乙本作“水”。“之”，甲本、乙本作“室”。“室廬”，居住之所。北宋蘇轍《病後》詩：“一經寒熱供骸骨，正似兵戎過室廬。”王令《夢蝗》詩：“貧者無室廬，父子各席居。”

［一七］“敖”，甲本、乙本皆作“歌”。“嬉”，甲本、乙本皆未釋讀。“敖嬉”，嬉戲。北宋蘇轍《偶遊大愚見餘杭明雅照師舊識子瞻能言西湖舊將行賦詩送之》詩：“俯首笑不答，且爾聊敖嬉。”元宋褧《盧疏齋趙平遠小像》詩：“敖嬉驅騕褭，笑詠撫嬋娟。”此句意作世俗世界的凡人不知仙人在何處嬉戲。

［一八］“履蒙茸”，甲本、乙本皆未釋讀。“蒙茸”，喻指草木。唐高適《營州歌》：“營州少年厭原野，狐裘蒙茸獵城下。”北宋蘇軾《後赤壁賦》：“予乃攝衣而上，履巉岩，披蒙茸，踞虎豹，登虯龍，攀棲鶻之危巢，俯馮夷之幽宮。”

［一九］“冎”，甲本同，乙本作“虎”，“冎”與“虎”同。《宋元以來俗字譜》：“虎”，《目連記》《金瓶梅》作“冎”。“兕”，犀牛。《論語·季氏》：“虎兕出於柙。”“遠蛟螭”，甲本、乙本皆未釋讀。“蛟螭”，蛟龍。西漢揚雄《羽獵賦》：“探巖排碕，薄索蛟螭。”唐皎然

《戞銅碗為龍吟歌》：“今日鏗鍠江上聞，蛟螭奔飛如得群。”

〔二〇〕“天風高”，甲本、乙本皆未釋讀。

〔二一〕“揮八極”，甲本、乙本皆未釋讀。“八極”，八方極遠之地。出《莊子·田子方》：“夫至人者，上窺青天，下潛黃泉，揮斥八極，神氣不變。”唐李白《大鵬賦》：“餘昔於江陵見天臺司馬子微，謂餘有仙風道骨，可與神遊八極之表。”

〔二二〕“歲晏晚”，甲本、乙本皆未釋讀。此句化用戰國屈原《九歌·山鬼》：“留靈修兮憺忘歸，歲既晏兮孰華予？”

〔二三〕“眇”，甲本、乙本作“眇”。“眇”，詳視，細視。《漢書·敘傳上》：“若乃牙、曠清耳於管絃，離婁眇目於豪分。”顏師古注：“眇，細視也。”“流盼”，眼珠轉動著看。唐元稹《鶯鶯傳》：“餘始自孩提，性不苟合，或時紈綺閒居，曾莫流盼。不為當年，終有所蔽。”徐惠《擬小山篇》詩：“仰幽巖而流盼，撫桂枝以凝想。”“懷所思”，甲本、乙本皆未釋讀。

〔二四〕“仙之人”，甲本、乙本皆未釋讀。“期”，甲本同，乙本漏錄。

〔二五〕“茘”，甲本、乙本作“荔”，“荔”與“茘”同。《幹祿字書·去聲》：“荔”，“茘”的俗字。“茘”，《說文·艸部》：“艸也。似蒲而小，根可作㔋。”“飡有紫芝”，甲本、乙本皆未釋讀。“飡”，餐也。北宋蘇軾《和雜詩十一首》其九：“虛名非我有，至味知誰飡。”“紫芝”，真菌的一種，與靈芝相類似。唐李商隱《重過聖女祠》詩：“玉郎會此通仙籍，憶向天階問紫芝。”歐陽詹《珍祥論》：“紫芝產於甘泉，白麟呈於雍祠。”

〔二六〕“埃壒”，塵土。西晉左思《三都賦》：“憑太清以混成，越埃壒而資始。”唐姚合《賦月華臨靜夜》詩：“長空埃壒滅，皎皎月華臨。”

〔二七〕“予將遡洄從之兮”，甲本、乙本皆未釋讀。“憺忘歸”，出戰國屈原《九歌·東君》：“羌聲色兮娛人，觀者憺兮忘歸。”

十九　南宋柳進叔陳店摩崖詩刻

圖二九　詩刻今貌，彭全兵提供

圖三〇　題記今貌，彭全兵提供

題解：原本鐫刻在麗水市麗景民族工業園區水閣街道陳店村旁十字叉山的半山腰上，後來因影響麗水機場建設而被整體搬遷至麗景民族工業園區七百秧森林公園附近的綠地上，摩崖，一方，七言律詩一首，原刻無題，但詩末見有"進叔"之作者署名。此方詩刻，橫長二〇釐米、縱高三〇釐米，通篇豎寫陰刻，自上而下、自右向左，共計五行，每行七到十三字不等，字徑約二釐米，楷書，字跡樸拙。

"進叔"之名，應系撰者自題，且又見於同一座山丘的另外一處摩崖題記中。該題記原本位於陳店村附近十字叉山半山腰此方詩刻的下方不遠處，内容作："宋景定□□春三月二十□日，河東柳進叔闢此。□記歲月，俾後有知所□□。"① 可見，進叔，全名"柳進叔"，原籍河東。他在南宋理宗景定年間某年春天，曾組織當地農人在今陳店村附近墾殖。詩作尾聯"我見農人耕綠野，誰知倦客在青山"兩句，可為佐證。詩刻與題記，既然同為柳進叔所題，那麼其撰作與勒石時間，應該相距不遠。今人程永軍、曹輝二氏，據題記中出現的"宋景定□□春三月二十□日"之紀年，即將此方七律詩刻，定年到南宋理宗景定年間（一二六〇至一二六四）②。

此方摩崖詩刻，程永軍、曹輝《宋景定柳進叔摩崖題刻考證》一文，以及吳志華《處州金石》上冊第四四八頁，皆見有釋文。二〇二三年十月二十九日下午，筆者在麗水市政府彭全兵的陪同下，前往位於陳店村及七百秧公園附近尋找原石，但一無所獲。後來，彭全兵聯繫到了麗水市文廣新局具體負責搬遷事宜的工作人員，取得相應照片，並於十月三十一日晚上將照片發送給筆者。以下校錄，以彭全兵提供照片為底本，參校《宋景定柳進叔摩崖題刻考證》。

---

① 釋文參見浙江省文物局《浙江省第三次全國文物普查新發現摩崖石刻》，浙江古籍出版社 2012 年版，第 19 頁；程永軍、曹輝《宋景定柳進叔摩崖題刻考證》，《文物鑒定與鑒賞》2018 年第 4 期。此則題記，共六行，行五字，字徑 3.6 釐米，行書陰刻。

② 程永軍、曹輝：《宋景定柳進叔摩崖題刻考證》，《文物鑒定與鑒賞》2018 年第 4 期。

釋文： 崇崖自有這壺天[一]，迥隔塵凡了放閒[二]。岑蔽雲收長隱隱[三]，泉幽關過不潺潺[四]。芝蘭香共清林下[五]，松竹陰添冷座間。我見農人耕綠野[六]，誰知倦客在青山[七]。

校注：

[一]　"崇崖"，高峻的山崖。南朝梁高允生《王子喬行》詩："七月有佳期，控鶴崇崖巔。""壺天"，亦作"壺中天"，典出《後漢書·方術傳下·費長房》。據載，東漢費長房為市掾時，市中有一賣藥老翁，市罷，能跳入懸壺中。次日，長房複詣翁并與之俱入壺中，見壺中玉堂嚴麗，并有旨酒甘餚。後因以"壺天"喻指仙境、勝境。唐張喬《題古觀》詩："洞水流花早，壺天閉雪春。"

[二]　"迥隔"，遠遠的隔絕。明鄭岳《暮春社會東山樵舍》詩："塵寰應迥隔，聊共滌煩襟。""塵凡"，人間、俗世。南宋蔡伸《踏莎行·贈光嚴道人》詞之上闋："玉質孤高，天姿明慧，了無一點塵凡氣。白蓮空殿鎖幽芳，亭亭獨占秋光里。""放"，介詞，相當於"教""使"。張相《詩詞曲語辭匯釋》卷一："放，猶教也；使也。""放閒"，得以享受閒暇。唐白居易《奉和李大夫題新詩二首各六韻因嚴亭》："清景徒堪賞，皇恩肯放閒？"

[三]　"岑"，小而高的山。《爾雅·釋山》："岑，山小而高曰岑。""蔽"，美好。《文選·張衡〈西京賦〉》："眇蔽流眄，一顧傾城。"李善注引薛綜曰："蔽，好視容也。""雲收"，雨後轉晴。"長"，常也。《商君書·算地》："故兵出，糧給而財有餘；兵休，民作而畜長足。""隱"，幽靜。《文選·嵇康〈琴賦〉》："且其山川形勢，則盤紆隱深。"李善注："隱，幽，深邃也。"

[四]　"泉"，《說文·泉部》："水源也。"桂馥義證："水原也者，《一切經音義》十二：'水自出為泉。'""幽"，恬靜。唐杜甫《題張氏隱居》詩："春山無伴獨相求，伐木丁丁山更幽。""關過"，經過。明何白《哀江頭》詩："遊徼關頭弛巡邏，忽傳商客偷關過。""不"，《宋景定柳進叔摩崖題刻考證》未能釋讀。"潺"，《說文新附·水部》：

"水聲。"

[五]"芝蘭"，也作"芷蘭"，香草。《孔子家語·在厄》："芝蘭生於深林，不以無人而不芳。"唐劉禹錫《送韋秀才道衝赴制舉》詩："逐客無印綬，楚江多芷蘭。""清林"，清靜的山林。《禮記·孔子閒居》："清明在躬，氣志如神。"孔穎達疏："清謂清靜。"清費錫璜《送閔山長入都》詩："雨合清林色，晴分綠嶂煙。"

[六]"綠野"，綠色的原野。唐李世民《吟雨》詩："和氣吹綠野，梅雨灑芳田。"北宋程顥《郊行即事》詩："芳原綠野恣行時，春入遙山碧四圍。"

[七]"倦客"，客居他鄉而對旅居生活感到厭倦的人，此處系作者自指。北宋蘇軾《書普慈長老壁》詩："倦客再遊行老矣，高僧一笑故依然。"南宋陸遊《雙頭蓮》詞："悲歡夢裡，奈倦客又是關河千裏。"

二十　元仝正目金坑溪摩崖詩刻

圖三一　詩刻拓片，採自雲和縣政協文史委編《栟林金石志》，第一二二頁

　　題解： 鐫刻在麗水市雲和縣崇頭鎮栗溪村段金坑溪南岸的石壁上，摩崖，一方，七言絕句一首，原刻無題。詩刻通篇豎寫陰刻，自上而下、自右向左，連同詩前題記，共計六行，滿行七字，隸書，字跡拙劣。其中，首兩行為紀年題記，末四行為詩作四句。

　　詩前題記作："至治二年九月日，國公仝正目記。"可見，此詩乃元英宗至治二年（一三二二）題刻。題記中的“國公仝正目”，文獻缺載。鑒於此詩水準低劣、毫無美感，故而頗疑“仝正目”為民間學童。他在自己名字前冠以“國公”，應是遊戲之舉。

　　雲和縣政協文史委編《欏林金石志》第一二二頁，已見釋文。筆者二〇一五年八月十三日訪石。以下校錄，參校以《欏林金石志》。

　　釋文：壬戌秋高九月天[一]，開基立碓洞溪邊[二]。子孫承繼能修造，從此流傳千萬年。

　　校注：
　　[一]“壬戌”，元英宗至治二年，即公元一三二二年。
　　[二]“洞溪”，即今金坑溪。

二十一　元曹子成太鶴山摩崖詩刻

圖三二　詩刻今貌，筆者攝

　　題解：鐫刻在麗水市青田縣太鶴山混元峰白鶴洞旁石壁上，摩崖，一方，七言律詩一首，原刻無詩題。此方詩刻，橫長四〇〇釐米、縱高九〇釐米，通篇豎寫陰刻，自上而下、自右向左，連同詩前序文與詩末題記，共計十二行，詩句字徑約八釐米，題記字徑約六釐米，皆系楷書，端正秀麗。其中，詩前序文作："混元峰有劉處閑劍師法，年七/十有四，清健可喜，詩以遺之。"詩後題記作："處州路□□曹子成書石。"而詩刻的下半部分，另疊刻有"煙雨松鶴"四個楷體大字。此四字，不知何時所勒。

　　據序文及題記知，此詩是處州曹子成為頌揚混元峰某劉姓高道撰作并書丹。據《光緒青田縣志》載，曹子成，本名"曹用"，元泰定四年（一三二七）任職青田縣令。此方詩刻，當是泰定四年刻。

　　青田縣文管會編《石門洞太鶴山摩崖碑碣》第七一頁、王友忠《青田文物圖集》第一二五頁、徐文平《處州摩崖石刻》第一一五頁以及吳志華《處州金石》下冊第八五〇頁，已見釋文。筆者二〇一八年十二月三十日訪石。以下校錄，參校以《石門洞太鶴山摩崖碑碣》。

　　釋文：混元之峰千仞高[一]，上有道士神仙曹[二]。鬢毛蒼蒼照晴雪[三]，目力炯炯分秋毫[四]。夕攜明月扣丹井[五]，曉躡白雲栽碧桃[六]。時來床□看牛鬥[七]，耳若不聞心靡勞[八]。

　　校注：

　　[一] "混元之峰"，即青田縣太鶴山混元峰。

　　[二] "曹"，《玉篇·曰部》："輩也。"南朝陳沈炯《離合詩贈江藻》："欒巴有妙術，言是神仙曹。"

　　[三] "蒼蒼"，灰白色。《北齊書·盧文偉傳》："詢祖初聞此言，實懷恐懼，見丈人蒼蒼在鬢，差以自安。"唐白居易《賣炭翁》詩："滿面塵灰煙火色，兩鬢蒼蒼十指黑。""晴雪"，晴日之雪。南唐馮延巳《醉花間》詞之上闋："晴雪小園春未到，池邊梅自早。高樹鵲銜巢，斜月明寒草。"

　　[四] "秋毫"，鳥獸秋天長出的細毛，喻指極微之物。出《莊子·齊物論》："天下莫大於秋毫之末，而大山為小；莫壽於殤子，而彭祖為夭。"唐朱逵《懷素上人草書歌》："轉腕摧鋒增崛崎，秋毫繭紙常相隨。"

　　[五] "攜"，《玉篇·手部》："持也。"元王實甫《西廂記》第三本第四折："因今宵傳言送語，看明日攜雲握雨。""丹井"，煉丹取水之井。唐盧綸《送錢從叔辭豐州幕歸嵩陽舊居》詩："砂泉丹井非同味，

桂樹榆林不並枝。”

[六]“躡”，《說文·足部》：“蹈也。”《史記·淮陰侯列傳》：“張良、陳平躡漢王足，因附耳語。”唐李白《古風十九首》之十九：“素手把芙蓉，虛步躡太清。”“碧桃”，桃樹的一種，又名千葉桃。唐郎士元《聽鄰家吹笙》詩：“重門深鎖無尋處，疑有碧桃千樹花。”

[七]“□”，原刻漫漶，已不能識。“牛鬥”，牛宿和鬥宿。《晉書·張華傳》：“吳之未滅也，鬥牛之間常有紫氣，道術者皆以吳方強盛，未可圖也，惟華以為不然。及吳平之後，紫氣愈明。”唐杜甫《夜》詩：“步檐倚仗看牛鬥，銀漢遙應接鳳城。”

[八]“靡勞”，無休止的操勞。北宋蘇頌《次韻陽孝本遊瞿家灣書院》詩：“謾誇三島冠靈鰲，咫尺在岡去靡勞。”清鄭世元《賣婦行》詩：“自我歸君室，靡勞嘗憂煎。”

二十二　元佚名礦工坑溪澗摩崖詩刻

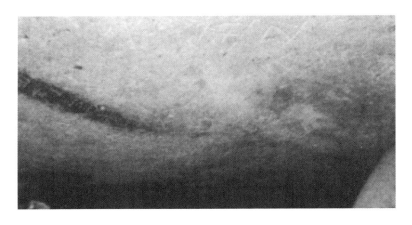

圖三三　詩刻今貌，採自浙江省文物局編
《浙江省第三次全國文物普查新發現摩崖石刻》，第三〇頁

　　題解：鐫刻在麗水市景寧畬族自治縣梅岐鄉竹山村段坑溪澗旁的一處大石石壁上，摩崖，一方，五言絕句一首，原刻無詩題，亦無作者署名。此方詩刻，通篇豎寫陰刻，自上而下、自右向左，連同兩則紀年題記，共計四行，字徑約十釐米，字跡拙劣。

　　詩刻行間，有筆跡與詩刻迥異的題記："正統十四年二三月。"詩刻末尾，又有筆跡與詩刻相同的題記："至正十六年。"據筆跡異同推斷，此詩的上石時間，應是在元至正十六年（一三五六）。

　　距離詩刻所在地"坑溪澗"不遠處的一座小山的半山腰上，有一處元明時期銀坑洞。銀坑洞附近石壁上，見有多處礦工題記。此詩藝術水平低劣，似乎出自某位粗識文墨的銀坑洞礦工之手。

　　此方詩刻，浙江省文物局編《浙江省第三次全國文物普查新發現摩崖石刻》第三〇頁，已見釋文。筆者二〇一四年五月一日訪石。以下校錄，參校《浙江省第三次全國文物普查新發現摩崖石刻》。

　　釋文：石屋好多年，人人此處眼（掩）[一]。坑內出才（財）寶[二]，孺□買良田[三]。

　　校注：
　　[一] “眼”，應作“掩”，據文義校改。
　　[二] “才”，應作“財”，據文義校改。
　　[三] “□”，原刻漫漶，《浙江省第三次全國文物普查新發現摩崖石刻》疑作“著”。

二十三　明佚名詩人南明山摩崖詩刻

圖三四　高陽洞今貌，筆者攝

圖三五　詩刻今貌，筆者攝

圖三六　詩刻拓片，採自吳志華《處州金石》下冊，第八七九頁

題解：鎸刻在麗水市蓮都區南明山高陽洞西側石壁上，摩崖，一方，七言絕句一首，原刻無詩題。此方詩刻，縱高一一〇釐米、橫長一二〇釐米，通篇豎寫陰刻，自上而下、自右向左，連同詩末題記，共計七行，滿行一句七字，字徑約十一釐米，隸書，字跡樸拙。其中，詩後題記作："弘治十四年四月吉日奏，和□□。"

據題記內容知，此詩的撰作時間是在明孝宗弘治十四年（一五〇一）農曆四月初一（題記中的"吉日"，指農曆中的每月初一），而勒刻時間應與此相近。同時，據詩義及字跡推測，這首七絕，應是處州某學士郎的習學之作。

此方詩刻，吳志華《處州金石》下冊第八七九頁，已見釋文。筆者二〇一八年六月十七日初次訪石。以下校錄，參校以《處州金石》。

釋文：一寂維開源池先，伏羲心畫自天然[一]。問渠合掌何為名[二]，為祝吾皇億萬年。

校注：

[一] "伏羲"，亦作宓羲、伏戲、包犧、庖犧，又稱太昊。《周易·系辭》："包犧氏之王天下也，仰則觀象於天，俯則觀法於地，觀鳥獸之文與地之宜，近取諸身，遠取諸物，於是始作八卦。""心畫"，本指書面文字。西漢揚雄《法言·問神》："言，心聲也；書，心畫也。聲畫形，君子小人見矣。"此處引申為伏羲所畫八卦。

[二] "渠"，《處州金石》未能釋讀。"渠"乃代詞，表示第三人稱，相當於"他"，也作"佢"。《集韻·魚韻》："佢，吳人呼彼稱。通作渠。"唐寒山《詩三百三首》其六十三："蚊子叮鐵牛，無渠下觜處。""合掌"，兩掌於胸前，表示虔敬。南朝梁沈約《齊禪林寺尼淨秀行狀》："恆多東向視，合掌向空。"明袁宏道《迎春歌和江進之》詩："金蟒纏胸神鬼裝，白衣合掌觀音舞。"

二十四　明佚名礦工銀坑洞摩崖詩刻

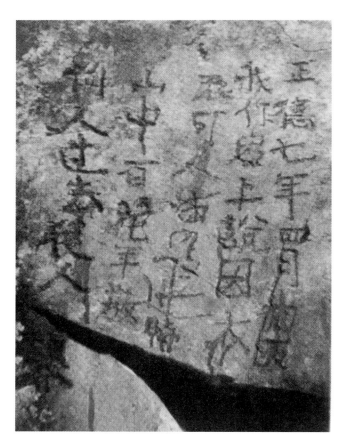

圖三七　詩刻今貌，採自《菇鄉遺韻：
慶元縣第三次全國文物普查成果專輯》，第二一五頁

　　題解： 鐫刻在麗水市慶元縣五大堡鄉五大堡村至黃石村之間的古道旁銀坑洞洞口石壁上，摩崖，一方，七言絕句一首，原刻無詩題，亦無作者署名。此方詩刻，通篇豎寫陰刻，自上而下、自右向左，連同詩前題記，共計五行，每行一句七字，楷書，字跡拙劣。其中，詩前題記作："正德七年四月初五。"

　　據詩前題記知，此詩為明正德七年（一五一二）撰作并上石，詩作者應是在銀坑洞勞作的某位礦工。他在勞動之餘，作詩以自娛。據《嘉慶慶元縣志》卷七《風土志》載，早在元明時期，慶元縣當地就已經出現了礦採活動，且到清嘉慶年間時，慶元已"坑冶有十"①。不過，據慶元鄉賢吳修榮提示，此處銀坑洞不在其列。

　　此方摩崖詩刻，浙江省文物局編《浙江省第三次全國文物普查新發現摩崖石刻》第三五頁、葉海《菇鄉遺韻：慶元縣第三次全國文物普查成果專輯》第二一五頁，以及吳志華《處州金石》下冊第八八二頁，皆見有釋文。筆者二〇一三年十月二日初次訪石。以下校錄，參校以《浙江省第三次全國文物普查新發現摩崖石刻》。

　　釋文： 我作岩上說因衣，□可人□□運時。山中百花年年放[一]。前人過去後人來[二]。

　　校注：

　　[一] 第二個"年"，原刻作重文符號，據正。《浙江省第三次全國文物普查新發現摩崖石刻》逕作"年"。

　　[二] "來"，原刻已磨平，此處據文義補。《浙江省第三次全國文物普查新發現摩崖石刻》逕作"來"。

---

　　① 嘉慶《慶元縣志》卷七《風土志》，臺灣成文出版社有限公司 1983 年影印本，第 261 頁。

二十五　明樊問童南宮山摩崖詩刻

圖三八　"阮客洞"題名，馬鷹提供

圖三九　詩刻今貌，吳志華提供

題解： 鐫刻在麗水市縉雲縣壺鎮南宮山阮客洞 "阮客遺蹤" 楷書題字的正下方，摩崖，一方，七言絕句一首，原刻並無詩題。此方詩刻，橫長五〇釐米、縱高八〇釐米，通篇豎寫陰刻，自上而下、自右向左，連同詩末題記，共計四行，每行七到九字不等，字徑約十釐米，楷書，字跡工整。其中，題記作："岱峰樊問童。"

《處州金石》一書的作者吳志華先生，曾見到并查考《縉雲樊氏宗譜》。吳志華先生言，"樊問童" 為明嘉靖年間（一五二二至一五六六）的縉雲縣普通百姓①。如果屬實，此詩當是嘉靖年間撰作並勒石。

此方詩刻，吳志華《處州金石》下冊第八八三頁，已見釋文。筆者二〇一五年十月三日初次訪石。以下校錄，參校以《處州金石》。

釋文： 誰教勒石記遺蹤[一]，稿取天臺為阮翁[二]。六尺塵身如□□[三]，好□前後挹清風[四]。

校注：

[一] "勒石"，勒銘，即刻字於石。唐杜甫《覃山人隱居》詩："南極老人自有星，北山移文誰勒銘。"明劉基《紹興崇福寺記》："其西則為秦望鵝鼻，秦始皇帝東遊勒石自頌之所也。""遺蹤"，舊址，舊跡。唐李群玉《秋怨》詩："歲暮空太息，年華逐遺蹤。"北宋蘇軾《石鐘山記》："至唐李渤，始訪其遺蹤，得雙石於潭上。"

[二] "稿"，《處州金石》漏錄。"天臺"，喻指南宮山。"阮翁"，北宋歐陽修《集古錄跋尾》言："不見其名氏，蓋縉雲之隱者也。""阮翁"，似指 "阮肇"。據南朝宋劉義慶《幽明錄》載，東漢明帝時，剡縣劉晨、阮肇入天臺山遇二仙女。仙女邀二人至住處，相留半年。後來，劉、阮二人思家欲歸，仙女堅留不得，遂送二人離開。劉、阮至

---

① 吳志華：《處州金石》下冊，浙江古籍出版社 2017 年版，第 883 頁。

家，見房舍全異，且無相識之人。問之，方知已過七代。劉阮二人重入山，則仙女住處已不復見。

　　［三］“六尺塵身”，六尺高的身軀。“□□”，原刻漫漶，《處州金石》作“許蛻”。

　　［四］“□”，原刻漫漶，《處州金石》作“樓”。“挹”，挹取。唐魏徵《九成宮醴泉碑銘》：“用之日新，挹之無竭。”

二十六　明胡鯨仙都摩崖詩刻

圖四〇　讀書洞今貌，筆者攝

圖四一　詩刻今貌，筆者攝

　　題解： 鑴刻在麗水市縉雲縣仙都景區初暘山讀書洞洞口旁的石壁上，摩崖，一方，五言律詩二首，原刻皆無詩題。此方詩刻，橫長一六〇釐米、縱高一〇五釐米，通篇豎寫陰刻，自上而下、自右向左，共計十六行，詩末見有跋語。其中，詩作部分，滿行十一個字，字徑七至九釐米間，行書；跋語部分，每行十九至二十六字不等，字徑約三釐米。同時，兩詩各佔五行，且詩末均有題記。

　　兩詩末尾題記，依次作："賜進士第、吏部稽勳主事、汝南/美溪胡鯨魚伯題。""嘉靖戊戌春二月下浣汝南胡鯨書。"而詩末跋語作："美溪公本署縉治，旋陟天官，道於縉。遊仙都，過暘穀，詩成，出示門下/生□□等，於觀瀾別亭下□謀勒於□□。宣平教諭□民□，縉雲知縣錢邦彥抵□□。/披誦，因鑴諸石，以垂永久。時嘉靖戊戌季秋日也。"題記和跋語共同揭示出二詩的如下撰作及勒刻場景：明嘉靖十七年（一五三八）春，早已高升任至明吏部主事的前縉雲知縣汝南胡鯨，因公務而重返縉雲。期間，他重遊初暘山，見風景如畫，遂而乘興作詩兩首。同行的幕僚讚歎二詩意境高妙，一致認為應將兩詩勒石以流芳，但未能踐行。直到同年秋天某日，時任縉雲知縣錢邦彥，見此二詩，方才命人上石。據《光緒縉雲縣志》載，錢邦彥，字大徵，明南直隸吳縣進士，嘉靖年間任縉雲知縣，後來亦升任明吏部主事之職①。

此方摩崖詩刻，吳志華《處州金石》下冊第八八九頁、徐文平《處州摩崖石刻》第一二二至一二三頁，皆見有釋文。筆者二〇一四年十月六日初次訪石。以下校錄，參校以《處州金石》。

釋文：偉哉初暘穀，千載留聲名[一]。景色入畫圖[二]，岩石多崢嶸[三]。下有小龍鼻[四]，甘泉長滿盈[五]。我來茲一遊，塵襟豁平生[六]。

瞳瞳大明出[七]，此穀先受光[八]。壁上錦繡開[九]，岩前金紫張[一〇]。玄□披景□[一一]，草木生輝煌。緬想倪翁□[一二]，固非徒休糧[一三]。

校注：

[一] “千載”，千年，形容歲月長久。唐崔顥《黃鶴樓》詩：“黃鶴一去不復返，白雲千載空悠悠。”南宋陸遊《書憤》詩：“出師一表真名世，千載誰堪伯仲間。”“聲名”，名聲。唐杜甫《奉贈王中允維》詩：“中允聲名久，如今契闊深。”清吳偉業《圓圓曲》：“當時只受聲名累，貴戚名豪競延致。”

[二] 此句，讚譽初暘山下初暘穀景色如畫。

[三] “崢嶸”，高峻貌。唐李白《蜀道難》：“劍閣崢嶸而崔嵬，一夫當關，萬夫莫開。”杜甫《羌村三首》其一：“崢嶸赤雲西，日腳下平地。”

---

① 光緒《縉雲縣志》卷六《職官志》，臺灣成文出版社有限公司1970年影印本，第617頁。

　　[四] "龍鼻"，喻指泉眼。南宋趙善悉《題靈岩寺》詩："上有小龍湫，龍鼻清泉出。"蔣允中《靈岩禪寺》詩："天聰鑿混沌，龍鼻滴潺湲。"

　　[五] "滿盈"，充盈。唐韋應物《扈亭西陂燕賞》詩："有酒今滿盈，願君盡弘量。"元趙孟頫《題耕織圖二十四奉懿旨撰》其十四："仲春凍初解，陽氣方滿盈。"

　　[六] "塵襟"，世俗的胸襟。唐黃滔《寄友人山居》詩："茫茫名利內，何以拂塵襟。"南宋樓鑰《清泉潔塵襟》詩："居然浮爽氣，聊用潔塵襟。"

　　[七] 第二個 "瞳"，原刻作重文符號，據正。"瞳瞳"，光明貌。唐杜牧《感懷詩一首》："蕩蕩乾坤大，瞳瞳日月明。"王涯《宮詞三十首》其二十："瞳瞳日出大明宮，天樂遙聞在碧空。""大明"，即太陽。《黃帝內經·素問》之 "六元正紀大論" 篇："火鬱之發，太虛腫翳，大明不彰。"王冰："大明，日也。"唐杜甫《九日寄岑參》詩："大明韜日月，曠野號禽獸。"

　　[八] "此穀"，初暘山下初暘穀。

　　[九] "錦繡"，指鐫刻在初暘山石壁上的文字或圖畫。

　　[一〇] "金紫"，指來初暘穀觀覽的朝廷官吏。

　　[一一] 第二個 "□"，原刻漫漶，《處州金石》作 "照"。

　　[一二] "緬想"，遙想。唐釋棲一《垓下懷古》詩："緬想咸陽事可嗟，楚歌哀怨思無涯。"五代毛熙震《何滿子》詞："緬想舊歡多少事，轉添春思難平。"

　　[一三] "休糧"，即閉穀，停食穀物，系道教養生術。唐賈島《山中道士》詩："頭髮梳千下，休糧帶瘦容。"元李道純《破惑歌》："八段錦，六字氣，閉穀休糧事和濟。"

二十七　明夏浚仙都摩崖詩刻

圖四二　詩刻今貌，筆者攝

　　題解：鐫刻在麗水市縉雲縣仙都景區"小赤壁"景觀的石壁上，摩崖，一方，七言絕句一首，原刻題作《仙榜岩》，且詩末題記中見有"月川夏浚"之作者署名。此方詩刻，橫長九〇釐米、縱高七五釐米，通篇豎寫陰刻，自上而下、自右向左，連同題記，共計九行，每行五至八字不等，字徑七到十四釐米不等，行書。其中，詩末題記作："月川夏浚題。/時丙午正月廿四日也。"

　　據詩末題記知，此詩乃月川夏浚所題。據《同治玉山縣志》卷八《人物志》載，夏浚系江西玉山縣人，字惟明，號月川，嘉靖進士，著有《月川類草》《懷玉書院志》。《明史·藝文志》中另著錄有夏浚《皇明大紀》三十六卷。明祁承爜稱《皇明大紀》"考據詳核，信而足征"，並讚夏浚為"本朝一良史也"①。青田縣石門洞景區碑廊內，存有一方夏浚詩碑。該碑系為明嘉靖二十四年（一五四五），夏浚在溫處兵備任上時撰作、書丹並刊石。據此推測，縉雲縣仙都"小赤壁"石壁上的這方夏浚摩崖詩刻，其末尾題記中的"丙午"干支，應是明嘉靖三十七年，即一五五八年。

此方詩刻，吳志華《處州金石》下冊第九○一頁已經見有釋文。筆者二○一四年十月七日初次訪石。以下校錄，參校以《處州金石》。

釋文：仙人古榜□丹□^[一]，□□□□飛□□。□□片雲鼎湖來^[二]，□□未□□□。

校注：

［一］"榜"，原刻僅殘存左側"木"部，此處據《處州金石》補。

［二］"鼎湖"，即仙都鼎湖峰。

---

①　（明）祁承爜：《澹生堂集》卷一三《戊午歷》，國家圖書館出版社 2012 年版，第 390 頁。

二十八 明孔文同仙都摩崖詩刻

圖四三 憑虛閣今貌，筆者攝

圖四四　詩刻今貌，筆者攝

題解：鐫刻在麗水市縉雲縣仙都景區初暘山"憑虛閣"頂石壁上，摩崖，一方，五言絕句一首，原刻題作《萬曆二年春，訪鬥翁老叔》，且詩末題記中有"孔文同"之作者署名。此方詩刻，橫長一〇〇釐米、縱高八〇釐米，通篇豎寫陰刻，自上而下、自右向左，連同題記，共計五行，滿行十字，字徑約九釐米，行書。

詩末題記作："邑東景霄散人桂塘孔文同書。"據詩題及題記知，此詩為明萬曆二年（一五七四）縉雲邑人孔文同，拜訪初暘山隱士"鬥翁"時撰作并書丹。而其勒刻時間，應與書丹時間相近。

此方詩刻，吳志華《處州金石》下冊第九〇七頁，已見釋文。筆者二〇一六年四月九日初次訪石。以下校錄，參校以《處州金石》。

釋文：岩岫祥雲布[一]，清溪抱轂 流 [二]。仙翁此吟玩[三]，閒度百春秋[四]。

校注：

[一] "岩岫"，峰巒。唐戴叔倫《聽霜鐘》詩："髣髴煙嵐隔，依稀巖岫重。"楊炯《送李庶子致仕還洛》詩："白雲斷岩岫，綠草覆江沙。"此處"岩岫"，指初暘山。

[二] "流"，原刻漫漶，此處據文義及《處州金石》補。

[三] "仙翁"，仙人。唐崔曙《九日登望仙臺呈劉明府》詩："關門令尹誰能識？河上仙翁去不回。"北宋李覯《秋晚悲懷》詩："壺中若逐仙翁去，待看年華幾許長。""吟玩"，吟詠玩賞。北宋林逋《送長吉上人》詩："淮流遲新月，吟玩想忘眠。"南宋林希逸《詠蓮花》詩："吟玩苦不足，賦予何其奇。"

[四] "百春秋"，一百年，指時間很長。

二十九　明瀬仙道人仙都摩崖詩刻（一）

圖四五　詩刻今貌，筆者攝

題解： 原本鎸刻在麗水市縉雲縣仙都景區初暘山南麓石壁上，後被移置到了位於初暘山下的獨峰書院門前，摩崖，一方，五言絕句一首，尾題作："瀨仙訪鬥翁。"詩刻橫長五〇釐米、縱高一〇五釐米，通篇豎寫陰刻，自上而下、自右向左，連同末尾詩題，共計四行，滿行八字，字徑約十三釐米，隸書但頗具篆意。

此方詩刻與本書所錄另一方瀨仙道人摩崖詩刻，一併鎸刻在初暘山南麓石壁上且彼此鄰近。一九八三年，初暘山南麓山崖崩塌導致兩方詩刻，分別滾落到山腳道路旁。一九九二年，當地交通部門拓寬公路時發現了兩石。至此，兩方詩刻複又進入公眾視野。為便保存，文物管理部門將它們一同轉移至獨峰書院門口。

據"瀨仙訪斗翁"之尾題推測，此詩應為"瀨仙"訪"鬥翁"時撰作並勒刻。"瀨仙"其人，文獻失載。"鬥翁"，系為去官返鄉後隱居仙都的明末縉雲籍御史樊獻科。樊獻科，字文叔，號鬥山，別號鬥翁，明嘉靖丁未（一五四七）進士。官至侍御，曾代巡閩省，恰逢倭寇來侵，樊獻科與巡撫諸將合力，予以圍殲。宦海沉浮，最後以御史解歸。樊氏"性倜儻"，辭官歸鄉后，隱居在初暘山，"與畸人方外遊，興至啜浮大白，賦詩數篇，飄飄塵垢之外，自稱都仙"。著有《讀史補遺》、《旅遊山居吟稿》等①。"瀨仙"似為某位高道，他為尋訪樊獻科而來。"鬥翁"之名，又見於前述孔文同摩崖詩刻旁。鑒於孔文同詩刻為明萬曆二年撰作並上石，所以此詩的撰作和勒刻時間，應與萬曆二年相近。

此方詩刻，吳志華《處州金石》下冊第九〇四頁，已見釋文。筆者二〇一六年四月十日初次訪石。以下校錄，參校以《處州金石》。

釋文： 水洞雲氣深[一]，仙翁坐談奕[二]。相尋路忽迷[三]，漁引花

---

① （明）鄭汝璧：《樊獻科墓誌銘》（全稱"明大中大夫廣西布政司左參政鬥山樊先生墓志銘"），見於《由庚堂集》卷二一，浙江古籍出版社2014年版，第162—164頁。

間入[四]。

校注：

[一]“水洞”，即初暘山讀書洞。“雲氣”，似雲非雲、有光有色的異常天象，古人常據之占卜吉凶。唐杜甫《秦州雜詩二十首》其十：“雲氣接昆侖，涔涔塞雨繁。”南宋翁卷《山雨》詩：“一夜滿林星月白，亦無雲氣亦無雷。”

[二]“仙翁”句所敍場景實為作者主觀想像。“坐談”，閒談。《後漢書·公孫述傳》：“不亟乘時與之分功，而坐談武王之說，是效隗囂欲為西伯也。”南宋陳人傑《沁園春·丁酉歲感事》詞：“劉表坐談，深源輕進，機會失之彈指間。”“奕”，輕麗貌。《方言》卷二：“自關而西，凡美容謂之奕，或謂之僕。”郭璞注：“奕，僕，皆輕麗之貌。”唐皮日休《桃花賦》：“或奕僕而作態，或窈窕而騁姿。”

[三]“相尋”，尋訪。唐齊己《喜彬上人見訪》詩：“高吟欲繼沃州師，千裏相尋問課盧。”南宋朱熹《麗澤堂》詩：“感君懷我意，千裏夢相尋。”

[四]“漁”，漁夫。南朝梁劉孝威《奉和六月壬午應令》詩：“神心重丘壑，散步懷漁樵。”唐高適《封丘作》詩：“我本漁樵孟諸野，一生自是悠悠者。”

三十　明瀨仙道人仙都摩崖詩刻（二）

圖四六　詩刻今貌，筆者攝

　　題解：原本鐫刻在麗水市縉雲縣仙都景區初暘山南麓石壁上，後被遷移至位於初暘山下獨峰書院門口，摩崖，一方，五言絕句一首，原刻無題。此方詩刻，橫長五〇釐米、縱高八〇釐米，通篇豎寫陰刻，自上而下、自右向左，連同詩末題記，共計四行，滿行六字，字徑約十三釐米，字跡與前一方瀨仙道人詩刻相同。

　　詩末題記："三月再訪。"此詩的撰作與勒刻時間，應在萬曆二年或其前後某年三月（詳參前述瀨仙道人摩崖詩刻之題解）。

　　此方詩刻，吳志華《處州金石》下冊第九〇五頁，已見釋文。筆者二〇一六年四月九日初次訪石。以下校錄，參校以《處州金石》。

　　釋文：尋真來曲水[一]，弗石試殘盃[二]。鳥向山花語，漁歌晚棹回。

　　校注：

　　[一]"尋真"，尋仙問道。北宋魏野《尋隱者不遇》詩："尋真誤入蓬萊島，香花不動松花老。"元謝宗可《紅梅》詩："回首孤山斜照外，尋真誤入杏花村。""曲水"，古時以農曆三月上旬巳日（魏晉以後固定為三月三日）為修禊日，是時人們列坐水邊，流觴取飲，相與為樂，稱為"曲水"。唐孟浩然《上巳日澗南園期王山人陳七諸公不至》詩："日晚蘭亭北，煙開曲水濱。"

　　[二]"弗"，應作"拂"，據文義校改，"弗"為"拂"之借字，《處州金石》徑釋作"拂"。"拂"，擦拭。《儀禮·既夕禮》："商祝拂柩，用功布。"鄭玄注："拂，去塵也。"唐柳宗元《晨詣超師院讀禪經》詩："汲井漱寒齒，清心拂塵服。""盃"，《處州金石》作"杯"，"盃"與"杯"同。《廣韻·灰韻》："盃"，"杯"的俗字。

三十一　明魏富石門洞摩崖詩刻

圖四七　詩刻今貌，筆者攝

　　題解：鐫刻在麗水市青田縣石門洞景區"石門飛瀑"景觀左側"月洞"石壁上，摩崖，一方，七言律詩二首，原刻無題無署，但詩末所附跋語中言及此詩撰者："翰林學士魏公，諱觀雲。"詩刻通篇豎寫陰刻，自上而下、自右向左，連同詩前序文與詩末跋語，共計二十二行，滿行十六字，字徑約四釐米，楷書，字跡凝重。其中，首三行為序文，末九行為跋語，中間十行為詩句。詩句及序文中文字清晰可辨，但跋語剝蝕嚴重，僅五十餘字可釋。

詩前序文作："石門洞天葉道人留宿，明日題/二律以遺之，其中有書院居其/東，觀則居其西也。"詩末跋語作："余先祖翰林學士魏公，諱觀雲，為兩浙鹽運使及僉按察使。故公/□浙水，水到處有詩。余因青田縣丞王（下缺）/（上缺）石門洞天之/（上缺）於詩樂聞善言，即請歸而/（上缺）余□先人之志/（上缺）州府□判事/魏銘□/丙戌進士。"其中，詩末跋語，雖多有殘毀，但文義可知。據跋語內容知，此二詩乃明憲宗成化七年（一四七一）辛卯中秋，兩浙鹽運使魏富（魏富，字仲禮，號觀雲，福建龍溪人，成化二年進士）留宿石門洞時賦作，明神宗萬曆四十年（一六一二）或其後數年間，又由魏富後人魏銘書丹並勒刻①。

此方詩刻，《光緒青田縣志》卷七《古跡志》第三六五頁，以及青田縣文管會編《石門洞太鶴山摩崖碑碣》第二九頁、王友忠《青田文物圖集》第一六七頁、徐文平《石門洞摩崖石刻與碑刻》第七四至七五頁、吳志華《處州金石》下冊第八七六頁，皆見釋文。筆者二〇一八年十月二日初次訪石。以下校錄，參校《光緒青田縣志》。

釋文：青牛道士嘉山水[一]，邂逅登臨慰所聞[二]。儒道一源同逕入[三]，仙凡二致過橋分[四]。瀑聲枕上吹成雨[五]，潭氣升樓滿作雲。最喜煉師能好客[六]，細探幽致論晨曛[七]。

石門無鎖白雲深，洞列神仙費遠尋。雨過芝田逢鶴信[八]，月流松間聽龍吟[九]。疎峯未擬登元牝[一〇]，深閣先容豁素襟[一一]。會有天臺劉處士[一二]，夜分衣露為橫琴[一三]。

---

① 此處參看徐文平《石門洞摩崖石刻與碑刻》，青田縣文化和廣電旅遊體育局 2019 年印行，第 74—75 頁。

校注:

[一]"嘉",《光緒青田縣志》未能釋讀。"青牛道士",漢代方士封君達的別號。《後漢書·封君達傳》:"君達號'青牛師'。"李賢注引《漢武帝內傳》:"封君達,隴西人。初服黃連五十餘年,入鳥舉山,服水銀百餘年,還鄉裏,如二十者。常乘青牛,故號'青牛道士'。"後因以"青牛道士"借指道術之士。唐儲嗣宗《山鄰》詩:"柱史從來非俗吏,青牛道士莫相疑。""嘉",《爾雅·釋詁》:"善也。"北宋王安石《試茗泉》詩:"靈山不可見,嘉草何由啜。"

[二]"邂逅",不期而遇。《詩經·鄭風·野有蔓草》:"野有蔓草,零露漙兮。有美一人,清揚婉兮。邂逅相遇,適我願兮。"南宋李清照《曉夢》詩:"因緣安期生,邂逅萼綠華。""登臨",登山臨水,泛指遊覽。《史記·衛將軍驃騎列傳》:"禪於姑衍,登臨瀚海。"南宋陳與義《登岳陽樓二首》其二:"登臨吳蜀橫分地,徙倚湖山欲暮時。""慰",《說文·心部》:"安也。"唐白居易《寄同病者》詩:"以此反自慰,常得心平和。"

[三]"儒道",儒道二家。《三國志·魏書·鍾會傳》:"會弱冠與山陽王弼並知名。弼好論儒道,辭才逸辯,注易及老子,為尚書郎,年二十餘卒。"唐孟浩然《題終南翠微寺空上人房》詩:"儒道雖異門,雲林頗同調。""源",來源。《韓非子·主道》:"道者,萬物之始,是非之紀也。是以明君守始以知萬物之源,治紀以知善敗之端。""迻",《玉篇·辵部》:"路迻也。"東晉陶淵明《歸去來兮辭》:"三迻就荒,松菊猶存。"

[四]"仙凡",神仙與凡人。南宋辛棄疾《江神子·送元濟之歸豫章》詞:"亂雲擾擾水潺潺,笑溪山,幾時閒。更覺桃源,人去隔仙凡。"南宋陳傅良《東陽郭希呂山園十詠·小爛柯》:"促膝有仙凡,爛柯無小大。""二致",兩樣。《宋史·周堯卿傳》:"學《春秋》,由左氏記之詳,得經之所以書者,至《三傳》之異同,均有所不取。曰:'聖人之意豈二致耶?'"明釋函是《落花》詩:"但識初終無二致,依然滿樹紫兼紅。""橋",《說文·木部》:"水梁也。"段玉裁注:"水梁者,

水中之梁也……凡獨木者曰杠，駢木者曰橋，大而為陂陀者曰橋。"

　　[五]"枕上"，床上或夢中，此處為作者假想。唐岑參《春夢》詩："枕上片時春夢中，行盡江南數千裏。"南宋陸遊《秋聲》詩："人言悲秋難為情，我喜枕上聞秋聲。"南宋蕭東夫《呂公洞》詩："枕上功名衹擾擾，指端變化又玄玄。"

　　[六]"煉師"，深研養生術與煉丹術的道士。《唐六典》卷四："道士有三事號，其一法師，其二威儀師，其三律詩。其德高思精者，謂之煉師。"唐王昌齡《謁焦煉師》詩："豈意石堂裏，得逢焦煉師。""好客"，喜好接納和款待客人。《史記·孟嘗君列傳》："馮驩聞孟嘗君好客，躡蹻而見之。"唐杜甫《答鄭十七郎一絕》詩："把女驚小陸，好客見當時。"

　　[七]"探"，探究。《周易·繫辭上》："探賾索隱，鉤深致遠。"孔穎達疏："探謂闖探求取，賾謂幽深難見，蓍筮則能闖探幽昧之理，故雲探賾也。""幽致"，深奧的道理。北魏酈道元《水經注·渭水》："神道茫昧，理難辨測，故無以精其幽致矣。"南宋喻汝礪《隱德詩》："九原可作吾與歸，斂膝容之想幽致。""曛"，《集韻·文韻》："日入也，又黃昏時。"南朝宋鮑照《行京口至竹裏》詩："杇志逢凋嚴，孤遊值曛逼。"

　　[八]"芝田"，仙人種植芝草的地方。《文選·曹植〈洛神賦〉》："爾乃稅駕乎蘅皋，秣駟乎芝田；容與乎楊林，流眄乎洛川。"李善注引《十洲記》："鐘山仙家，耕田種芝草。"唐陸龜蒙《和襲美先輩悼鶴》詩："君才幸自清如水，更向芝田為刻銘。""鶴信"，修道者的消息。唐羅隱《寄程尊師》詩："鶴信雖然到五湖，煙波迢遞路崎嶇。"李洞《贈王鳳二山人》詩："山兄望鶴信，山弟聽烏占。"

　　[九]"龍吟"，風過山間時因氣流對沖而產生的巨大聲響。唐李白《夢遊天姥吟留別》詩："熊咆龍吟殷岩泉，栗深林兮驚層巔。"明劉基《題石末元帥扇上有陳太初畫松》詩："永夜高風吹萬竅，商聲滿地作龍吟。"

　　[一〇]"疎"，《玉篇·足部》："慢也，不密。"《老子》："天網恢

恢，疎而不漏。”“峯”，《六書故·地理二·山部》：“山鋒也。”唐杜甫
《泛溪》詩：“練練峯上雪，纖纖雲表霓。”“元牝”，即玄牝，滋生萬物
的本源。《老子》：“玄牝之門，是謂天地之根。”蘇轍解：“玄牝之門，
言萬物自是出也，天地自是生也。”唐黃滔《課虛責有賦》：“囊括玄牝，
箕張混元。”

[一一]“素襟”，平素的襟懷。唐李白《經離亂後天恩流夜郎》
詩：“逸興橫素襟，無時不招尋。”錢起《和範郎中宿直中書》詩：“席
寵雖高位，流謙乃素襟。”

[一二]“天臺”，浙東天臺山。唐景雲《畫松》詩：“曾在天臺山
上見，石橋南畔第三株。”“劉處士”，即劉義慶《幽明錄》所載入天台
山遇仙女的劉晨。唐毛文錫《訴衷情二首》其一：“劉郎去，阮郎行，
惆悵恨難平。”

[一三]“夜分”，半夜。《後漢書·光武帝紀下》：“（帝）數引公
卿、郎將講論經理，夜分乃寐。”李賢注：“分，猶半也。”北宋曾鞏
《自福州召判太常寺上殿劄子》：“晝而訪問至於日昃，夕而省覽至於夜
分。”“橫琴”，彈琴。唐李白《春日獨酌二首》其二：“橫琴倚高松，
把酒望遠山。”羊士諤《書樓懷古》詩：“忘言意不極，日暮但橫琴。”

三十二　明陳受甲仙都摩崖詩刻

圖四八　詩刻今貌，筆者攝

　　題解：原本鐫刻在麗水市縉雲縣仙都景區初暘山南麓石壁上，後被遷移到初暘山旁獨峰書院門口，摩崖，一方，五言律詩一首，原刻無題，但詩末附見有"邑令陳受甲"之作者署名。

　　詩刻橫長一三〇釐米、縱高二〇〇釐米，通篇豎寫陰刻，自上而下、自右向左，連同詩末署名，共計六行，滿行九字，字徑約十五釐米，楷書，字跡工整。據《光緒縉雲縣志》卷六《職官志》載，陳受甲，廣東南海人，明崇禎年間任職縉雲知縣①。故而可知，此詩的撰作和勒刻時間，是在明崇禎年間（一六二八至一六四三）②。

　　此方摩崖詩刻，吳志華《處州金石》下冊第九二五頁、徐文平《處州摩崖石刻》第一四六頁，皆見有釋文。筆者二〇一六年四月九日初次訪石。以下校錄，參校以《處州金石》。

　　釋文：策杖元無定[一]，欣乘半日閑。宰官非我欲[二]，仙洞亦人間[三]。徑轉拖雲入[四]，襟披帶露還[五]。誰言懷古異[六]，□石我鄉□[七]。

　　校注：

　　[一]"策杖"，拄著手杖。唐王灣《奉使登終南山》詩："虛洞策杖鳴，低雲拂衣濕。"王績《策杖尋隱士》詩："策杖尋隱士，行行路漸賒。"

　　[二]"宰官"，官吏，喻指擔任官職。北宋朱敦儒《洞仙歌·贈太易》詞："塵緣無處起，應見宰官，苦行公心眾難到。"南宋曹彥約《雲隱李季可挽詩二首》其一："只因自得無心趣，三度歸來現宰官。"

　　[三]"仙洞"，指初暘山讀書洞。

---

　　①　光緒《縉雲縣志》卷六《職官志》，臺灣成文出版社有限公司 1970 年影印本，第 618 頁。

　　②　盧峰在《縉雲仙都摩崖題記評介》一文中，將此詩系年到崇禎八年（1635）。《縉雲仙都摩崖題記評介》，見於西安碑林博物館編《碑林集刊》第 11 輯，2005 年。

[四] "徑"，《玉篇·彳部》："小路也。"北宋王禹偁《村行》詩："馬穿山徑菊初黃，信馬悠悠野興長。""轉"，《玉篇·車部》："迴也。"唐李白《錢李副使藏用移軍廣陵序》："轉戰百勝，僵屍盈川。"此句意為，雖然通往洞穴的道路曲折蜿蜒，但作者仍然能夠攜雲而入。

[五] "襟"，《釋名·釋衣服》："禁也，交於前所以禁禦風寒也。"唐李白《酬殷明佐見贈五雲裘歌》詩："襟前林壑斂暝色，袖上雲霞收夕霏。""披"，張開。戰國楚宋玉《風賦》："有風颯然而至，王廼披襟而當之。"此句描述了作者返程時所見景象。

[六] "誰"，《處州金石》未能釋讀。

[七] 第一個 "□"，原刻漫漶，《處州金石》釋作 "穗"。第二個 "□"，原刻漫漶，《處州金石》釋作 "關"。

三十三　明王家楨仙都摩崖詩刻

圖四九　"半壁池"今貌，筆者攝

圖五〇　詩刻今貌，筆者攝

題解： 鐫刻在麗水市縉雲縣仙都景區初暘山下"半壁池"景觀內側的石壁上，摩崖，一方，七言律詩一首，原刻無題，但詩末見有"宣城王家楨"之作者署名。詩刻橫長八〇釐米、縱高九〇釐米，通篇豎寫陰刻，自上而下、自右向左，連同詩末題記，共計八行，滿行九字，字徑八釐米，楷書，字跡樸拙。其中，末兩行為紀年題記："宣城王家楨題，／崇禎八年正月□□立。"

據題記內容知，此詩乃明崇禎八年（一六三五）王家楨題刻。《光緒處州府志》卷十三《職官志》"知府"條目中，見有"王家貞"之名。方志中的"王家貞"，與詩刻題記中的"王家楨"，應為同一人。據《光緒處州府志》，王家楨，原籍安徽安慶，崇禎年間曾擔任處州知府①。王家楨題刻此詩時，應即在處州知府任上。

此方詩刻，吳志華《處州金石》下冊第九二七頁，已見釋文。筆者二〇一六年四月十日初次訪石。以下校錄，參校以《處州金石》。

釋文： 洞□青蓮倚澗□^[一]，輕舟短棹共徘徊^[二]。岹岈□□迎曦曙^[三]，□□□□劃水開^[四]。柳徑松洲□好景^[五]，釣磯棋石注仙杯^[六]。憑虛□□煙霞美^[七]，□侶□□莫浪猜^[八]。

校注：

[一] 第一個"□"，原刻漫漶，《處州金石》釋作"湧"。第二個"□"，原刻漫漶，《處州金石》釋作"隈"。

[二] "輕舟"，輕便的小船。唐李白《早發白帝城》詩："兩岸猿聲啼不住，輕舟已過萬重山。"南宋李清照《武陵春》詞："聞說雙溪春尚好，也擬泛輕舟。""短棹"，划船用的小槳。唐戴叔倫《泛舟》詩：

---

① 光緒《處州府志》卷一三《職官志》，臺灣成文出版社有限公司1974年影印本，第394頁。

"孤尊秋露滑，短棹晚煙迷。"北宋歐陽修《采桑子》詞："輕舟短棹西湖好，綠水逶迤。"

[四]"嶰岈"，原刻漫漶，據文義及《處州金石》補。"嶰岈"，意作山谷。"□□"，原刻漫漶，《處州金石》作"三竅"。"曦"，《集韻·支韻》："赫曦，日光。""曙"，《玉篇·日部》："東方明也。""曦曙"，破曉時的第一縷光。

[四]第四個"□"，原刻漫漶，《處州金石》釋作"岩"。

[五]"柳徑"，兩側栽有柳樹的道路。北宋張先《剪牡丹·舟中聞雙琵琶》詞："柳徑無人，墜絮飛無影。"明盧龍雲《玉蘭花》詩："千紅未羨桃林滿，萬綠寧誇柳徑芳。""松洲"，植有松樹的洲渚。北宋韓維《和晏相公府東三詠》其三《李相園》詩："行到松洲有遺興，水聲東下竹間渠。"明張吉《松洲莊四景題贈劉景用》其四："松洲風景近如何，殘雪疏梅共一窩。"

[六]"釣"，原刻漫漶，據文義及《處州金石》補。"釣磯"，釣魚時所坐岩石，詩詞中往往借指"釣臺"。唐宋之問《使過襄陽登鳳林寺閣》詩："苔石銜仙洞，蓮舟泊釣磯。"高適《漁父歌》："筍皮笠子荷葉衣，心無所營守釣磯。""杯"，原刻漫漶，此處據文義及《處州金石》補。

[七]第二個"□"，原刻漫漶，《處州金石》釋作"觀"。"憑虛"，即初暘山憑虛閣。"憑虛閣"，見圖四三，系初暘山上的一座古亭，其因依岩凌空而得名。

[八]"浪猜"，胡亂猜測。明劉基《蔣山寺十月桃花》詩："殘蜂剩蝶相逢淺，黃菊芙蓉莫浪猜。"清黃景仁《歸燕曲》："天空自有低飛處，不是同心莫浪猜。"

三十四　明周諫仙都摩崖詩刻

圖五一　詩刻今貌，筆者攝

　　題解：鐫刻在麗水市縉雲縣仙都景區初暘山南麓接地的石壁上，摩崖，一方，五言律詩一首，原刻題作《梁侍禦石兵備口遊，賦詩刻石，因再和前韻紀事》。此方詩刻，橫長一四〇釐米、縱高九〇釐米，通篇豎寫陰刻，自上而下、自右向左，連同詩末題記，共計七行，滿行十一個字，字徑約七釐米，行書，字跡飄逸。

　　詩末題記作：“楚人周諫。”“周諫”之名，見於《光緒縉雲縣志》卷六《職官志》。據載，明崇禎年間，周諫任縉雲知縣①。詩題中的“梁侍禦”與“石兵備”，分別指“梁雲構”“石萬程”。在初暘山獨峰書院門口，保存有梁、石二人合刻詩碑一方。此詩的撰作與勒刻時間，應與該詩碑所見梁雲構詩與石萬程詩相近，亦在明崇禎元年至十三年間（一六二八至一六四〇）。相關考證語，參見本書下篇之“明梁雲構、石萬程仙都合刻詩碑”條目。

　　此方詩刻，吳志華《處州金石》下冊第九三〇頁，已見釋文。筆者二〇一六年四月十日初次訪石。以下校錄，參校以《處州金石》。

　　釋文：我欲登山口^[一]，暮山好似閒^[二]。幽口口口口，口口口雲間。口口口口口，口口口鳥還。口口口口口，濁口口口口。

　　校注：

　　[一]　“口”，原刻漫漶，《處州金石》釋作“伴”。

　　[二]　“暮山”，日落時的山峰。北宋柳永《訴衷情近》詞：“雨晴氣爽，佇立江樓望處。澄明遠水生光，重疊暮山聳翠。”明崔允《花馬池詠》詩：“慷慨十年長劍在，登樓一笑暮山橫。”

---

　　①　光緒《縉雲縣志》卷六《職官志》，臺灣成文出版社有限公司 1970 年影印本，第 618 頁。

三十五　明陳如蓮仙都摩崖詩刻

圖五二　詩刻今貌，筆者攝

　　題解：鑴刻在麗水市縉雲縣仙都景區初暘山南麓接地的石壁上，與前述"周諫摩崖詩刻"相鄰，摩崖，一方，五言律詩一首，原刻題作《暘穀和前令》，且詩題後見有"陳如蓮"之作者署名。詩刻橫長七〇釐米、縱高八五釐米，通篇豎寫陰刻，自上而下、自右向左，共計五行，滿行十一字，字徑九釐米，行書，字跡純熟。

　　撰作者"陳如蓮"，文獻缺載。由於此方詩刻在位置上，與前述"周諫摩崖詩刻"緊鄰，聯繫"暘穀和前令"之詩題，我們有理由相信，"陳如蓮"應該是当时陪同縉云知縣周諫，前往仙都初暘山遊覽的縣衙小吏，而此詩即為陳如蓮的唱和之作，其撰作與勒刻時間應與周諫詩刻相同，亦在明末崇禎年間（一六二八至一六四三）。

　　此方詩刻，吳志華《處州金石》下冊第九二九頁，已見釋文。筆者二〇一六年四月九日初次訪石。以下校錄，參校以《處州金石》。

　　釋文：穀下丹峰近^[一]，白雲數我閒。谽谺石一塊^[二]，窈窕屋三間^[三]。人□危橋渡^[四]，鶴尋老樹還。□□千歲□^[五]，不記舊關山^[六]。

　　校注：

　　［一］"穀下"，初暘穀中。"丹峰"，赤色的山峰。元葉顒《挽琳荊山上人》詩："公茸芰荷衣，長嘯棲丹峰。"清戴梓《賦得不知秋思在誰家》詩："叢菊疏砧苑，丹峰送別洲。"

　　［二］"谽谺"，《處州金石》釋作"峆岈"。"谽谺"，山石險峻貌。唐獨孤及《招北客文》："其北則有劍山巉巉，天鑿之門，二壁谽谺，高岸嶙峋。"清王初桐《最高樓·支硎山訪張雨亭》詞："山深處，怪石鬪谽谺。老樹幻龍蛇。初疑雲礙無行路，忽聞犬吠有人家。"

　　［三］"窈窕"，原刻漫漶，此處據《處州金石》補。

　　［四］"危橋"，高聳之橋。唐許渾《南樓春望》詩："野店歸山路，危橋帶郭村。"五代馮延巳《酒泉子》詞："芳草長川，柳映危橋橋下

路。歸鴻飛，行人去，碧山邊。"

〔五〕第一個"□"，原刻漫漶，《處州金石》釋作"呆"。第二個
"□"，原刻漫漶，《處州金石》釋作"眉"。

〔六〕"關山"，關塞山川。唐溫庭筠《菩薩蠻》詞："滿宮明月梨
花白，故人萬裏關山隔。金雁一雙飛，淚痕沾繡衣。"敦煌曲子詞《鵲
踏枝二首》其二（見於法藏敦煌 P. 四〇一七號寫卷）："獨坐更深人寂
寂，憶念家鄉，路遠關山隔。"

三十六　清谷應泰仙都摩崖詩刻

圖五三　初暘洞洞口，筆者攝

圖五四　詩刻今貌，筆者攝

題解：鐫刻在麗水市縉雲縣仙都景區初暘山初暘洞内的石壁上，摩崖，一方，七言律詩一首，原刻並無詩題，但詩末題記中見有"湨暘谷應泰"之作者署名。此方詩刻，橫長六十釐米、縱高一二〇釐米，通篇豎寫陰刻，自上而下、自右向左，連同詩末題記，共計七行，滿行十一字，字徑約十釐米，楷書，結體穩健。其中，詩末題記作："湨暘谷應泰題。"

谷應泰，系為《明史紀事本末》編撰者。據《國朝耆獻類征》卷二〇六載："谷應泰，直隸豐潤人，聰明能強記，少工制舉文，長益肆力經史，於經無所不窺。順治四年進士，授戶部主事，尋遷員外郎，授浙江提學僉事。"此詩應即是谷應泰在浙江提學僉事任上撰作並勒刻。《國朝耆獻類征》雖然未載谷應泰任職浙江提學僉事的具體時間，但據谷應泰仕歷推斷，應是在順治末年至康熙初年間。此方詩刻所見七律的撰作與勒刻時間，可系年於此。

此方詩刻，吳志華《處州金石》下册第九四一頁，已見釋文。筆者二〇一六年四月九日初次訪石。以下校錄，參校以《處州金石》。

釋文：縹緲高峰接上□[一]，五雲深處隱蓬萊[二]。山樓銀榜爭先度[三]，仙掌金莖倦未開[四]。洞外芙蓉迎日麗[五]，洲前翡翠掠波回[六]。何日石筍尖頭立[七]，得飲玄天露一杯[八]。

校注：

[一]"縹緲"，若有若無貌。唐白居易《長恨歌》："忽聞海上有仙山，山在虛無縹緲間。"曹唐《漢武帝將候西王母下降》詩："歌聽紫鸞猶縹緲，語來青鳥許從容。""□"，《處州金石》釋作"臺"。

[二]"雲"，原刻漫漶，據文義及《處州金石》補。"五雲"，青、白、赤、黑、黃五種雲色，喻指五色祥雲。唐李白《遊泰山六首》其六："明晨坐相失，但見五雲飛。"北宋李之儀《菩薩蠻》詞之上闋：

"五雲深處蓬山杏，寒輕霧重銀蟾小。枕上挹餘香，春風歸路長。""隱"
"萊"，原刻漫漶，據文義及《處州金石》補。"蓬萊"，即蓬萊山。蓬
萊山，乃神話傳說中的東海神山，詩文中常用來泛指仙境。《史記·封
禪書》："自威、宣、燕昭使人入海求蓬萊、方丈、瀛洲。此三神山者，
其傳在渤海中，去人不遠；患且至，則船風引而去。"唐鮑溶《望麻姑
山》詩："自從青鳥不堪使，更得蓬萊消息無。"

　　[三]"樓""榜""度"，原刻漫漶，據文義及《處州金石》補。
"山樓"，山間樓閣。唐杜甫《秋興八首》其二："畫省香爐違伏枕，山
樓粉堞隱悲笳。"張祜《題金陵渡》詩："金陵津渡小山樓，一宿行人自
可愁。""銀榜"，懸掛在宮殿或廟宇門端的華麗匾額。明王寵《丙洞》
詩："丹藤蔓冰壑，蒼苔蝕銀榜。"顧璘《登太崗慈善寺》詩："何年劫
火餘，紺殿減銀榜。"

　　[四]"莖""倦"，原刻漫漶，據文義及《處州金石》補。"仙
掌"，承露金人。《三輔黃圖》引《廟記》言：漢武帝為求仙，於建章
宮神明臺上造銅仙人，舒掌承銅盤玉杯，以承接天上的仙露。後稱承露
金人為仙掌。唐杜牧《早雁》詩："仙掌月明孤影過，長門燈暗數聲
來。"南宋周密《花犯·賦水仙》詞之上闋中有："謾記得、漢宮仙掌，
亭亭明月底。""金莖"，用以擎承露盤的銅柱。唐杜甫《秋興八首》其
五："蓬萊宮闕對南山，承露金莖霄漢間。"盧照鄰《長安古意》詩：
"梁家畫閣天中起，漢帝金莖雲外直。"

　　[五]"芙""蓉""麗"，原刻漫漶，據文義及《處州金石》補。
"芙蓉"，荷花之別名。唐李白《經亂離後天恩流夜郎憶舊遊書懷贈江夏
韋太守良宰》詩："清水出芙蓉，天然去雕飾。"許渾《雨後思湖上居》
詩："何處芙蓉落，南渠秋水香。"

　　[六]"洲""翡""掠波"，原刻漫漶，據文義及《處州金石》補。
"翡翠"，鳥名，體貌嬌小、毛色艷麗。雄鳥為紅色，謂之"翡"；雌鳥
為綠色，謂之"翠"。戰國楚宋玉《神女賦》"披華藻之可好兮，若翡
翠之奮翼"兩句中的"翡翠"，即指此鳥。明屈大均《翡翠》詩詠之
曰："雌青雄赤是魚師，日夕清波浴不遲。低處為巢因愛子，花工捕向

月明時。"

[七]"何""筍""尖""頭",原刻漫漶,據《處州金石》補。"石筍",指鼎湖峰。鼎湖峰,高一七〇點八米,直徑五六米,周長一八〇米,底面積零點二五公頃,體積約四十萬立方米,因狀貌似筍,故有"石筍"之稱謂。尤其是,峰頂有湖,風激湖浪,散作晴天雨點,堪稱奇觀。唐曹唐《仙都即景》讚曰:"孤峰應礙日,一柱自擎天。"白居易《詠鼎湖峰》亦讚有:"有時風激鼎湖浪,散作晴天雨點來。"

[八]"得",據殘痕及文義補,《處州金石》釋作"校"。"飲""露",原刻漫漶,據文義及《處州金石》補。"玄天露",即天露。南朝梁劉刪《詠蟬》詩:"得飲玄天露,何辭高柳寒。"唐齊己《蟬八韻》詩:"冷憐天露滴,傷共野禽遊。"

三十七　清杜澂仙都摩崖詩刻

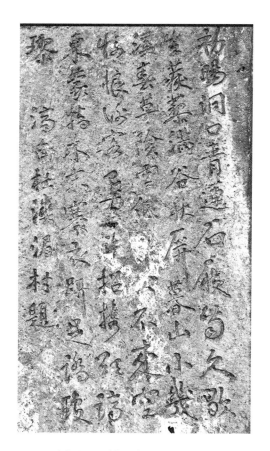

圖五五　詩刻今貌，筆者攝

題解：鎸刻在麗水市縉雲縣仙都景區初暘山初暘洞內的石壁上，摩崖，一方，七言律詩一首，原刻並無詩題，但詩末題記中見有“濟南杜漺”之作者署名。此方詩刻，橫長七〇釐米、縱高一三〇釐米，通篇豎寫陰刻，自上而下、自右向左，連同詩末題記，共計六行，滿行十一個字，字徑約十三釐米，行草書。

詩刻末尾題記作：“濟南杜漺湄村題。”據清王士禎《杜漺墓志銘》（全稱“誥授大中大夫河南布政使司分守驛傳鹽法道參政湄村杜公墓志銘”）中的記載，杜漺，濟南濱州（今山東濱州）人，順治四年（一六四七）進士，歷仕真定府推官、禮科給事中、溫處道參議、開歸道參政等職，卒於康熙二十四年（一六八五）①。此詩的撰作和勒刻時間，可系年到杜漺溫處道參議任上時，即清康熙初年。

此方詩刻，吳志華《處州金石》下冊第九四三頁，已見釋文。筆者二〇一六年四月九日初次訪石。以下校錄，參校以《處州金石》。

釋文：初暘洞口青蓮石[一]，屐齒久歇生蕨藜[二]。滿穀秋屏暮山小[三]，幾溪春草陰雲低[四]。阮公不來空懷恨[五]，謝客已去一招攜[六]。欲濟東蒙捎木末[七]，褰衣趼足踏瓊瓈[八]。

校注：

[一]“暘”，《處州金石》釋作“陽”。“初暘洞”，即初暘山暘穀洞。“青蓮石”，暘穀洞附近的一塊三十餘米見方、平整如臺的巨石，傳說是由鼎湖峰上飄落的蓮花幻化而成。

[二]“屐齒”，木屐底部之齒。唐獨孤及《山中春思》詩：“花落沒屐齒，風動群不香。”北宋司馬光《和範景仁謝寄西遊行記》其二：“緣苔躡蔓知多少，千裹歸來屐齒蒼。”“蕨藜”，植物名，質地堅硬，常

---

① 錢仲聯：《廣清碑傳集》卷四，蘇州大學出版社 1999 年版，第 243—244 頁。

生於田野、路旁及河邊草叢。此句描述的場景是：詩作者旅途勞累，以致于自己的木屐底部齒輪上都沾滿了蕨薮。這也從側面反映出初暘山景色之優美。

〔三〕"秋屏"，如屏秋景。南宋周弼有《秋屏》詩："好山多變態，排列在簷楹。平慰澄江練，橫鋪列嶂屏。石煙寒繞寺，山雨暗離汀。有意攜溪枕，眠看直到醒。""暮山"，日落之際的山峰。"滿轂"、"幾溪"二句，皆為寫景狀物。

〔四〕"幾溪"，量詞，幾條溪水。"陰雲"，天陰時的雲朵。唐羅隱《中秋夜不見月》詩："陰雲薄暮上空虛，此夕清光已破除。"清施閏章《舟中立秋》詩："陰雲沉岸草，急雨亂灘舟。"

〔五〕"阮"，原刻殘毀，據文義補。"阮公"，阮籍。面對曹魏末期的複雜朝局，阮籍秉持明哲保身的態度，或閉門讀書，或登山臨水，或飲酒放縱。唐許渾《與鄭秀才叔任會送楊秀才昆仲東歸》詩："阮公留客竹林晚，田氏到家荊樹春。"

〔六〕"謝客"，謝靈運。南朝宋劉敬叔《異苑》卷七："臨川太守謝靈運。初，錢塘杜明師夜夢東南有人來，入其館。是夕，即靈運生於會稽，旬日而謝玄亡。其家以子孫難得，送靈運於杜治養之，十五方還都，故名客兒。"世人因其有"客兒"之名，稱之為"謝客"。唐李冶《湖上臥病》詩："強勸陶家酒，還吟謝客詩。""一"，《處州金石》未能釋讀。"招攜"，招引。唐劉得仁《夜攜酒訪崔正字》詩："忽起圍爐思，招攜酒滿壺。"

〔七〕"挴"，《處州金石》未能釋讀，意作"拂"或"掠"。《世說新語·政事》："見令史受杖，上挴雲根，下拂地足。""濟"，越過。《三國志·魏志·陳思王植傳》："西濟關轂，或降或升。""東蒙"，終南山峰名。南宋陸遊《次韻和楊伯子主簿見贈》詩："猿啼月落青山空，舊隱夢寂思東蒙。"北宋種放《東蒙新居》詩："登遍終南峰，東蒙最孤秀。""木末"，樹梢。唐王維《辛夷塢》詩："木末芙蓉花，山中發紅萼。"北宋司馬光《未開木芙蓉》詩："木末採芙蓉，騷人歌所無。"

〔八〕"褰"，《處州金石》釋作"寒"。"褰"，《字彙·衣部》："揭衣。”“褰衣”，即撩起衣服。唐韓愈《南山詩》：“褰衣步推馬，顛蹶退且複。”北宋蘇軾《西齋》詩：“褰衣竹風下，穆然濯微涼。”“跰足”，生跰的腳，此處引申為艱苦跋涉。北宋程俱《己酉二月二日車駕渡揚子江，四日匆遽離鎮江，餘與妻孥徒步跰足餞走至呂城道中口占》詩：“白日無光捲地風，扶攜跰足去匆匆。”“瓊”“璆”，皆為寶玉。“璆”與“璃”通，故“瓊璆”也作“瓊璃”。北宋郭祥正《逍遙亭歌一首贈太守王君章》詩：“公來相址呼犁鋤，雙亭化出瓊璃鋪。”

三十八　清阮元石門洞摩崖詩刻(一)

　　題解：鐫刻在麗水市青田縣石門洞景區"石門飛瀑"景觀左側"月洞"內的石壁上，摩崖，一方，五言古詩一首，原刻題作《嘉慶三年立夏重遊石門觀瀑布一首》，但詩末題記中見有"阮元"之作者署名。詩刻橫長、縱高皆四〇釐米，通篇豎寫陰刻，自上而下、自右向左，連同詩前題記與詩末題記，共計十三行，每行六到十三

字不等，字徑約三釐米，行書，字跡飄逸。此方摩崖詩刻，現已入選國家文物局《第一批古代名碑名刻文物名錄》。

其中，詩前題記作：“嘉慶三年立夏日重遊。”詩後題記作：“內閣學士、禮部侍郎、學使/者儀征阮元。”可見，此詩乃清嘉慶三年（一七九八）阮元重遊石門洞“石門飛瀑”景觀時撰作并勒石。阮元，《清史稿》卷三百六十四有傳。據載，阮元，字伯元，江蘇儀征人，乾隆五十四年（一七八九）進士，“祖玉堂，官湖南參將，從征苗，活降苗數千人，有陰德。”① 或許是受到祖宗陰德的福蔭，阮元的仕宦之途總體平順。其中，他與浙江緣分頗深，曾三次就職此地。第一次是在乾隆嘉慶交替之際，具體是在乾隆五十八年到嘉慶四年間，他所擔任的官職是“浙江學政”②。第二次是在嘉慶四年至十年，第三次是在嘉慶十二年至十四年，這兩次浙江仕履，阮元皆署浙江巡撫，且在治浙期間，“多惠政，平寇功猶著”③。據詩前題記知，此方詩刻的上石時間是在嘉慶三年。彼時的阮元，正是在浙江學政任上。

青田縣文管會編《石門洞太鶴山摩崖碑碣》第三二頁、王友忠《青田文物圖集》第二一〇頁、徐文平《石門洞摩崖石刻與碑刻》第八三至八四頁，以及吳志華《處州金石》下冊第九五六頁，皆有釋文。筆者二〇一八年五月一日初次訪石。以下校錄，參校《處州金石》。

釋文：石闕開雙扉[一]，未登心已羨。沿溪溯潺湲[二]，越轂望蔥蒨[三]。飛瀑掛千尺[四]，先向林表見[五]。敢拜天紳垂[六]，疇與白龍戰[七]。流素曳練輕[八]，觸石生衣濺[九]。雨餘情彌壯[一〇]，風定勢猶旋[一一]。疏響靜凡喧[一二]，搖光引清眩。茲來春夏交，巖花落如霰[一三]。

---

① （清）趙爾巽：《清史稿》，中華書局 1977 年標點本，第 11421 頁。
② （清）趙爾巽：《清史稿》，中華書局 1977 年標點本，第 11421 頁。
③ （清）趙爾巽：《清史稿》，中華書局 1977 年標點本，第 11421—11422 頁。

重遊意更冶[一四]，坐久情逾眷[一五]。安能構雲棲[一六]，聊息永宿倦。

校注：

[一] "闕"，《處州金石》作"門"。《詩經·鄭風·子衿》："挑兮達兮，在城闕兮。"高亨注："闕，城門兩旁的高山。""石闕"，此指石門洞景區入口處左右兩山峰。"扉"，門扇。《爾雅·釋宮》："闔謂之扉。"邢昺疏："闔，門扇也。一名扉。"

[二] "溯"，《字彙·水部》："逆流而上也。"清潘耒《遊天臺山記》："雨小止，趨黃墰，短衣持蓋，溯溪而前。"

[三] "蒨"，《處州金石》作"茜"，"蒨"與"茜"通。元周德清《中原音韻·作詞十法》："前輩雲：街市小令，唱尖新茜意。"任中敏疏證："'茜'與'蒨'，曲中每通用。"詩詞中亦然。"蔥蒨"，草木青翠茂盛貌。北宋梅堯臣《依韻和歐陽永叔同遊近郊》詩："洛水橋邊春已回，柳條蔥蒨眼初開。"

[四] "千尺"，極言其高或深。唐李白《贈汪倫》詩："桃花潭水深千尺，不及汪倫送我情。"釋德誠《船子和尚撥棹歌三十九首》其一："千尺絲綸直下垂，一波才動萬波隨。"

[五] "表"，外面，與"裡"相反。《尚書·堯典》："光被四表，格於上下。"孔穎達疏："表裏內外相對之言，故以表為外。""林表"，林外。清王士禎《池北偶談·談異四·鄭刺史祠》："遙見山麓屋宇，隱隱出林表，策馬赴之，可五六裏。"

[六] "天紳"，自天垂下之帶，此處喻指瀑布。北宋蘇軾《次韻王定國得潁倅二首》其一："一噫固應號地籟，餘波猶足掛天紳。"南宋陸遊《夜夢與數客觀畫，有八幅龍湫圖特奇。客請予作詩其上，書數十字而覺，不複能記。明旦，乃追補之，亦仿佛夢中意也》詩："奇峰峭立插地軸，飛瀑崩瀉垂天紳。"

[七] "疇"，近人楊樹達《詞詮》卷五："語首助詞，發聲，無義。"西晉潘岳《夏侯常侍誄》："疇昔之遊，二紀於茲。"左思《三都賦》："匪葛匪薑，疇能是恤？"

　　[八]“流素”，月光，此處指石門飛瀑產生的光亮。西晉左思《雜詩》：“明月出雲崖，皦皦流素光。”唐孟郊《感懷》詩：“火雲流素月，三五何明明。”“曳練”，鋪開的白絹，此處喻指白色的瀑布。唐白居易《和春深二十首》其十三：“曳練馳千馬，驚雷走萬車。”清嘉慶帝《駐香山靜宜園》詩：“喬林鳥樂流音逸，石瀨泉飛曳練渟。”

　　[九]“觸石”，峰巒與雲氣相互碰擊。《文選·左思〈蜀都賦〉》：“岡巒糾紛，觸石吐雲。”李善引《春秋元命苞》注：“山有含精藏雲，故觸石而出也。”唐李正辭《賦得白雲起封中》詩：“不作奇峰狀，寧分觸石容。”

　　[一〇]“餘”，《處州金石》作“余”，“餘”與“余”通。清朱駿聲《說文通訓定聲·豫部》：“余，段借為餘。”“彌”，《處州金石》作“弥”，《玉篇·弓部》：“弥，亦同彌。”

　　[一一]“定”，《處州金石》作“宣”。“旋”，《說文·㫃部》：“周旋。”唐李白《大鵬賦》：“左迴右旋，倏陰忽明。”

　　[一二]“疏響”，稀疏的聲響。北宋蘇軾《次韻朱光庭初夏》詩：“臥聞疏響梧桐雨，獨詠微涼殿閣風。”南宋趙鼎《洞仙歌》：“可憐窗外竹，不怕西風，一夜瀟瀟弄疏響。”“凡喧”，俗世喧囂。清李慈銘《潘伯寅光卿屬題小像》詩：“神羊觸邪豈輕出，鳴鳳應律無凡喧。”

　　[一三]“巖”，《處州金石》作“岩”，“巖”與“岩”同。《龍龕手鑑·山部》：“巖，古作岩。”“岩花”，生長在岩畔的花。明陳霆《漳水合流》詩：“空山急雨衝岩花，潢流赴壑驚奔蛇。”“霰”，《釋名·釋天》：“星也。水雪相搏如星而散也。”北宋蘇軾《與黃敷言二首》其一：“衝涉雨霰，萬萬保練。”

　　[一四]“洽”，《處州金石》作“怡”。“洽”，《廣韻·洽韻》：“和也。”《徐霞客遊記·滇遊日記四》：“見有晉寧歌童王可程，以就醫隨吳來，始知方生在唐守處過中秋，甚洽也。”

　　[一五]“逾”，《處州金石》作“愈”。清劉淇《助字辨略》卷一：“逾，彌也。”《梁書·王籍傳》：“蟬噪林逾靜，鳥鳴山更幽。”“眷”，愛慕。明湯顯祖《奉祭酒戴愚齋先生》：“美哉秋水，眷我伊人。”

〔一六〕"構",《廣雅·釋詁三》:"成也。""棲",《處州金石》作
"栖","棲"與"栖"同。《廣韻·齊韻》:"棲",同"栖"。"雲棲",
此指隱居之地。唐陳子昂《續唐故中岳體玄先生潘尊師碑頌》:"令守崧
山玉女峰,雲棲窮林今五紀。"

三十九　清阮元石門洞摩崖詩刻(二)

圖五七　詩刻今貌，筆者攝

題解：鐫刻在麗水市青田縣石門洞景區入口處石壁上，摩崖，一方，四言古詩一首，原刻尾題《青田石門洞天銘》，且詩末題記中見有"巡撫阮元"之作者署名。此方摩崖詩刻，橫長八七釐米、縱高九十釐米，通篇豎寫陰刻，自上而下、自右向左，連同詩末題記，共計七行，滿行十一個字，字徑約九釐米，楷書。此方詩刻現已入選國家文物局《第一批古代名碑名刻文物名錄》。詩末題記作："嘉慶九年/集《瘞鶴銘》殘字刻於瀑布/前石壁上，巡撫阮元。"

據詩末題記知，此詩乃清嘉慶九年（一八〇四），首次擔任浙江巡撫的阮元據書法名刻《瘞鶴銘》集字而成。《瘞鶴銘》，原本摹勒在江蘇鎮江焦山西麓石壁上，相傳是在東晉南朝時期焦山末位隱士為祭奠一只死去之鶴而賦。唐代宗時，《瘞鶴銘》石刻因遭受雷擊而崩落入長江。北宋時，殘石曾被撈出。明洪武年間，複又墜入江中。直到清康熙五十二年（一七一三），鎮江邑人陳鵬年，募人複將殘石打撈出水，並將其嵌入焦山定慧寺伽藍殿南壁。現藏鎮江焦山碑林。《瘞鶴銘》摩崖，書風古樸自然、用筆奇峭飛逸，北宋黃庭堅有贊曰："大字無過《瘞鶴銘》。"

青田縣文管會編《石門洞太鶴山摩崖碑碣》第三三頁、王友忠《青田文物圖集》第二一〇頁、徐文平《石門洞摩崖石刻與碑刻》第八五至八六頁以及吳志華《處州金石》下冊第九六五頁，皆見有釋文。筆者二〇一八年五月一日初次訪石。以下校錄，參校以《處州金石》。

釋文：惟江之後[一]，此山之前。陰亭外爽，髯髻藏仙[二]。仙家真相，洪流迤蕩[三]。爰集華詞[四]，銘石之上[五]。

校注：

[一] "惟"，發語詞，用於句首，《處州金石》作"維"，"惟"與"維"同。清王引之《經傳釋詞》卷三："惟，……字或作唯，或作維。"《文選·郭璞〈江賦〉》："惟岷山之導江，初發源乎濫觴。"李善

注：“惟，發語之辭也。”“江”，甌江。

　　［二］“髣髴”，《處州金石》釋作“仿佛”。唐玄應《一切經音義》卷二：“仿佛，……《聲類》作‘髣髴’，同。”東晉陶淵明《桃花源記》：“林盡水源，便得一山，山有小口，髣髴若有光。”北宋白玉蟾《快活歌二首》其一：“近來髣髴辨西東，七七依前四十八。”

　　［三］“迺”，《處州金石》釋作“德”。“迺”，相當於“於是”、“就”。《後漢書·南匈奴傳》：“時單于與中郎將杜崇不相平，迺上書告崇，崇諷西河太守令斷單于章，無由自聞。”

　　［四］“爰”，《處州金石》釋作“愛”。“爰”，《說文·受部》：“引也。”段玉裁注：“此與《手部》‘援’音義相同。”

　　［五］“銘石”，銘之於石。南宋樂雷發《次韻李監丞同劉玉淵遊七泉》詩：“漉漉漳訪湝，銘石昭萬年。”

四十　清白萼聯太鶴山摩崖詩刻

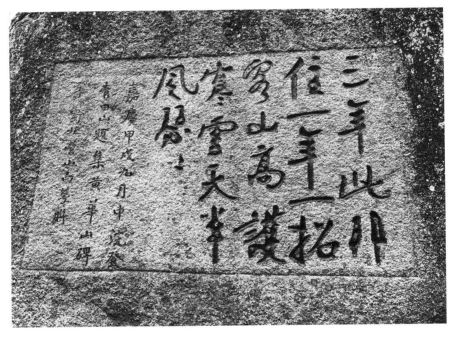

圖五八　詩刻今貌，筆者攝

　　題解：鐫刻在麗水市青田縣太鶴山混元峰白鶴洞旁的石壁上，摩崖，五言絕句一首，原刻並無詩題，但詩末題記中見有"蜀北營山白萼聯"之作者署名。此方摩崖詩刻，橫長一三〇釐米、縱高八五釐米，通篇豎寫陰刻，自上而下、自右向左，連同詩末題記，共計八行。其中，詩句共佔五行，滿行五個字，字徑約二十釐米，行書；題記共佔三行，滿行八個行，字徑約六釐米，楷書。

詩末題記作："嘉慶甲戌九月中浣，登/青田山題，集黃華山碑/字。蜀北營山白萼聯。"題記中的"青田山"，即今青田縣鶴城街道太鶴山。據題記內容知，此詩乃清嘉慶十九年（一八一四），川北白萼聯登太鶴山時撰作，而所書詩作是據"黃華山碑"集字而成。"白萼聯"之名，見於《民國瑞安縣志稿》。據載，白萼聯，嘉慶十六年始任青田知縣，二十四年調任瑞安知縣。《民國瑞安縣志稿》所載白萼聯到任青田知縣的時間，與此詩首句所敘恰好相合。此詩系為白萼聯嘉慶十九年撰作，而他在詩作首句中自言"三年此邦住"，那麼據此逆推，其到任青田知縣的時間，確實如《民國瑞安縣志稿》所言，是在嘉慶十六年。

此方摩崖詩刻，青田縣文管會編《石門洞太鶴山摩崖碑碣》第七五頁、王友忠《青田文物圖集》第一二六頁以及吳志華《處州金石》下冊第九六九頁，均已經見有釋文。筆者二〇一八年十二月三十日訪石。以下校錄，以《石門洞太鶴山摩崖碑碣》為參校本。

釋文：三年此邦住[一]，一年一招客[二]。山高護寒雲，天半風瑟瑟[三]。

校注：

[一]"此邦"，指青田縣。

[二]"招客"，指遊人到青田縣參訪名勝。

[三]"瑟瑟"，象聲詞，狀風聲。

四十一　清宋錦鄂三岩摩崖詩刻

圖五九　三岩寺今貌，筆者攝

圖六〇　詩刻今貌，筆者攝

　　題解：鐫刻在麗水市蓮都區白雲街道三岩寺後三岩朝曦洞（圖二二所示下層最左側洞窟）洞口外的左側石壁上，摩崖，一方，現已磨平，難以釋讀。據姜建清網絡文章《麗水三岩宋錦鄂詩刻》及邱旭平專著《蓮都歷代金石》揭示，此方詩刻，橫長一〇五釐米、縱高一二〇釐米，無題五言絕句一首，通篇豎寫陰刻，自上而下、自右向左，連同詩末題記，共計五行，滿行九字，字徑約十五釐米，楷書，字跡工整。其中詩末題記作："道光乙酉遊仙都到此/，餘杭生宋錦鄂。"

據題記知，此詩乃道光五年（一八二五），餘杭宋錦鄂在遊覽縉雲仙都後繼續南行，經蓮都三岩時撰作。據《光緒餘杭縣志稿·人物列傳》引《杭郡詩三輯》言："宋錦鄂，原名錦岳，字小宋，生員，工詩，善楷書，死難於南鄉栗樹村。"

此方摩崖詩刻，徐文平《處州摩崖石刻研究》第二九七頁、邱旭平《蓮都歷代金石》第三二七頁、吳志華《處州金石》下冊第九七〇頁，已經見有釋文。筆者二〇一八年六月十六日初次訪石。以下校錄，以邱旭平《蓮都歷代金石》所載道光年間拓片為底本，以吳志華《處州金石》為參校。

釋文：三訪洞元君[一]，苔花笑容動。臥龍施去水[二]，飛散鼎湖雲。

校注：

[一] "元君"，女子登仙者。唐陳師穆《立春日曉望三素雲》詩："彩光浮玉輦，紫氣隱元君。"呂岩《七言》詩其四十九："紫詔隨鸞下玉京，元君相命會三清。"

[二] "臥"，《處州金石》釋作"卧"，"臥"與"卧"同。《正字通·臣部》："臥，《同文舉要》作卧，俗作卧。"

四十二　清端木國瑚含暉洞摩崖詩刻

圖六一　三台山山腳"含暉勝境"牌坊，筆者攝

圖六二　含暉洞外貌，筆者攝

圖六三　詩刻今貌，筆者攝

題解：鐫刻在麗水市遂昌縣三台山含暉洞①內頂端石壁上，摩崖，一方，四言古詩一首，原刻無詩題，但詩末題記中見有"青田端木國瑚"之作者署名。此方詩刻，橫長一七〇釐米、縱高九五釐米，通篇豎寫陰刻，自上而下、自右向左，連同詩末題記，共計十行，滿行六字，字徑約十釐米，楷書，字跡秀勁。

詩末題記作："道光十七年秋/八月二十九日，/青田端木國瑚/銘。時同遊為邑/人吳守基、葉光/培、吳世涵。"可見，摹刻在含暉洞內石壁上的這首四言古詩，系為清道光十七年（一八三七）秋，端木國瑚遊覽含暉洞時題刻。端木國瑚，原籍青田，少時受阮元賞識，道光十三年（一八三三）中進士，官至內閣中書，十七年三月告老還鄉，晚年號"太鶴山人"②。端木國瑚在處州鄉居期間，寄情山水，四處遊覽。在蓮都、遂昌、松陽等地，皆見有端木國瑚手書墨跡。題刻在含暉洞入口處石壁上的"含暉洞"三字，即為端木國瑚手書（"含暉洞"題名后，綴有"端木國瑚"署名）。

此方詩刻，吳志華《處州金石》下冊第九七四頁，已見有釋文。筆者二〇一七年四月九日訪石。以下校錄，參校以《處州金石》。

釋文：負巖若雲，上視天霄[一]。日月渾淪[二]，亦夏亦晝。出我玄中，彌茲宇宙。

校注：

[一]"霄"，《處州金石》釋作"暫"。"天霄"，天空。唐柳宗元《禮部賀甘露表》："發於天霄，特降宮樹。"南宋釋文珦《苦雨》詩：

---

①　含暉洞景區，除"含暉洞"外，另有靈泉洞（洞名）、三台寺（寺名）、石船（石名）、慈航渡（亭名）等多處景觀。

②　端木國瑚後又移居瑞安。參見（民國）陳穆庵：《太鶴山人年譜》，見於《北京圖書館藏珍本年譜叢刊》，北京圖書館出版社 1999 年版，第 134 冊，第 227—274頁。

"山澤才通氣，天霄便作雲。"

　　［二］"渾淪"，渾沌不清。南宋陳普《儒家秋》詩："道體渾淪參太極，皋比冷落坐西風。"明王守仁《別諸生》詩："欲識渾淪無斧鑿，須從規矩出方圓。"

四十三　清端木國瑚松陰溪畔摩崖詩刻

　　題解：端木國瑚用墨筆題寫在今麗水市松陽縣象溪鎮象溪村段松陰溪北岸一塊大石的石壁上，摩崖，一方，七言律詩一首，原刻並無詩題。此詩雖然未被鐫勒入石，但在功能與目的上，實與一般的刻詩無異，《民國松陽縣志》即徑將其收入是書《金石志》，故而本書亦將此詩一併收錄。此方詩刻，雖然民國時期尚見存留，但現今已經痕跡全無。據《民國松陽縣志》卷十三《金石志》載，詩刻通篇自上而下、自右向左，連同詩末題記，共計七行，字跡約三釐米，行書。其中，詩末題記作："道光丁酉中秋，青田端木國瑚題。"

　　據題記知，此詩乃清道光十七年（歲次丁酉，一八三七）中秋之日，青田縣籍退隱官宦端木國瑚撰作并書寫。其題寫時間，比前述遂昌縣含暉洞端木國瑚四言古詩的題刻時間，早了十四天。據民國陳穆庵《太鶴山人年譜》載，端木國瑚晚年返回青田家鄉後，便寄情山水、四處遨遊。題寫松陽縣象溪村河邊大石上的七律，以及題刻在遂昌縣含暉洞石壁上的四古，主題上皆為寫景抒情，且表達出的情感均較歡快。故而可以想見，這兩首詩歌作品，正是當年端木國瑚在松陽、遂昌兩地遊覽過程中的產物。

　　同時，據《光緒處州府志》卷首"輿圖"知，從青田縣城出發，有一條官方道路，經松陽而達遂昌。若將"輿圖"中的這條官道，複製到現代衛星地圖上就會發現，今松陽縣象溪鎮象溪村恰好就在這條官道上。所以我們有理由相信，題寫在松陽縣象溪村河邊石壁上的這首七律，與勒刻在遂昌縣含暉洞石壁上的那首四古，應該是端木國瑚在同一次遠游期間所賦之詩。至於端木國瑚墨筆題寫在松陽縣象溪村河邊石壁上的這首七律，是在他在前往遂昌途中所作，還是他從遂昌返程中所撰，就顯得不關宏旨了。

《民國松陽縣志》卷十三《金石志》、吳偉民《松陽金石志》第四四八頁，皆見有此詩。以下釋文，即轉引自《民國松陽縣志》。

釋文：象川山水甲松州[一]，勝似南明夢裡遊[二]。列嶂四圍皆堞崿[三]。清溪一曲抱村流。龍蟠虎踞形如繪，竹籟松聲景最幽[四]。卜築於斯良匪偶[五]，富稱萬石貴封侯[六]。

校注：

[一] "象川"，松陽縣象溪鎮松陰溪兩岸之舊稱。"松州"，唐武德四年（六二一）置，治所在松陽縣，八年（六二五）州廢。

[二] "南明"，今蓮都區南明山。

[三] "列嶂"，連綿的山峰。唐李白《瑩禪師房觀山海圖》詩："列嶂圖雲山，攢峰入霄漢。"李益《再赴渭北使府留別》詩："列嶂高烽舉，當營太白低。"

[四] "竹籟"，風吹動竹子時發出的聲響。唐齊己《假山》詩："晚覺莎煙觸，寒聞竹籟吹。"北宋陳昂《一路》詩："微茫聽竹籟，次第較花顏。"

[五] "卜築"，擇地建築住宅，即定居。唐竇庠《東都嘉量亭獻留守韓僕射》詩："卜築三川上，儀刑萬井中。"清趙翼《華峒》詩："他年擬抽簪，卜築於此寄。""匪偶"，並非偶然。明祁順《篁墩》詩："華扁高懸麗星斗，迪後彰前應匪偶。"釋函可《寄大翁》詩："始覺寒冰良匪偶，千秋萬古有人知。"

[六] "萬石"，即西漢石奮。《史記·萬石張叔列傳》："奮長子建，次子甲，次子乙，次子慶，皆以馴行孝謹，官皆至二千石。於是景帝曰：'石君及四子皆二千石，人臣尊寵乃集其門。'號奮為萬石君。"此處喻指有多人身居高官的名門大族。

四十四　清徐榮含暉洞摩崖詩刻

圖六四　"石船"外貌，筆者攝　　　圖六五　建造在"石船"

頂部的"慈航渡"涼亭，筆者攝

圖六六　詩刻拓片，採自吳志華《處州金石》下冊第 976 頁

　　題解： 鐫刻在麗水市遂昌縣三台山含暉洞景區內一處名作“石船”的巨石石壁（因外形似船而得名，且“石船”頂部平坦，並建有一座名為“慈航渡”的涼亭）上，摩崖，騷體詩一首，原刻題作《石船銘》。此方詩刻，橫長、縱高皆一一〇釐米，通篇豎寫陰刻，自上而下、自右向左，共計七行，滿行七字，楷書，字跡雄健。

　　詩末題記作：“道光丁酉九月前，/知遂昌縣事、漢軍/徐榮撰並書。”可見，此詩為清道光十七年（一八三七），時任遂昌知縣徐榮撰作並書丹。徐榮，《清史稿》卷四百九十有傳。據載，徐榮乃漢軍正黃旗人，道光十六年（一八三六）進士及第後，以知縣發浙江，曾權遂昌、嘉興等縣[1]。或許，道光十七年時，端木國瑚是在時任遂

―――――――――――――――

　　[1]　（清）趙爾巽：《清史稿》，中華書局 1977 年標點本，第 13524—13535 頁。

昌知縣徐榮的邀請下，專程從青田來到遂昌的。

　　此方摩崖詩刻，吳志華《處州金石》下冊第九七六頁、徐文平《處州摩崖石刻》第一七一頁，已見釋文。筆者二〇一七年四月九日訪石。以下校錄，參校以《處州金石》。

　　釋文：風兮習習，石船兮招招[一]。白雲兮晚潮，歌擊楫兮天沉寥[二]。

　　校注：

　　[一] “船”，原刻僅存左側之“舟”部，此處據文義及《處州金石》補。“石船”，三台山含暉洞景區內一處外形似船的巨石。

　　[二] “沉”，《處州金石》作“狀”。“擊楫”，拍擊船槳。南宋範成大《滿江紅·清江風帆甚快作此與客劇飲歌之》：“擊楫誓、空警俗。休拊髀，都生肉。任炎天冰海，一杯相屬。”南宋文及翁《賀新郎·遊西湖有感》：“簇樂紅妝搖畫舫，問中流擊楫何人是？千古恨，幾時洗？”“沉寥”，清朗空曠。唐賈島《送田卓入華山》詩：“壇松涓滴露，岳月沉寥天。”白居易《五鳳樓晚望》詩：“晴陽晚照濕煙銷，五鳳樓高天沉寥。”

四十五　清吳廷康滴水岩摩崖詩刻

圖六七　採自網友"浙江 lsjyzwcwq"的新浪博客，網址為
https：//blog. sina. com. cn/u/1539583024

　　題解：鑴刻在麗水市縉雲縣壺鎮滴水岩（山名，因狀似俯獅，故又稱"獅子岩"）聖岩寺附近的一處石壁上，摩崖，一方，七言律詩一首，原刻無題，但詩末見有"吳廷康"之作者署名。詩刻橫長三〇〇釐米、縱高二二五米，通篇豎寫陰刻，自上而下、自右向左，連同詩末署名，共計六行，滿行十二字，隸書，筆力遒勁。

　　据《民国永康县志》載，吳廷康，安徽桐城人，字康甫，號元生，工書善畫，道光十九年（一八三九）擔任永康縣丞。滴水岩，位於今永康市與縉雲縣的接壤地帶，雖現屬縉雲管轄，但清代時卻屬永康轄境。故而，時任永康縣丞吳廷康，到訪滴水岩，也在情理之中。吳廷康書法造詣深厚，清人蔣寶齡《墨林今話》讚其："篆、隸、鐵筆，直窺漢人。"滴水岩所見这首七律摩崖，當為吳廷康擔任永康縣丞時題刻，而時間應與下述周松淳摩崖詩刻相近或相同，即道光二十二年（一八四二）或其前後。

縉雲縣文物管理委員會編《縉雲文物錄》，以及《新編永康縣志（一九九一年）》第六三〇頁，皆见有釋文。筆者二〇一七年八月二一日訪石时，未曾覓見。此處題解所記詩刻形制及以下诗刻釋文，皆转引自新浪博客：https：//blog. sina. com. cn/u/1539583024。

釋文：聖水無源本不凡[一]，天留半壁室空嵌[二]。壯觀勝景開新辟，法界爭傳呂氏岩[三]。豈是前身有夙緣[四]，攀蘿絕蹬方重泉[五]。從今韻事成佳會[六]，風雨名山鑴石選。

校注：

[一]"聖水"，聖岩寺旁的山巖所滴之水。

[二]滴水巖頂有峭壁，峭壁上有洞穴，聖岩寺即依穴而建。

[三]"法界"，僧院佛寺之地。唐呂溫《終南精舍月中聞磬聲》詩："偶來遊法界，便欲謝人群。"南宋釋慧空《與法界才庵主》詩："不動莖茅法界庵，庵中無物不同參。"

[四]"夙緣"，佛教語，前定的因緣。南宋白玉蟾《安分歌》："神仙有術非不傳，也要儂家有夙緣。"清汪德容《初夏遊靈鷲冷泉韜光三生石諸勝三首》其二："遺事緬澤公，夙緣洵堪羨。"

[五]"蘿"，《玉篇・艸部》："女蘿，托松而生。"唐杜甫《佳人》詩："侍婢賣珠迴，牽蘿補茅屋。""重泉"，九泉，死者所歸。南朝梁江淹《雜體詩・效潘岳》："美人歸重泉，淒愴無終畢。"北宋蘇軾《祭單君貺文》："雲何不吊，銜痛重泉。"

　　［六］“韻事”，風雅之事，此處指文人的詩歌吟詠活動。清安鼎奎《竹林飲酒》詩：“七賢韵事傳千古，六逸高情總絕才。”林朝崧《次韻酬王箴盤》詩：“洛苑風流談在昔，福臺韻事繼從今。”

四十六　清周松淳滴水岩摩崖詩刻

圖六七　採自網友"浙江 lsjyzwcwq"的新浪博客，網址為
https://blog. sina. com. cn/u/1539583024

　　題解：鐫刻在麗水市縉雲縣壺鎮滴水岩聖岩寺旁的岩壁上，吳廷康摩崖詩刻的上方，摩崖，一方，七言律詩一首，原刻題作《重建聖岩寺落成》，且詩末題記中見有"周松淳"之作者署名。通篇豎寫陰刻，楷書，詩末題記："時道光壬寅年春月周松淳題。"

　　《光緒縉雲縣志》卷五《寺觀志》"聖巖寺"條目："道光二十年，重建（聖巖寺）。"結合題記內容推知，此詩乃道光二十二年

（一八四二），縉雲邑人周松淳為慶賀聖巖寺重新落成而作。

縉雲縣文物管理委員會《縉雲文物錄》，見有釋文。筆者二〇一七年八月二一日訪石時，未曾覓見。題解中所記詩刻形制及以下釋文，皆據新浪博客：https：//blog. sina. com. cn/u/1539583024。

釋文：天然石室尚玲瓏，廟貌重新此地中[一]。鑿破懸巖開聖域[二]，釀回滴水開神工[三]。圖終罔恤移山誚[四]，創始全憑集腋功[五]。且喜經營差遂志，莊嚴法相永尊崇。

校注：

[一] 據《光緒縉雲縣志》卷五“寺觀志”載，道光二十年，縉雲邑人重修聖巖寺。

[二] “懸巖”，滴水巖。

[三] “神工”，人工所不能及的精巧技藝。出《莊子·達生》：“梓慶削木為鐻，鐻成，見者驚猶鬼神。”元吳萊《大食瓶》詩：“晶瑩龍宮獻，錯落鬼斧鐫。”

[四] “移山”，移動山岳。出《列子·湯問》所載愚公移山的寓言。

[五] “集腋”，積少成多。清王蔭桐《倡修登瀛橋費款太鉅負債難償賦詩三首》其一：“成裘集腋頻經歲，釀蜜添須尚待年。”

四十七　清郭秀山小石門摩崖詩刻

圖六八　溫溪鎮沙埠村頭，筆者攝　　　圖六九　白雲寺今貌，筆者攝

圖七〇 詩刻今貌，筆者攝

　　題解：鐫刻在麗水市青田縣溫溪鎮沙埠村"小石門"景區白雲寺後面的岩壁上，摩崖，一方，七言律詩一首，原刻題作"武生郭鴻飛光緒廿二年夏季、董事監生郭顯唐、□□王均□□詩一首"，且詩題後附見有"老民郭秀山"之作者署名。詩刻面積大約一平米，通篇豎寫陰刻，自上而下、自右向左，連同詩末題記，共計七行，滿行十五個字，字徑約六釐米，行書。

　　詩刻的首三行，為詩題與作者署名；其餘四行，為詩句與題記。

其中，詩末題記作："本城庠生徐兆芳錄。"據詩題及題記內容知，此詩的撰作者和書丹者分別是"郭秀山"、"徐兆芳"，時間是在光緒二十二年（一八九六）。郭、徐二人，文獻失載。不過，據"老民"與"本城庠生"之銜名推測，此二人應為青田縣百姓。

此方摩崖詩刻，王友忠《青田文物圖集》第一四〇頁、徐文平《石門洞摩崖石刻與碑刻》第一八三至一八四頁、吳志華《處州金石》下冊第九九八頁，以及《古韻探索：青田縣第三次全國文物普查成果集》第五二頁，皆有釋文。筆者二〇二〇年七月十九日訪石。以下校錄，參校以《古韻探索：青田縣第三次全國文物普查成果集》。

釋文： 石門古刹與天齊[一]，乘勝登臨萬壑低[二]。策仗遠尋芳草地[三]，芒鞋偏踏落花泥[四]。山僧款客臨流坐[五]，野鳥驚人隔墻啼[六]。回首欲歸山色晚[七]，一聲樵唱夕陽西[八]。

校注：

[一] "石門"，溫溪鎮沙埠村"小石門"景點。《光緒青田縣志》載，清順治年間，"有楚僧徘徊其下，曰：'此中有異。'附蔓披榛而上，見石峰開小徑，左右各通一門，僅容一人入。前羅疊嶂，不容寸隙；其後石間平地，恰可結茅瓢數楹。左門有古梅穿出石磴，上止見頂，下露其根，於生石中而不見；右門芙蓉一本，高二丈許，亦生岩上，立其上可望江潮。有小石蟀，垂線數百丈，不能窮其底。"此處載記中的景物與事象，在今"小石門"附近皆可覓見。"古刹"，指溫溪鎮小石門景觀前之"白雲寺"。"與天齊"，極言小石門及白雲寺地勢之高。

[二] "登臨"，登山臨水。唐杜甫《登樓》詩："花近高樓傷客心，萬方多難此登臨。錦江春色來天地，玉壘浮雲變古今。"北宋王安石《桂枝香·金陵懷古》詞："登臨送目，正故國晚秋，天氣初肅。千裏澄江似練，翠峰如簇。""萬壑"，群山。出南朝宋劉義慶《世說新語·言語》："顧長康從會稽還，人問山川之美。顧雲：'千岩競秀，萬壑爭流，

草木蒙籠其上，若雲興霞蔚。’”後用以形容峰巒極多。北宋王禹偁《村行》詩：“萬壑有聲含晚籟，數峰無語立斜陽。”

[三]“策仗”，拄杖而行。“仗”，持，握。《史記·淮陰侯列傳》：“信仗劍從之。”“策”，拐杖。《文選·孫綽〈遊天臺山賦〉》：“被毛褐之森森，振金策之鈴鈴。”李善注：“金策，錫杖也。”明皇甫沖《於巖石上眺東西兩湖》詩：“倚策眺兩湖，波光渙相襲。”“芳草地”，芳草覆蓋之地。

[四]“芒鞋”，草鞋。北宋蘇軾《定風波·莫聽穿林打葉聲》詞：“竹杖芒鞋輕勝馬，誰怕？一蓑煙雨任平生。”“偏”，副詞，表示意願。唐蓋嘉運《伊川歌五首》其三：“可憐閨裏月，偏照漢家營。”“踏”，踩。“落花泥”，夾雜花瓣的泥土。

[五]“山僧”，寄居在山間寺院中的僧人。北周庾信《臥疾窮愁》詩：“野老時相訪，山僧或見尋。”唐劉長卿《尋盛禪師蘭若》詩：“山僧獨在山中老，唯有寒松見少年。”北宋王銍《明覺山中始見梅花戲呈妙明老》詩：“詩成火暖夜堂深，擁爐細與山僧說。”“款客”，款待來客。“流”，水流，特指下游部分。《廣雅·釋詁一》：“流，末也。”王念孫《疏證》：“水本曰源，末曰流。”《論語·子張》：“紂之不善，不如是之甚也；是以君子惡居下流，天下之惡皆歸焉。”

[六]“驚人”，野鳥的鳴叫使作者感到驚奇。“啼”，鳴叫。唐李白《朝發白帝城》詩：“兩岸猿聲啼不住，輕舟已過萬重山。”杜甫《江畔獨步尋花七絕句》其六：“留連戲蝶時時舞，自在嬌鶯恰恰啼。”

[七]作者興盡而歸時發現天色已晚，而此時的山間景色卻呈現出別樣之緻。此句意在說明此地景色宜人，以致作者流連忘返。

[八]“樵唱”，樵夫所唱之歌。唐孟浩然《澗南園即事貽皎上人》詩：“釣竿垂北澗，樵唱入南軒。”柳宗元《郊居歲暮》詩：“野迥樵唱來，庭空燒爐落。”此句描寫了作者返程時見到的景緻：夕陽西下之際，作者透過山林，聽到了樵人嘹亮的歌聲。

四十八　民國時期黃端履仙都摩崖詩刻

圖七一　初陽谷今貌，筆者攝

圖七二　詩刻今貌，筆者攝

題解：鐫刻在麗水市縉雲縣仙都景區初暘山初陽谷（洞名）石壁上，摩崖，一方，七言絕句四首，原刻無詩題，但詩前序文中見有"知縉雲縣事金山黃端履"之作者署名。此方詩刻，橫長一三三釐米、縱高九三釐米，通篇豎寫陰刻，自上而下、自右向左，連同詩前序文與詩後題記，共計十六行，滿行十二個字，字徑約八釐米，隸書，字跡舒朗。其中，首五行為序文，末行為題記，中間十行為詩句，兩首七言絕句之間，有約佔一個字的空格。

詩前序文作："中華民國十五年丙寅夏月因/公赴東鄉壺鎮，道經仙都，憩於/第三小學校。校長王君肅夫導/遊初暘山、倪翁洞，得詩四章，泐/諸山石①，藉誌鴻爪。”末行題記作：“知縉雲縣事金山黃端履留題。”由此可見，此詩乃民國十五年（一九二六）縉雲縣長黃端履所題。據上海市圖書館藏宣統二年《金山黃氏族譜》載，黃端履，字芳墅，上海金山人，著有《北遊吟草》等。

此方詩刻，吳志華《處州金石》下冊第一〇六七頁，已見釋文。筆者二〇一六年四月九日初次訪石。以下校錄，參校以《處州金石》。

釋文：日涌扶桑眼界開[一]，高峯第一數蓬萊。仙源猶在人間世[二]，恍覿倪翁入座來[三]。

摳衣緩步躡雲梯[四]，月井紺寒注練溪[五]。指點好山風景好，亂峯擁翠覺天低[六]。

玲瓏石竅本天成[七]，老樹槎枒洞口橫[八]。咳唾響岩作長嘯[九]，如聞姑婦 念 經聲[一〇]。

塵飛不到隔人寰[一一]，惟有閒雲自往還。我悅不如樊御史[一二]，一官匏繫負名山[一三]。

校注：

[一]“扶桑”，太陽升起的地方。西晉陸機《日出東南隅行》詩：“扶桑開朝暈，此高臺端。”左思《吳都賦》：“行乎東極之外，經扶桑之中林。”

[二]“峯”，《處州金石》作“峰”，“峯”與“峰”同。“仙源”，指陶淵明《桃花源記》中描繪的理想境地“桃花源”。唐王維《桃源行》詩：“春來遍是桃花水，不辨仙源何處尋。”明吳承恩《桃源圖》詩：“仙源錯引漁舟入，惱亂桃花自在春。”

[三]“恍”，仿佛，好像。北宋蘇軾《滿江紅·懷子由作》詞：

————————————

① “泐”，與“勒”同。

"相看恍如昨，許多年月。"清曹雪芹《香菱詠月》詩："只疑殘粉塗金砌，恍如輕霜抹玉欄。""覩"，《處州金石》釋作"睹"，"覩"與"睹"同。《說文·目部》："睹，古文從見。"

[四]"聶"，《處州金石》釋作"囁"。

[五]"月"，《處州金石》釋作"丹"。"月井"，天井。唐李商隱《燒香曲》："露庭月井大紅氣，輕衫薄細當君意。"明屈大均《高廉雷三郡旅中寄懷道香樓內子五首》其二："丹井蜘蛛度，花軒翡翠過。""紺"，《玉篇·糸部》："深青也。""紺寒"，青且寒。明胡居仁《題濂溪舊隱》詩："紺寒清潔古濂溪，緬想當年有道居。"清徐紹基《春仲省墓》詩："蜿蟺九壚山，紺寒雲氣垂。""練溪"，水名，橫貫仙都。

[六]"峯"，《處州金石》釋作"峰"，"峯"與"峰"同。《集韻·鐘韻》："峯，或書作峰。""伍"，《處州金石》釋作"低"，"伍"與"低"同。《廣韻·齊韻》："低，俗作伍。"

[七]"石竅"，石洞。唐薛能《西縣道中有短亭岩穴，飛泉隔江灑至，因成二首》其一："風涼津濕共微微，隔岸泉衝石竅飛。"南宋陸遊《山園書觸目》詩："瘦篁穿石竅，古蔓絡松身。"

[八]"槎枒"，樹木枝杈歧出貌。唐元稹《寺院新竹》詩："槎枒矛予戟合，屹仡龍蛇動。"明李東陽《悼手植檜次匏庵先生韻》詩："槎枒插高空，突兀撐重門。"

[九]"咳唾"，喻指產生聲響，出《莊子·雜篇·漁父》："竊待於下風，幸聞咳唾之音以卒相丘也。"清袁枚《觀大龍湫作歌》："繼疑玉龍耕田倦，九天咳唾脣流涎。"

[一〇]"念"，原刻已磨平，此處據文義補，《處州金石》未能釋讀。

[一一]"塵飛"，飛揚之塵土，此處引申作戰爭災害。唐佚名《征步郎》詩："塞外虜塵飛，頻年度磧西。"金雷淵《賦劉京叔歸潛堂》詩："貪狼有芒金失光，塵飛四海俱皇皇。""人寰"，人間。唐秦系《題茅山李尊師山居》詩："此去人寰今遠近，回看雲壑一重重。"北宋王安石《送吳顯道五首》其一："沛然乘天遊，下看塵世悲人寰。"

　　[一二]"怳",《處州金石》釋作"愧"。"怳",失意貌。《楚辭·九歌·少司命》:"望美人兮未來,臨風怳兮浩歌。"王逸注:"怳,失意貌。"唐李白《草書歌行》:"怳怳如聞神鬼驚,時時只見龍蛇走。""樊御史",縉雲鄉賢樊獻科。

　　[一三]"繫",《處州金石》作"系","繫"與"系"同。《說文》:"系,繫也,從系,……或從𣪠。""匏繫",出《論語·陽貨》:"吾豈匏瓜也哉!焉能系而不食?"清劉寶楠《論語正義》:"匏瓜以不食,得系滯一處。"喻不為時用。葉德輝《張桂岩賜寧山水》詩:"畫得江山助更奇,一官匏繫樂清時。"

四十九　民國時期何遂仙都摩崖詩刻

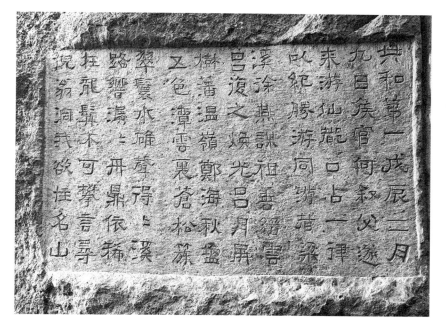

圖七三　詩刻今貌，筆者攝

　　題解：鐫刻在麗水市縉雲縣仙都景區初暘山初陽谷（洞名）石壁上，摩崖，一方，五言律詩一首，原刻無詩題，但詩前序文中見有"侯官何敘父遂"之作者署名。此方詩刻，橫長一五〇釐米、縱高九五釐米，通篇豎寫陰刻，自上而下、自右向左，連同序文，共計十二行，每行八個字，字徑約十釐米，隸書，字跡舒朗。其中，首七行為序文，末五行為詩句正文。

詩前序文作："共和第一戊辰二月/九日，侯官何敘父遂/來遊仙都，口占一律/以紀勝遊。同遊者梁/溪徐燕謀祖善，縉雲/呂複之煥光、呂月屏/樹藩，溫嶺鄭海秋鹽。"可見，此詩乃民國十七年（一九二八）國民籍將領何遂遊初陽谷時口占。何遂，系為辛亥革命元老，曾任黃埔軍校教育長、國民政府立法院軍事委員會委員長等職。新中國建立後，擔任過華東軍政委員會委員兼政法委員會副主任、司法部部長，一九六八年病逝於北京。

此方摩崖詩刻，吳志華《處州金石》下冊第一〇六九頁、徐文平《處州摩崖石刻》第一九〇至一九一頁，均見有釋文。筆者二〇一六年四月七日初次訪石。以下校錄，參校以《處州金石》。

釋文：五色潭雲裏，蒼松簇翠鬟[一]。水礁聲得 得 [二]，溪路響潺潺[三]。丹鼎依稀在[四]，龍髯不可攀[五]。言尋倪翁洞，我欲住名山。

校注：

[一]"翠鬟"，秀麗的山巒。北宋楊萬里《題王亞夫檢正峴湖堂》詩："翠鬟夜欲凌波去，玉鏡晨當掃黛初。"明袁黃《鷓鴣天·題村叟屋壁》詞："數疊煙林散翠鬟，莫嫌此地少青山。"

[二]第二個"得"，原刻僅殘存右上角之"日"部，《處州金石》據殘痕及文義補。"得得"，象聲詞，與蹄聲相類。北宋楊萬里《過松源晨炊漆公店六首》其六："正是行人腸斷時，子規得得向人啼。"清黃景仁《道中秋分》詩："瘦馬羸童行得得，高原古木聽空空。"

[三]"潺潺"，象聲詞，水流動的聲音。南唐李煜《浪淘沙令》詞之上闋："簾外雨潺潺，春意闌珊。羅衾不耐五更寒。夢裡不知身是客，一晌貪歡。"北宋蘇軾《梅花二首》其一："春來幽谷水潺潺，的皪梅花草棘間。"

[四]"丹鼎"，煉丹所用之鼎。唐盧照鄰《贈李榮道士》詩："園洞開丹鼎，方壇聚絳雲。"金元好問《遊天壇雜詩十三首》其五："同向

燕家舐丹鼎，不隨雞犬上青雲。"

　　[五] "龍髯"，龍鬚。出《史記·封禪書》："黃帝采首山銅，鑄鼎於荊山下。鼎既成，有龍垂胡顏下迎黃帝。黃帝上騎，群臣後宮從上者七十餘人，龍乃上去。餘小臣不得上，乃悉持龍顏，龍顏拔，墜黃帝之弓。百姓仰望黃帝既上天，乃抱其弓與胡顏號，故後世因名其處曰鼎湖，其弓曰烏號。"唐李嶠《汾陰行》詩："珠簾羽扇長寂寞，鼎湖龍鬚安可攀？"

五十　民國時期許劍華仙都摩崖詩刻

圖七四　詩刻今貌，筆者攝

題解：鐫刻在麗水市縉雲縣仙都景區初暘山讀書洞前的石壁上（"旭山"兩個楷體大字摩崖的左下方），摩崖，一方，七言絕句一首，原刻無詩題，但詩末題記中見有"象山許劍華"之作者署名。詩刻橫長四〇釐米、縱高八〇釐米，通篇豎寫陰刻，自上而下、自右向左，連同詩末題記，共計五行，滿行十個字，字徑約六釐米，隸書。其中，詩末題記作："戊辰春莫，象山許劍華題。"而此則題記之後，又摹刻有許劍華篆書陰文名章與閑章各一枚。

據象山縣政協文史委一九九一年所編《象山文史資料》載，許劍華，字瀛非，又字去非，象山縣東陳西山村人，生於清光緒二十二年（一八九六），幼年失怙，事母甚孝。及長，入私塾，後考入浙江法政學校。畢業後，適象山姜梅塢先生創建華北大學，並受聘是校任教。一九二六年春，考取縣長職，分發縉雲。到任后，劍華大力整飭煙苗，深得士民擁戴。但因劣紳攻許，他任職縉雲前後僅約八個月。去職後，返回象山。鄉居期間，創辦西山行餘小學，以教授家鄉子弟。一九五〇年七月病逝。結合許劍華生平行跡推測，摹刻在初暘山石壁上的這首七絕，應系許氏剛到縉雲縣時作。彼時的許劍華，正躊躇滿志，渴望一展拳腳以造福縉雲鄉里。

徐文平《處州摩崖石刻研究》第三二七頁，已見釋文。筆者二〇一六年四月七日初次訪石。以下校錄，參校《處州摩崖石刻研究》。

釋文：馬迹龍鬐玉筍妍[一]，初暘泉石出天然[二]。何如唐令留遺愛[三]，長伴倪翁洞裡仙[四]。

校注：

[一]"筍"，《處州摩崖石刻研究》作"笋"，"筍"與"笋"同。《集韻·準韻》："筍，竹胎也。或作笋。"今"笋"字通行。"妍"，《處州摩崖石刻研究》作"研"，"妍"與"研"通。《釋名·釋姿容》："妍，研也。研精於事宜，則無蚩繆也。"王先謙《疏證補》引葉德炯

曰："妍、研聲義相通。""馬迹"，喻指黄帝在仙都留下的痕跡。"玉
笥"，鼎湖峰。

[二]"暘"，《處州摩崖石刻研究》作"阳"。"暘"，太陽在雲層
里忽隱忽現貌。《說文·日部》："暘，日覆雲暫見也。"段玉裁注："覆
雲者，揜於雲；暫見者，倏見也。"

[三]"畱"，《處州摩崖石刻研究》作"留"，"畱"為"留"之俗
字。《正字通·邑部》：畱，"俗畱字"。"畱"又與"留"同，《類篇·
田部》："留，或作畱。"

[四]"倪翁"，范蠡之師，相傳曾隱居在初暘山。

五十一　民國時期曹樹屏仙都摩崖詩刻

圖七五　位於初暘山山頂的"和暘亭"，筆者攝

圖七六　詩刻今貌，筆者攝

　　題解：鐫刻在麗水市縉雲縣仙都景區初暘山下公路旁岩壁上，摩崖，一方，五言絕句一首，原刻無詩題，但末行題記中見有“曹樹屏”之作者署名。此方詩刻，橫長八二釐米、縱高八十釐米，通篇豎寫陰刻，自上而下、自右向左，連同詩前序文與末行題記，共計八行，滿行十一個字，字徑約十釐米，行書。其中，首三行為序文，末行為署名題記，中間四行為詩句。

　　詩前序文作：“三十四年三月偕南通同鄉╱成仲實科長武義徐志昌╱主任同遊偶題。”末行題記作：“曹樹屏志。”據序文與題記內容可知，此詩乃中華民國三十四年（一九四五），南通籍縉雲縣政府工作人員曹樹屏，與同在縉雲縣政府任職的同鄉成仲實、武義徐志昌二人，一同遊覽仙都初暘山時題作。

　　此方詩刻，吳志華《處州金石》下冊第一〇八六頁，已見釋文。筆者二〇一六年四月七日初次訪石。以下校錄，參校以《處州金石》。

　　釋文：聞說仙都好[一]，春朝結伴遊[二]。奇峰七十二[三]，個個俯清流[四]。

　　校注：

　　[一] “聞說”，聽說。唐孟浩然《洛中訪袁拾遺不遇》詩：“聞說梅花早，何如北地春。”李端《送友人》詩：“聞說湘川路，年年吊古多。”

　　[二] “春朝”，春天的早晨，泛指春天。唐元稹《酬樂天三月三日見寄》詩：“獨倚破簾閒悵望，可憐虛度好春朝。”劉禹錫《秋詞》詩：“自古逢秋悲寂寞，我言秋日勝春朝。”

　　[三] 此句極言仙都景色之佳。

　　[四] “清流”，清澈的流水。唐李白《田園言懷》詩：“何如牽白犢，飲水對清流。”南唐李煜《遊後湖開宴賞蓮花作》詩：“滿目荷花千萬頃，紅碧相雜敷清流。”

詩　碑　篇

五十二　明高汝行石門洞詩碑

圖七七　劉基祠今貌，筆者攝

圖七八　詩刻今貌，筆者攝

圖七九　詩刻拓片，採自徐文平《石門洞摩崖石刻與碑刻》，第一〇七頁

　　題解： 鑲嵌在麗水市青田縣石門洞景區劉基祠東南面外側牆壁上，石碑，一方，七言律詩一首，原刻題作《石門洞一首》，且詩末見有"東莊高汝行"之作者署名。詩碑碑面橫長三三釐米、縱高七六釐米，通篇豎寫陰刻，自上而下、自右向左，連同末行署名，共計十二行，每行五到六字不等，字徑約三釐米，行書。

　　據《道光太原縣志》卷十《人物志》載，高汝行，字修古，太原縣（今太原市晉源區）東莊人，明武宗正德十五年（一五二〇）進士，曾任浙江按察司副使，歸里後創修邑志①，是為嘉靖三十年（一五五一）刊印的《嘉靖太原縣志》。此首七律的撰作及鑴刻時間，當是高汝行在浙江按察司副使任上時。據高汝行生平行跡推測，高汝行擔任浙江按察司副使的具體時間，應是在嘉靖元年到三十年間（一五二二至一五五一）。此詩的撰作和勒刻時間，可系年於此。

　　此方詩刻，《光緒青田縣志》卷七《古跡志》第三四一頁，以及青田縣文管會《石門洞太鶴山摩崖碑碣》第四八頁、王友忠《青田文物圖集》第二一一頁、徐文平《石門洞摩崖石刻與碑刻》第一〇七頁、吳志華《處州金石》下冊第二九〇頁，均見有釋文。筆者二〇一八年五月一日初次訪碑。以下校錄，參校以《光緒青田縣志》。

　　釋文： 石門誰鑿碧山隈[一]，為愛幽奇幾度來[二]。瀑布直從天外落[三]，畫屏橫向雨中開[四]。雲封洞口留玄鶴[五]，風過灘頭失怒雷[六]。洗淨塵煩聊一句[七]，龍湫何用訪天臺[八]。

　　校注：

　　[一] "碧山"，青山。南朝梁江淹《悼室人十首》其十："掩映金淵側，遊豫碧山隈。"南唐馮延巳《酒泉子》詞："芳草長川，柳映危橋

---

　　① 道光《太原縣志》卷一〇《人物志》，臺灣成文出版社有限公司1976年影印本，第527頁。

橋下路。歸鴻飛,行人去,碧山邊。”“隈”,山邊彎曲處。《管子·形勢》:“大山之隈,奚有於深。”尹知章注:“隈,山曲也。”《楚辭·九章·思美人》:“指嶓塚之西隈兮,與纁黃以為期。”

[二]“幽奇”,清幽奇妙的景物。唐白居易《裴侍中以集賢林亭即事》詩:“沿洄無滯礙,嚮背窮幽奇。”北宋梅堯臣《寄滁州歐陽永叔》詩:“爛漫寫風土,下上窮幽奇。”“幾度”,幾次。明楊慎《臨江仙》詞:“青山依舊在,幾度夕陽紅。”

[三]“天外”,天之外,極言高遠。戰國楚宋玉《大言賦》:“方地為車,圓天為蓋,長劍耿倚天外。”唐崔顥《行經華陰》詩:“岧嶤太華俯咸京,天外三峰削不成。”

[四]“畫屏”,繪有圖畫的屏風,喻指景色秀美如畫。唐李白《贈崔秋浦》詩:“水從天漢落,山逼畫屏新。”孟浩然《與王昌齡宴王道士房》詩:“書幌神仙篆,畫屏山海圖。”

[五]“玄”,《光緒青田縣志》作“元”。“玄鶴”,黑鶴。西晉崔豹《古今注·鳥獸》:“鶴千歲則變蒼,又二千歲變黑,所謂玄鶴也。”唐孫氏《聞琴》詩:“近比流泉來碧嶂,遠如玄鶴下青冥。”

[六]“灘頭”,水漲淹沒、水退顯露的淤積平地。唐劉禹錫《送景玄師東歸》詩:“灘頭躑躅挑沙菜,路上停舟讀古碑。”北宋蘇軾《八月七日初入贛,過惶恐灘》詩:“七千裏外二毛人,十八灘頭一葉身。”

[七]“塵煩”,人世間的煩惱。唐戴叔倫《留宿羅源西峰寺示輝上人》詩:“一宿西峰寺,塵煩暫覺清。”韋應物《喜園中茶生》詩:“潔性不可汙,為飲滌塵煩。”“句”,《光緒青田縣志》作“勺”。

[八]“龍湫”,《正字通·水部》:“懸瀑水曰龍湫。”唐釋貫休《諾矩羅贊》:“雁蕩經行雲漠漠,龍湫宴坐雨濛濛。”杜荀鶴《送吳蜕下第入蜀》詩:“鳥徑盤春靄,龍湫發夜雷。”

五十三　明鄭毅石門洞詩碑

圖八〇　詩刻今貌，筆者攝

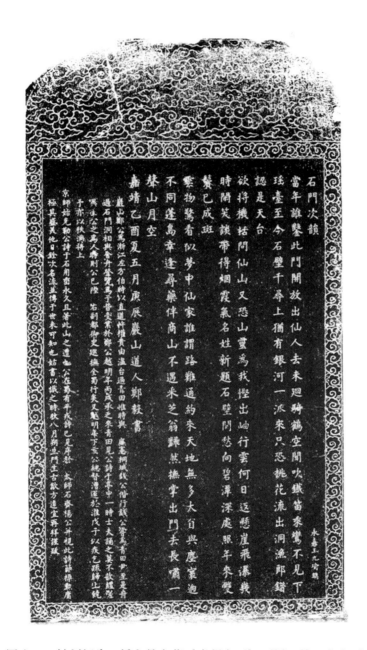

石門次韻

當年誰鑿此門開　放出仙人去未廻　驂鶴空開吹鐵笛　來鸞不見下
瑤臺　至今石壁千尋上　猶有銀河一派來　只恐桃花流出洞　漁郎錯

認是天台

欲將機括問仙山　又恐山靈為我慳　出岫行雲何日返　懸崖飛瀑幾
時閒　笑談帶得煙霞氣　名姓新題石壁閒　愁向碧潭深處照　年來變

髮已成斑

雲物驚看似夢中　仙家誰謂路難通　約來天地無多大　自與塵寰迥
不同　蓬島幸逢尋藥伴　商山不遇采芝翁　蹻然撫掌出門去　長嘯一

聲山月空

嘉靖乙酉夏五月庚辰　巖山道人鄭毅書

永嘉王元宗題

巖山鄭公為浙江左方伯時以直道忤權貴由温臺道遷興
邊石門洞相與會弁登覽焉于晉其景林歟公越明年丙戌承之來青田見公詩十季中一時士夫羨之莫不歡踴隆
慶戊午公之馬人壽則公已隆　右刻都御史避編金蜀行夫又醮明年下黃公總督灌運於淮戌午以疾卒諸歸隆出統
于亦山峽鴆詩上　嘉嘉桐城後公術行戮　公嘗為青田尹臺
京師結先動公詩于石用密永久且著此山之道也公在為有年戌詩已見庫愁　太師石碌楊公平視此詩諸標東庵
極其盛美他日越次名流並傳于世未可知也姑書以鐫之　時欣八月朔旦門生古歙方遵宣賀祥謹跋

圖八一　詩刻拓片，採自吳志華《處州金石》下冊，第二七七頁

　　題解：豎立在麗水市青田縣石門洞景區碑廊內，石碑，一方，七言律詩三首，總題"石門次韻"。此方詩碑，高一三六釐米、寬七五釐米、厚八釐米，碑面周邊鐫勒有精美的雲紋圖案，通篇豎寫陰刻，自上而下、自右向左，連同詩前總題與詩後題記，共計十七行，楷書，書體清秀。三首七律，字徑約三釐米；總題與跋語，字徑約二釐米。其中，總題後有刻工署名："永嘉王九瑜鐫。"詩末題記作："嘉靖乙酉夏五月庚辰巖山道人鄭毅書。"

　　此外，末行題記後，又有一則字跡相同但略小的跋語："巖山鄭公為浙江左方伯，時以直道忤權貴，由溫臺過青田。惟時，與廉憲桐城錢公偕行。錢公嘗為青田尹，至是，舟/過石門洞，相與舍舟登覽焉。予昔受業於鄭公，越明年丙戌，承乏來青田，見公詩於亭中，一時士夫誦之，莫不歆艷嗟/異，重公之為人。時則公已陞右副都禦史，巡撫全蜀行矣。又越明年丁亥，公總督漕運於淮。戊子，以疾乞疏歸上饒/。予亦以秩滿將上/京師，始克勒公詩於石，用垂永久，且著此山之遭也。公在蜀有平戎詩，已見序於。太師石齋楊公，並視此詩。節操勳庸/，極其盛美。他日銓次名流，並傳於世，未可知也。姑書以識之。時秋八月朔旦，門生古歙方遠宜再拜謹跋。"此則跋語，出自鄭毅門人方遠宜之手。據跋語內容知，此方詩碑所見三首七律，系為明嘉靖四年（一五二五）由時任浙江左布政使鄭毅（江西上饒籍）撰作，嘉靖七年（一五二八）鄭毅門人方遠宜將三詩書丹并命人刊之於石。

　　《光緒青田縣志》卷七《古跡志》第三三九至三四〇頁，以及青田縣文管會《石門洞太鶴山摩崖碑碣》第四六至四七頁、王友忠《青田文物圖集》第二一〇至二一一頁、徐文平《石門洞摩崖石刻與碑刻》第一〇四頁、吳志華《處州金石》下冊第二七六頁，皆見有釋文。筆者二〇一八年五月一日初次訪碑。以下校錄，參校以《光緒青田縣志》。

　　釋文：當年誰鑿此門開^[一]，放出仙人去未廻^[二]。騎鶴空聞吹鐵笛^[三]，乘鸞不見下瑤臺^[四]。至今石壁千尋上^[五]，猶有銀河一派來^[六]。只恐桃花流出洞^[七]，漁郎錯認是天臺^[八]。

欲將機括問仙山^[九]，又恐山靈為我慳^[一〇]。出岫行雲何日返^[一一]，懸崖飛瀑幾時閑^[一二]。笑談帶得煙霞氣^[一三]，名姓新題石壁間^[一四]。愁向碧潭深處照，年來雙鬢已成斑。

雲物驚看似夢中^[一五]，仙家誰謂路難通^[一六]。約來天地無多大^[一七]，自與塵寰迥不同^[一八]。蓬島幸逢尋藥伴^[一九]，商山不遇采芝翁^[二〇]。翻然撫掌出門去^[二一]，長嘯一聲山月空^[二二]。

校注：

[一] “當年”，昔年。《晉書·文苑傳序》：“《翰林》總其菁華，《典論》詳其藻絢，彬蔚之美，競爽當年。”唐鄭谷《贈下第舉公》詩：“見君失意我惆悵，記得當年落第情。”“鑿”，《集韻·號韻》：“穿空也。”《詩經·豳風·七月》：“二之日，鑿冰沖沖。”唐李白《丁都護歌》：“萬人鑿盤石，無由達江滸。”

[二] “放出”，釋放。《漢書·貢禹傳》：“放出園陵之女，罷倡樂，絕鄭聲。”唐白居易《七德舞》詞：“怨女三千放出宮，死囚四百來歸獄。”“仙人”，傳說中長生不老或具有神通的人。《史記·秦始皇本紀》：“於是遣徐市發童男女數千人，入海求僊人。”“僊”與“仙”同。《說文·人部》：“僊，長生僊去。”段玉裁注：“《聲類》：‘仙，今僊字。’蓋仙行而僊廢矣。”“迴”，《光緒青田縣志》作“迴”，“迴”與“迴”同。

[三] “騎鶴”，乘鶴雲遊。唐賈島《遊仙》詩：“歸來不騎鶴，身自有羽翼。”南宋舒坦《和劉理西湖十洲·月島》：“何人騎鶴上瀛洲，清影明波正九秋。”“鐵笛”，鐵製的笛子。南宋白玉蟾《五曲鐵笛亭》詩：“月冷山空吹鐵笛，一聲喚起玉淵龍。”元薩都剌《升龍觀夜燒香印上有呂洞賓老樹精》詩：“鐵笛一聲吹雪散，碧雲飛過岳陽樓。”

[四] “乘鸞”，相傳春秋時蕭史娶秦穆公之女弄玉，玉吹簫引來鸞鳳，夫婦隨之仙去。後因以“乘鸞”喻指成仙。唐李群玉《玉真觀》

詩:“高情帝女慕乘鸞,紺髮初簪玉葉冠。”“瑤臺”,美玉砌成的臺案,古人想像中的神仙居所。明吳承恩《西遊記》第二十六回《孫悟空三島求方,觀世音甘泉活樹》:“瑤臺影蘸天心冷,巨闕光浮海面高。”

〔五〕“千尋”,八尺為一尋,喻指極高或極長。唐劉禹錫《西塞山懷古》詩:“千尋鐵索沉江底,一片降幡出石頭。”南宋陸遊《浪淘沙·丹陽浮玉亭席上作》之下闋:“清淚泹羅巾,各自消魂。一江離恨恰平分。安得千尋橫鐵索,截斷煙津?”

〔六〕“銀河”,亦稱雲漢、天河、天漢、星河、銀漢,神話中天上的河流。《詩經·小雅·大東》:“維天有漢,監亦有光。跂彼織女,終日七襄。”隋江總《內殿賦新詩》:“織女今夕渡銀河,當見新秋停玉梭。”“一派”,一條水流。唐劉威《黃河賦》:“惟天河之一派,獨殊類於百川。”北宋魏野《登原州城呈張賁從事》詩:“數聲塞角高還咽,一派涇河凍不流。”

〔七〕“桃花”,桃樹所開之花。南朝梁劉勰《文心雕龍·物色》:“‘灼灼’狀桃花之鮮,‘依依’盡楊柳之貌。”唐張志和《漁夫》詞:“西塞山前白鷺飛,桃花流水鱖魚肥。”

〔八〕“漁郎”,年輕的漁夫。唐許渾《瀟上逢元九處士東歸》詩:“舊交已變新知少,卻伴漁郎把釣竿。”南宋謝枋得《慶全庵桃花》詩:“花飛莫遣隨流水,怕有漁郎來問津。”

〔九〕“機括”,心思。唐王昌齡《東京府縣諸公與綦毋潛李頎相送至白馬寺宿》詩:“薄宦忘機括,醉來即淹留。”明宋濂《凝道記·終脣符》:“龍門子生龍門大山長轂間,質素渾樸,雖蚩人然。機括智謫之事,皆不能知,年十八猶挾書環堵中,連數月不出。”“仙山”,仙人所居之山。唐張九齡《感遇十二首》其五:“海山有仙山,歸期覺神變。”此處“仙山”,借指石門洞諸山。

〔一〇〕“山靈”,山神。《文選·班固〈東都賦〉》:“山靈護野,屬禦方神。”李善注:“山靈,山神也。”元房暤《送王升卿》詩:“我欲從君覓隱居,卻恐山靈嫌俗駕。”清林則徐《塞外雜詠》:“我與山靈相對笑,滿頭晴雪共難消。”“慳”,阻滯。唐杜甫《銅官渚守風》:“早泊雲物晦，逆行波浪慳。"仇兆鰲注："慳，阻滯難行也。"明湯顯祖《紫釵記·婉拒強婚》："這恩愛前慳後慳，這姻緣左難右難。"

[一一] "岫"，峰巒。"出岫"，從山中湧出。東晉陶淵明《歸去來兮辭》："雲無心以出岫，鳥倦飛而知還。"南宋辛棄疾《浣溪沙·賦清虛》："山上朝來雲出岫，隨風一去未曾回。""行雲"，流動的雲。曹魏曹植《王仲宣誄》："哀風興感，行雲徘徊，遊魚失浪，歸鳥忘棲。"唐盧照鄰《長安古意》詩："片片行雲著蟬鬢，纖纖初月上鴉黃。""返"，《說文·辵部》："還也。"唐崔顥《黃鶴樓》："黃鶴一去不復返，白雲千載空悠悠。"

[一二] "懸崖"，陡峭的山崖。南朝宋鮑照《岐陽守風》詩："廣岸屯宿陰，懸崖棲歸月。"唐劉長卿《望龍山懷道士許法稜》："懸崖絕壁幾千丈，綠蘿嫋嫋不可攀。""飛瀑"，瀑布。唐司空圖《二十四詩品·典雅》："眼琴綠陰，上有飛瀑。"清林則徐《即目》詩："飛瀑正拖千嶂雨，斜陽先放一峰晴。""閑"，《光緒青田縣志》作"閒"，"閒"與"閑"通。清段玉裁《說文解字注·門部》："閑，古多借為清閒字。"

[一三] "笑談"，談笑。北宋曾鞏《訪石仙岩杜法師》詩："君琴一張酒一壺，笑談袞袞樂有餘。"南宋岳飛《滿江紅》詞："壯志饑餐胡虜肉，笑談渴飲匈奴雪。待從頭，收拾舊山河，朝天闕。""煙"，《光緒青田縣志》作"烟"，"煙"與"烟"同，今"烟"字通行。"煙霞"，紅塵俗世。明葉憲祖《鸞鎞記·秉操》："一會價鼓琴邀夜月，一會價看鶴舞閒雲，不與那煙霞廝混。"

[一四] "名姓"，姓名。《史記·項羽本紀》："書足以記名姓而已。"清孫枝蔚《村居雜感》詩："雄心閒自笑，名姓竟誰知。""題"，《集韻·齊韻》："署也。"唐許渾《秋日行次關西》詩："還同長卿志，題字滿河橋。"

[一五] "雲物"，風光景物。唐趙嘏《汾上宴別》詩："雲物如故鄉，山川知異路。"南宋範成大《冬至日銅壺閣落成》詩："故園雲物知何似，試上東樓直北看。""驚看"，驚奇地注視。清劉大櫆《過沄上贈

鄧明府》詩："如今白髮同尊酒，拭淚驚看夢裏人。""夢中"，睡夢之中。《列子·周穆王》："西極之南隅有國焉，不知境界之所接，名古莽之國，陰陽之氣所不交，故寒暑亡辨；日月之光所不照，故晝夜亡辨。其民不食不衣而多眠，五旬一覺，以夢中所為者實，覺之所見者妄。"

[一六]"仙家"，仙人。唐雍裕之《四色》詩："道士牛已至，仙家鳥亦來。"清袁枚《隨園詩話補遺》卷三："餘遊黃山，見絕壁之上，刻'江麗田先生彈琴處'，疑是古之仙家者流。"

[一七]"約"，略計之詞，相當於"大約"。《三國志·魏志·華佗傳》："疾者前入坐，見佗北壁懸此虵輩，約以十數。"南宋許棐《鷓鴣天》詞："歸來玉醉花柔困，月濾窗紗約半更。""天地"，自然界。《莊子·天地》："天地雖大，其化均也。"南朝梁劉勰《文心雕龍·原道》："文之為德也大矣，與天地並生者何哉。"

[一八]"塵寰"，人世間。唐李群玉《送隱者歸羅浮》詩："自此塵寰音信斷，出川風月永相思。"南宋張元幹《永遇樂·宿鷗盟軒》詞："誰人著眼，放神八極，逸想寄塵寰外。"

[一九]"蓬島"，蓬萊山，神話中的東海神山。唐譚用之《貽淨居寺新及第》詩："三春蓬島花無限，八月銀河路更長。"五代韓熙載《書歌妓泥金帶》詩："他年蓬島音塵斷，留取尊前舊舞衣。"

[二〇]"商山"，又名楚山、商嶺、地肺山，在今陝西商縣東。唐司空曙《登秦嶺》詩："漢闕青門遠，商山藍水流。"武元衡《和楊弘微春日曲江南望》詩："商山將避漢，晉室正藩周。""采芝翁"，商山四皓。東晉皇甫謐《高士傳·四皓》："四皓者，河內軹人也，或在汲，一曰東園公，二曰用裏先生，三曰綺裏季，四曰夏黃公，皆修道潔己，非義不動。"四皓為避秦時亂，隱居於藍田山，采芝以度日。後因以"采芝翁"，喻指避世隱居者。南宋陸遊《對酒》詩："寄謝采芝翁，無為老青壁。"

[二一]"飜"，《光緒青田縣志》作"翻"，"飜"與"翻"同。《玉篇·飛部》："飜，亦作翻。""飜然"，突然改變貌。曹魏曹丕《與孟達書》："聞卿姿度純茂，器量優絕，當聘能明時，收名傳記。今者飜

然濯鱗清流，甚相嘉樂，虛心西望，依依若舊，下筆屬辭，歡心從之。"唐李頎《緩歌行》："一沉一浮會有時，棄我翻然如脫屣。""撫掌"，拍手，形容愉快、得意。北周庾信《哀江南賦》："陸士衡聞而撫掌，是所甘心；張平子見而陋之，固其宜矣。"唐李冗《獨異志》卷上："太宗撫掌，極歡而罷。"

〔二二〕"長嘯"，長聲吟嘯。西晉左思《蜀都賦》："猿狖騰希而競捷，虎豹長嘯而永吟。"北宋蘇軾《和林子中待制》詩："早晚淵明賦歸去，浩歌長嘯老斜川。"

五十四　明張孚敬石門洞詩碑

圖八二　詩刻今貌，筆者攝

圖八三　詩刻拓片，採自吳志華《處州金石》下冊，第二八九頁

　　題解： 豎立在麗水市青田縣石門洞景區碑廊內，石碑，一方，五言律詩一首，原刻題作《過石門洞》，且詩末題記中見有"永嘉蘿山張孚敬"之作者署名。碑面橫長九三釐米、縱高一六五釐米，通篇豎寫陰刻，自上而下、自右向左，連同詩末題記，共計十行，字徑約五釐米，行草書。碑面現已磨平，文字漫漶難識。吳志華《處州金石》下冊中所示拓本，卻文字清晰。

　　據《處州金石》書中所示拓本知，此詩末尾題記作："永嘉蘿山張孚敬。男遜業百拜謹書。/嘉靖癸巳，先老師文□□赴/曾過石門有作，久未礱石。乙卯冬，抱江顧公因遜業同侄子/人霖，取道於茲。談及先公遺跡，命工鐫之。時□□日溟，齋公贊/□湖王公樂賢□城□誠意伯懷□審公亦以眾好協議，垂諸不朽雲。/麗水朱□□。"這則題記中出現了撰作者"永嘉蘿山張孚敬"、書丹者"男遜業"，以及刻工"麗水朱□□"諸人。張孚敬，即明"大禮儀"事件中的張璁，"孚敬"為明世宗賜名。據張璁生平行跡可以推知，這首五言律詩，系為明世宗嘉靖十二年（一五三三）張璁沿甌江水道東往溫州期間，途徑今石門洞景區時賦作。嘉靖三十四年（一五五五），張璁之子張遜業將此詩書丹，並交麗水刻工朱某上石立碑。

　　此方詩碑，青田縣文管會編《石門洞太鶴山摩崖碑碣》第四九至五〇頁、王友忠《青田文物圖集》第二一一頁、徐文平《石門洞摩崖石刻與碑刻》第一一一頁，以及吳志華《處州金石》下冊第二八八頁，均見有釋文。筆者二〇一八年五月一日初次訪碑。以下校錄，以吳志華《處州金石》所示拓片為底本，同時參校是書釋文。

　　釋文： 石門藏古洞，趨命豈遨遊[一]。未畢林邱志[二]，長懷社稷憂[三]。飛飛看瀑布[四]，決決作溪流[五]。尚有甌江在[六]，終應未盡頭[七]。

　　校注：

　　[一] "遨"，《處州金石》作"邀"。"遨遊"，遊樂，遊玩。語本

《詩經·邶風·柏舟》："微我無酒，以遨以遊。"後組合成詞。戰國楚宋玉《小言賦》："蠅蚋眥以顧盼，附蟻螻而遨遊。"曹魏曹丕《濟川賦》："思魏都以僝息，托華屋而遨遊。"

[二]"畢"，《集韻·質韻》："終也。"《宋史·李綱傳》："綱治守戰之具，不數日而畢。""林邱"，亦作"林丘"，泛指山林。東晉謝安《蘭亭》詩："伊昔先子，有懷春遊。契茲言執，寄傲林邱。"明謝榛《留窮詩》："踟躕兼晦朔，寂寞且林邱。"

[三]"懷"，懷藏。《禮記·曲禮上》："賜果於君前，其有核者懷其核。"《後漢書·馬援傳》："無使功臣懷恨黃泉。""社稷"，代稱國家。《韓非子·難一》："晉陽之事，寡人危，社稷殆矣。"唐駱賓王《代李敬業傳檄天下文》："是用氣憤風雲，志安社稷。因天下之失望，順宇內之推心，爰舉義旗，以清妖孽。"

[四]"飛飛"，飛揚貌。南朝宋謝莊《宋孝武宣貴妃誄》："旌委鬱於飛飛，龍逶遲於步步。"唐韓愈《池上絮》詩："池上無風有落暉，楊花暗後自飛飛。"

[五]"決決"，水流聲。唐盧綸《山店》詩："登登山路行時盡，決決溪泉到處聞。"北宋蘇軾《正月二十日往岐亭，郡人潘古郭三人送餘於女王城東禪莊院》詩："稍聞決決流冰穀，盡放青青沒燒痕。"

[六]"甌江"，浙江第二大江，幹流長三八四千米，發源於龍泉市與慶元縣交界的百山祖西北麓鍋帽尖，自西向東，流經龍泉、雲和、蓮都、青田等地，最終注入東海溫州灣。

[七]"盡頭"，終點。唐徐凝《過馬當》詩："三月盡頭雲葉秀，小姑新著好衣裳。"南宋朱淑真《寄清》詩："分明此去無多地，如在天涯無盡頭。"

五十五　明夏浚石門洞詩碑

圖八四　詩刻拓片，採自徐文平《石門洞摩崖石刻與碑刻》，第一一〇頁

題解：豎立在麗水市青田縣石門洞景區碑廊內，石碑，一方，七言律詩一首，原刻題作《石門瀑布以亭上韻》，詩末題記中見有"月川夏浚"之作者署名。詩碑高一六五釐米、寬八七釐米、厚十六釐米，碑面文字現已磨平。徐文平《石門洞摩崖石刻與碑刻》一書中刊布有文字清晰的拓片。據書中拓片知，碑面通篇豎寫陰刻，自上而下、自右向左，連同詩末題記，共計七行，每行十一到十二個字不等，字徑約七釐米，行書，字跡飄逸。

詩末題記作："嘉靖乙巳孟冬朔月川夏浚書。"題記中雖然僅言這首七律乃嘉靖二十四年（一五四五，歲在乙巳）夏浚書寫，但可以想見，其撰作和勒石時間應與此相近。據《雍正江西通志》卷八十六《人物志》載，夏浚，字惟明，號月川，江西玉山人，明世宗嘉靖年間進士，歷官海鹽縣令、福建提學副使、溫處兵備、廣西參政等職。此詩當是嘉靖二十四年，夏浚在溫處兵備任上時撰作、書丹並勒石。孫延釗在《明代溫州倭寇編年》一文中推測，夏浚任職溫處兵備的時間，是在嘉靖二十九年以前的數年間①。此則題記，可為孫延釗先生的觀點提供一則佐證。

此方詩碑，《光緒青田縣志》卷七《古跡志》第三四一頁，以及青田縣文管會《石門洞太鶴山摩崖碑碣》第四九頁、王友忠《青田文物圖集》第二一一頁、徐文平《石門洞摩崖石刻與碑刻》第一〇九頁、吳志華《處州金石》下冊第三〇〇頁，均見有釋文。筆者二〇一八年五月一日初次訪碑。以下校錄，以徐文平《石門洞摩崖石刻與碑刻》所示拓片為底本，參校以《光緒青田縣志》釋文。

釋文：洞天天門何年開[一]，飛仙仙去還重來[二]。千丈噴壁亂作雨[三]，一聲動地殷其雷[四]。銀河直向門邊掛[五]，玄鶴時從雲間迴[六]。欲洗塵心須此水[七]，道心原不惹塵埃[八]。

---

① 孫延釗：《明代溫州倭寇編年》，收入《孫延釗集》，上海社會科學院出版社 2006 年版，第 64 頁。

校注：

[一] "洞天"，神仙居處，此處意指洞中別有天地。唐陳子昂《送中嶽二三真人序》："楊仙翁玄默洞天，賈上士幽棲牝穀。"元王實甫《西廂記》第一本第一折："似神仙歸洞天，空餘下楊柳煙，只聞得鳥雀喧。""天門"，天宮之門。《淮南子·原道訓》："昔者馮夷，大丙之禦也……經紀山川，蹈騰昆侖，排閶闔，淪天門。"高誘注："天門，上帝所居紫薇宮門也。"唐韓愈《孟東野失子》詩："乃呼大靈龜，騎雲款天門。"

[二] "飛仙"，會飛的仙人。《海內十洲記·方丈洲》："（蓬萊山）周回五千里外別有圓海繞山，圓海水正黑，而謂之冥海也，無風而洪波百丈，不可得往來……惟飛仙有能到其處耳。"北宋蘇軾《次韻子由晉卿所和》之一："會看飛仙虎頭篋，卻來顛倒拾遺裘。""仙去"，成仙而去。東晉葛洪《抱樸子·極言》："（彭祖之弟子）七八人，皆歷數百歲，在殷而各仙去，況彭祖何肯死哉？"北宋曾鞏《仙都觀三門記》："建昌軍南城縣仙都觀，世傳麻姑於此仙去，故立祠在焉。"

[三] "千丈"，極言其高。唐白居易《續古詩十首》其七："盈盈一尺水，浩浩千丈河。"南宋辛棄疾《西江月·漁夫詞》："千丈懸崖削翠，一川落日鎔金。"

[四] "動地"，震撼大地。《公羊傳·文公九年》："地震者何？動地也。"唐白居易《長恨歌》："漁陽鼙鼓動地來，驚破霓裳羽衣曲。""殷"，《集韻·隱韻》："雷聲。"

[五] "掛"，《光緒青田縣志》作"挂"。《廣韻·卦韻》："掛"，"挂"的俗字。《樂府詩集·雜曲歌辭十三·為焦仲卿妻作》："徘徊庭樹下，自掛東南枝。"明張居正《明制體以重王言疏》："撰述官用關防掛號，然後發中書舍人寫軸用寶。"

[六] "玄"，《光緒青田縣志》作"元"。"時"，《光緒青田縣志》作"直"。"雲間"，天上。南朝梁劉孝威《鬥雞篇》："願賜淮南藥，一使雲間翔。"金元好問《無塵亭二首》其二："亭中剩有題詩客，獨欠雲間李謫仙。"

　　[七]“欲”,《光緒青田縣志》作“會”。“塵心”,佛教宣揚脫離人世,把參與和關心社會現實的心情稱作“塵心”。唐呂溫《終南精舍月中聞磬聲》詩:“竟夕聽真響,塵心自解紛。”北宋梅堯臣《馮閣老處見與嚴郎中酬和詩因戲贈絕句》:“縱有舊遊君莫憶,塵心起即墮人間。”

　　[八]“道心”,悟道之心。南朝梁釋慧皎《高僧傳·義解四·釋道溫》:“義解足以析微,道心未易可測。”《西遊記》第一回:“只見那班部中,忽跳出一個通臂猿猴,厲聲高叫道:‘大王若是這般遠慮,真所謂道心開發也!如今五蟲之內,惟有三等名色,不伏閻王老子所管。’”“惹”,《光緒青田縣志》作“染”。

五十六　明陳慶石門洞詩碑

圖八五　詩刻今貌，筆者攝

圖八六　詩刻拓片，採自吳志華《處州金石》下冊，第三二一頁

題解： 原本放置在麗水市青田縣石門洞景區劉基祠後堂內，後來被遷移至碑廊保存，石碑，一方，七言律詩一首，原刻題作《遊石門洞》，且詩末題記中見有"西唐陳慶"之作者署名。碑面橫長七十釐米、縱高一四〇釐米，通篇豎寫陰刻，自上而下、自右向左，連同兩則詩末題記，共計七行，滿行十一個字，字徑約十一釐米，行書，字跡瀟灑奇姿。其中，末尾兩則題記作："嘉靖癸亥歲五月望後吉人/西唐陳慶。""青田知縣丁一中勒石。"

據題記內容知，此詩為明嘉靖四十二年（歲次癸亥，一五六三）陳慶撰作，青田知縣丁一中勒石。據《光緒青田縣志》卷七《古跡志》、卷八《官師志》載，陳慶，江西永豐人，明嘉靖中，官浙江按察副使；丁一中，江蘇丹陽人，由明經知縣事，仕至知府。

此方詩碑，《光緒青田縣志》卷七《古跡志》第三四三至三四四頁，以及青田縣文管會《石門洞太鶴山摩崖碑碣》第五〇頁、王友忠《青田文物圖集》第二一一頁、徐文平《石門洞摩崖石刻與碑刻》第一一三頁、吳志華《處州金石》下冊第三二一頁，已見釋文。筆者二〇一八年五月一日初次訪碑。以下校錄，參校以《光緒青田縣志》。

釋文： 長夏舟行江欲午[一]，停橈徐步訪僊臺[二]。洞門誰向懸崖闢[三]，瀑布還如噴玉來[四]。茭嶺西環嵐靄淨[五]，甌城東峙海雲開[六]。登臨不為煩蒸苦[七]，何幸憑虛一拭埃[八]。

校注：

[一] "長夏"，農曆六月。《黃帝內經·素問·六節藏象論》："春勝長夏。"唐王冰注："所謂長夏者，六月也。"唐沈佺期《有所思》詩："坐看長夏晚，秋月照羅帷。"金蔡珪《寄通州王倅》詩："長夏少人事，官閒簾戶深。""欲"，《光緒青田縣志》作"氣"。

[二] "橈"，船槳。《楚辭·九歌·湘君》："薜荔柏兮蕙綢，蓀橈兮蘭旌。"王逸注："橈，船小楫也。"南宋岳珂《桯史·施宜生》："餘

數旬，持橈夜濟宜生於淮。”明張大烈《少年遊·秋思》：“山海情深，石尤風急，留住遠征橈。”“徐步”，緩步。唐翁承贊《晨興》詩：“披襟徐步一蕭灑，吟繞盆池想狎鷗。”元趙孟頫《浪淘沙》詞：“今古幾齊州？華屋山丘。杖藜徐步立芳洲。無主桃花開又落，空使人愁。”“僊”，《光緒青田縣志》作“仙”，“僊”與“仙”同。“臺”，《光緒青田縣志》作“台”，今“台”為“臺”的簡化字。

［三］“闢”，《說文·門部》：“開也。”明袁宏道《拙效傳》：“極力一推，身隨門闢，頭顧觸地。”

［四］“還如”，好比。唐裴守真《奉和太子納妃太平公主出降三首》其一：“還如桃李發，更似鳳凰飛。”南唐李煜《子夜歌》詞：“往事已成空，還如一夢中。”“噴玉”，形容馬濺水狀。語出《穆天子傳》卷五《黃池謠章》：“東遊於黃澤，宿於曲洛，廢□使宮樂謠曰：‘黃之池，其馬噴沙，皇人威儀。黃之澤，其馬噴玉，皇人壽穀。’”唐杜甫《醉為馬墜諸公攜酒相看》詩：“安知決臆追風足，朱汗驂驔猶噴玉。”

［五］“茭嶺”，山名，栝蒼山脈中的一座山峰，位於今麗水市縉雲縣境內。民國時期林傳甲《大中華浙江省地理志》第十七章《栝蒼山脈》“縉雲之來脈”條：“栝蒼之來脈，因楓嶺山脈至縉雲，轟起為仙都山，一名縉雲山。……西有好山、初暘穀、小蓬萊，北有瀑布山，飛泉灑落三百餘丈，三嶺、茭嶺、岱嶺，皆與楓嶺、仙霞嶺相連者也。”清朱純《春日過茭嶺》詩：“一徑入天斜，登臨興倍賒。雲中聞犬吠，嶺上見人家。煙護疏籬竹，春開古樹花。仙源隨處有，何事武陵槎？”“嵐靄”，山間雲霧。唐曹松《山中言事》詩：“嵐靄潤窗櫺，吟詩得冷症。”元趙孟頫《松鶴峰》詞：“松鶴堆嵐靄，陽臺枕水湄。”

［六］“甌城”，溫州。《乾隆瑞安縣志》卷九《藝文志》轉引明周大章《重築甌南塘路記》言：“甌城南達瑞安八十裏，故有塘，即《郡志》所載‘南塘驛路’、陳止齋所謂‘石塘百里，巨石縱橫鱗萃’是已。”明項喬《谷亭歌》：“甌城形勝從天有，地據九山成北斗。”“峙”，《玉篇·山部》：“峻峙。”《列子·湯問》：“五山始峙。”南朝梁沈約《齊故安陸昭王碑》：“喬嶽峻峙。”

［七］"登臨"，登山臨水。《史記·衛將軍驃騎列傳》："禪於姑衍，登臨瀚海。"金元好問《東園晚眺》詩："一詩不盡登臨興，落日東園獨倚欄。""煩蒸"，悶熱。唐齊己《苦熱》詩："毒害芙蓉死，煩蒸瀑布紅。"北宋司馬光《和鄰幾六月十一日省宿書事》詩："父子寓官舍，無術逃煩蒸。"

［八］"憑虛"，憑空，沒有憑藉。南朝齊王僧虔《書賦》："情憑虛而測有，思沿想而圖空。"民國劉師培《文說·記事篇》："後世文人，飾詞矯說，或尊己而卑人，或援古以證今，事每憑虛，詞多烏有。""埃"，《說文·土部》："塵也。"《莊子·逍遙遊》："野馬也，塵埃也，生物之以息相吹也。"

五十七　明楊師孔南明山詩碑

圖八七　南明山"石梁"全貌，筆者攝

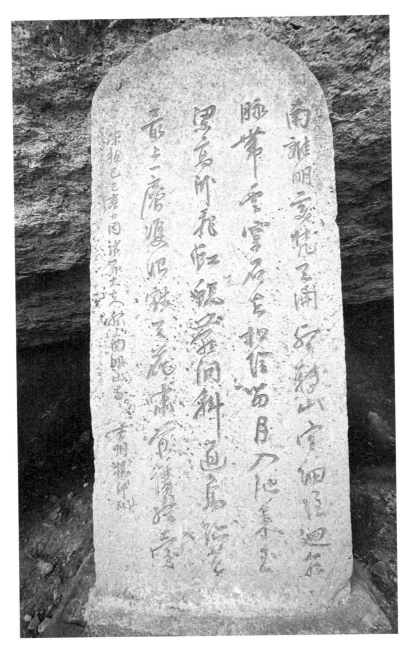

圖八八　詩碑今貌，筆者攝

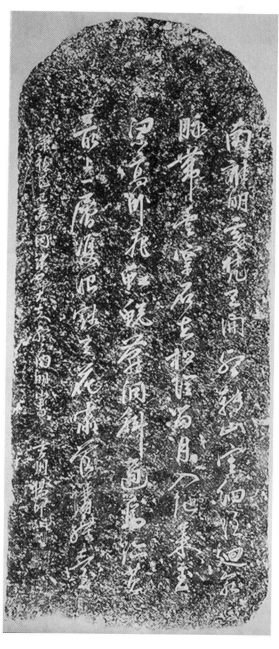

圖八九　詩碑拓片，筆者採自麗水市博物館"括蒼石語"展廳

題解： 豎立在麗水市蓮都區南明山景區"石梁"景觀的正下方，石碑，一方，七言律詩一首，原刻無詩題，但詩末題記中見有"吉州楊師孔"之作者署名。碑面橫長八五釐米、縱高一五六釐米，通篇豎寫陰刻，自上而下、自右向左，連同詩末題記，共計五行，滿行十五字，字徑約八釐米，行書。

詩碑另一面，勒有明隆慶五年（一五七一）《郡侯江公留恩置田記》。鑒於"隆慶"較"崇禎"為早，故知鑴刻有《郡侯江公留恩置田記》的一面為碑陽，而勒刻有楊師孔七言律詩的一面為碑陰。這類利用舊碑刻詩的情況，麗水地區僅此一例。

原刻末尾題記作："崇禎己巳春日，同瑞郡大夫登南明山寺，吉州楊師孔。"可見，此詩為明崇禎二年（一六二九）楊師孔登南明山時的感懷之作。清唐樹義《黔詩紀略》卷十一中，列有"楊參政師孔"之條目。據載，楊師孔，貴州貴陽人，祖輩本吉州籍貫，後因父到貴陽為官，遂為黔人。楊師孔，乃明萬曆二十九年（一六〇一）進士，崇禎元年（一六二八）遷任浙江左參政，並卒於任上①。

此方詩碑，徐文平《處州歷代書法》第八八至九〇頁、吳志華《處州金石》下冊第三八一頁，皆見有釋文。筆者二〇一八年六月十七日初次訪碑。以下校錄，參校以《處州金石》。

釋文： 南離明變梵天開[一]，鑿轉山空細路迴[二]。泉脈帶雲穿石去[三]，松陰留月入池來[四]。玉梁高臥飛虹蛻[五]，燕問斜通鳥跡苔[六]。最上一層憑眼豁[七]，天花嘯管講經臺[八]。

校注：

[一]"南離"，南方。古以八卦配八方，離卦配南方，因稱。明唐順之《東至南郊》詩："位以南離正，宵從甲子分。"清丘逢甲《己亥五月二日東山大忠祠祝文信國公生日五首》其三："夜望魁鬥光，正照

---

① （清）唐樹義：《黔詩紀略》，貴州人民出版社1993年版，第457頁。

南離位。”“梵天”，界名，色界之初禪天也。唐劉禹錫《武陵觀火》詩：“金烏入梵天，赤龍遊玄都。”

[二]“細路”，細窄的道路。唐杜甫《秋風二首》其二：“天清小城搗練急，石古細路行人稀。”南宋辛棄疾《鷓鴣天·鵝湖寺道中》詞：“衝急雨，趁斜陽，山園細路轉微茫。”

[三]“泉脈”，伏流於地下的泉水。南朝鮑照《從登香爐峰詩》：“霜崖滅土膏，金澗測泉脈。”唐王維《春中田園作》詩：“持斧伐遠揚，荷鋤覗泉脈。”

[四]“松陰”，亦作“松蔭”，松樹的陰影。唐楊萬里《閒居初夏午睡起》詩：“松陰一架半弓苔，偶欲看書又懶開。”北宋蘇軾《病中遊祖塔院》：“閉門野寺松陰轉，欹枕風軒客夢長。”

[五]“玉梁”，石橋的美稱。北宋文彥博《玉梁》詩意境高遠，深得石橋三昧：“玉梁千丈駕澄流，曾與群仙爛漫遊。丹桂扶疏應近月，紫苔漫沒幾經秋。濛濛五里皆金霧，岌岌三休是寶樓。此地回驂時一望，世間塵上盡蜉游。”此指南明山上的“石梁”景觀。“蛻”，變化。

[六]“問”，尋訪。

[七]“憑”，任，隨。“谺”，開闊，寬敞。

[八]“天花”，天女所散之花。唐李白《與南陵常讚府遊五松山》詩：“剪竹掃天花，且從傲吏遊。”綦毋潛《宿龍興寺》詩：“天花落不盡，處處鳥銜飛。”“嘯管”，佛曲。“講經臺”，誦講佛經的平臺。明黎貞《遊東林寺登遠禪師講經臺，覽冰壺蓮社之地》詩：“登臨無限意，更上講經臺。”

五十八 明蕭廩石門洞詩碑（一）

圖九〇 詩碑今貌，筆者攝

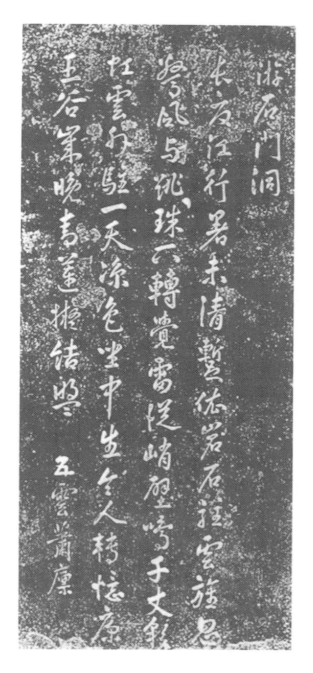

圖九一　詩碑拓片，採自徐文平《處州歷代書法》，第一二六頁

題解： 豎立在麗水市青田縣石門洞景區碑廊內，石碑，一方，七言律詩一首，原刻題作《遊石門洞》，且詩末附見有"五雲蕭廩"之作者署名。碑面橫長九十釐米、縱高一七二釐米，通篇豎寫陰刻，自上而下、自右向左，連同詩末署名，共計五行，滿行十六個字，字徑約十二釐米，行書。

蕭廩，《明史》卷二二七有傳。據載，蕭廩，字可發，江西萬安人，明嘉靖末進士，明神宗萬曆元年（一五七三）巡按浙江，尋擢太僕少卿，再遷南京太僕卿。萬曆九年（一五八一），由光祿卿改右僉都禦史，巡按陝西①。據蕭廩仕歷推算，詩碑所見七律，當是萬曆元年或其後數年間，蕭廩巡按浙江時撰作並勒石。

此方詩碑，《光緒青田縣志》卷七《古跡志》第三四五頁，以及青田縣文管會《石門洞太鶴山摩崖碑碣》第五一至五二頁、王友忠《青田文物圖集》第二一一頁、徐文平《處州歷代書法》第一二六頁、吳志華《處州金石》下冊第三二八頁，皆見有釋文。筆者二〇一八年五月一日初次訪碑。以下校錄，參校以《光緒青田縣志》。

釋文： 長夏江行暑未清[一]，暫依岩石駐雲旄[二]。忽驚風與跳珠下[三]，轉覺雷從峭壁鳴。千丈彩虹雲外駐，一天涼色坐中生[四]。令人轉憶康王穀[五]，歲晚青蓮擬結盟[六]。

校注：

[一] "長夏"，農曆六月。"暑"，《說文·日部》："熱也。"《淮南子·人間》："冬日則寒凍，夏日則暑傷。"南宋文天祥《正氣歌》："如此再寒暑，百沴自辟易。""清"，寒涼。《黃帝內經·素問·五藏生成論》："腰痛，足清，頭痛。"王冰注："清，亦冷也。"唐皮日休《魯望以竹夾膝見寄因次韻酬謝》詩："拂潤恐飛清夏雨，叩虛疑貯碧湘風。"

[二] "岩"，《光緒青田縣志》作"巖"，"岩"與"巖"同。《龍

---

① （清）張廷玉：《明史》卷二二七，中華書局1974年標點本，第5959—5960頁。

龍手鑑·山部》：“巖，古作岩。”今“岩”字通行。“駐”，唐慧琳《一切經音義》卷三十引《倉頡篇》：“止也。”唐王勃《守歲序》：“歲月易盡，光陰難駐。”《徐霞客遊記·滇遊日記四》：“有樵者見餘入，駐外洞待之，候出乃去。”“雲旌”，雲旗。《楚辭·九歌·東君》：“駕龍輈兮乘雷，載雲旗兮委蛇。”王逸注：“以雲為旌旗。”唐韓休《奉和聖制送張說巡邊》詩：“曙光搖組甲，疏吹繞雲旌。”

[三]“與”，《光緒青田縣志》作“与”，“與”同“与”。《說文·勺部》：“与，賜予也。一勺為与。此与與同。”“跳珠”，水珠。唐錢起《蘇端林亭對酒喜雨》詩：“濯錦翻紅蕊，跳珠亂碧荷。”南宋陸遊《入蜀記》：“欄外雙瀑瀉石澗中，跳珠濺玉，冷入人骨。”

[四]“涼色”，涼爽。明鐘筠《畫竹》詩：“江晚微風遞涼色，翠色飛動玉龍吟。”清宗渭《早起》詩：“宿雨散涼色，竹木夜未醒。”“坐中”，座席之中。《史記·樊酈滕灌列傳》：“項羽既饗軍士，中酒，亞父謀欲殺沛公，令項莊拔劍舞坐中，欲擊沛公，項伯常遮罩之。”北宋蘇轍《水調歌頭·徐州中秋》詞：“坐中客，翠羽帔，紫綺裘。素娥無賴，西去曾不為人留。”

[五]“康王穀”，廬山康王穀。相傳秦並六國時，楚康王避難於此，因故得名。民國吳宗慈《廬山志》卷八：“（廬山）面陽山南為康王穀，穀有烏龍潭、穀簾泉。”其中，“穀簾泉，由圓通二十裏至康王穀。入穀中溯澗行五裏，至龍泉院。又二十裏，有水簾飛泉被岩而下者二三十派，其高不可計，其廣七十餘丈，陸鴻漸《茶經》嘗第其水為天下第一。”南宋朱熹《康王穀水簾》詩：“飛泉天上來，一落散不收。披崖日璀璨，噴壑風飀飀。采薪爨絕品，淪茗澆窮愁。敬酹古陸子，何年復來遊。”

[六]“青蓮”，青色蓮花，此處指淨土，即佛教所謂極樂世界。唐太宗《為戰陣處立寺詔》：“望法鼓所振，變炎火於青蓮；清梵所聞，易苦海於甘露。”明陳汝元《金蓮記·湖賞》：“紫綬金章，錮蔽了白馬青蓮舊路。”

五十九　明蕭廩石門洞詩碑(二)

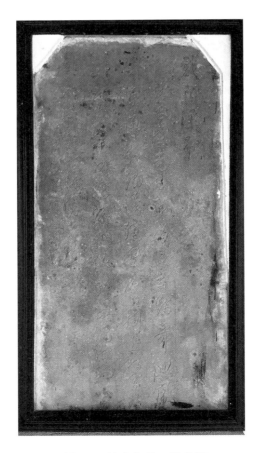

圖九二　詩碑今貌，筆者攝

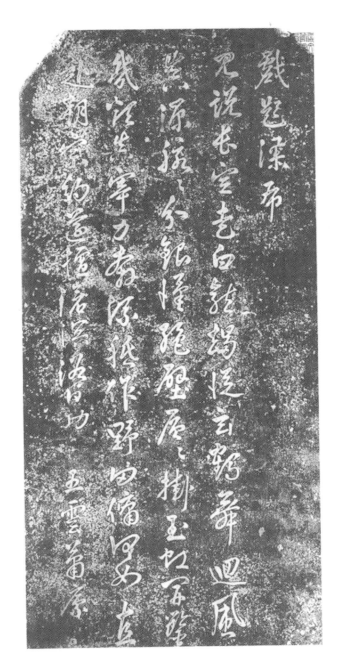

圖九三　詩碑拓片，採自徐文平《處州歷代書法》，第一二七頁

題解：豎立在麗水市青田縣石門洞景區碑廊內，石碑，一方，七言律詩一首，原刻題作《戲題瀑布》，且詩末有“五雲蕭廩”之作者署名。碑面橫長八十釐米、縱高一七〇釐米，通篇豎寫陰刻，自上而下、自右向左，連同末行署名，共計五行，滿行十六個字，字徑約十三釐米，行書，字跡俊逸。此詩的撰作與立碑時間，應與前述蕭廩七律相同，亦當在萬曆元年或其後數年間。

此方詩碑，《光緒青田縣志》卷七《古跡志》第三四五頁，以及青田縣文管會編《石門洞太鶴山摩崖碑碣》第五二頁、王友忠《青田文物圖集》第二一一頁、徐文平《處州歷代書法》第一二七頁、吳志華《處州金石》下冊第三二八頁，皆見有釋文。筆者二〇一八年五月一日初次訪碑。以下校錄，參校《光緒青田縣志》。

釋文：見說長空走白龍[一]，竭從玄鶴舞迴風[二]。真源脈脈分銀漢[三]，絕壁層層掛玉虹[四]。開鑿幾煩真宰力[五]，奔流祇作野田傭[六]。何如直赴朝宗約[七]，遂擅滄溟浴日功[八]。

校注：

[一] “見說”，聽說。唐代日本求法僧圓仁《入唐求禮巡法行紀》卷三：“四月，見說回鶻兵馬入秦府城住，節度使逃走，新除節度使在路不敢入。”清李漁《蜃中樓·離愁》詞：“見說紅顏薄命，不信今生心兒願兒果得盈。”“长”，《光緒青田縣志》作“長”，“长”與“長”同。“長空”，遼闊無垠的天空。南朝梁蕭統《弓矢贊》：“楊葉命中，猿墜長空。”唐元稹《諭寶二首》其二：“大鵬無長空，舉翮受羈紲。”南宋辛棄疾《太常引》詞：“乘風好去，長空萬裏，直下看山河。”“白龍”，傳說中白色的龍。《墨子·貴義》：“帝以甲乙殺青龍於東方，以丙丁殺赤龍於南方，以庚辛殺白龍於西方，以壬癸殺黑龍於北方。”

[二] “竭”，助詞。張相《詩詞曲語辭匯釋》卷四：“竭來，猶雲來也。竭為發語辭，署同聿來。”“竭從”，從也。北宋蘇軾《生日，王郎以詩見慶，次其韻，並寄茶二十一片》詩：“竭從冰叟來遊宦，肯伴

矔仙亦號儒。”“玄”，《光緒青田縣志》作“元”。“迴”，《光緒青田縣志》作“回”，“迴”與“回”同。“迴風”，旋風。《爾雅·釋天》：“迴風為飆。”郭璞注：“旋風也。”郝懿行義疏：“迴者，《說文》作‘回’。”《古詩十九首》之十二：“迴風動地也，秋草萋已綠。”

[三]　“真源”，本源。南朝梁劉潛《和昭明太子鐘山解講》詩：“回輿下重閣，降道訪真源。”唐劉元一《奉天錄序》：“緬尋太古之初，真源一味，自然樸略，不同浮華，雖垂不載。”“脈脈”，連綿不斷貌。明陳所聞《閨怨》曲：“機中錦字添，鏡裏朱顏變。脈脈春愁，都付鶯和燕。”“銀漢”，天河。南朝宋鮑照《夜聽妓》詩：“夜來坐幾時，銀漢傾露落。”清納蘭性德《減字木蘭花》詞：“茫茫碧落，天上人間情一諾。銀漢難通，穩耐風波願始從。”

[四]　“絕壁”，陡峭的山壁。北魏酈道元《水經注·漾水》：“漾水又東南，徑瞿堆西，又屈徑瞿堆南。絕壁峭峙，孤險雲高，望之形若覆唾壺，高二十餘裏，羊腸蟠道，三十六回。”北宋蘇軾《石鐘山記》：“至莫夜月明，獨與邁乘小舟至絕壁下。”“玉虹”，瀑布。唐李賀《北中寒》詩：“爭漎海水飛凌喧，山瀑無聲玉虹懸。”南宋楊萬里《和昌英叔雪中春酌》詩：“南谿春寒強似冬，南谿春水走玉虹。”

[五]　“幾”，表示推斷，相當於“大概”。裴學海《古書虛字集釋》卷五：“幾，殆也。”《莊子·徐無鬼》：“君雖為仁義，幾且偽哉。”《韓非子·初見秦》：“臣以為天下之從，幾不難矣。”“煩”，《廣雅·釋詁一》：“勞也。”《左傳·僖公三十年》：“若亡鄭而有益於君，敢以煩執事。”《史記·滑稽列傳》：“煩大巫嫗為入報河伯。”“真宰”，真心，真我。《莊子·齊物論》：“若有真宰，而特不得其眹。”唐杜甫《遣興》詩：“吞聲勿復道，真宰意茫茫。”清方文《初度書懷》詩：“匹夫有至性，可以貫真宰。”

[六]　“奔流”，極速奔騰的水流。北宋蘇轍《上樞密韓太尉書》：“過秦漢之故都，恣觀終南、嵩、華之高，北顧黃河之奔流，慨然想見古之浩劫。”“野田”，田野。《南齊書·祥瑞志》：“永明二年八月，梁郡睢陽縣界野田中獲嘉禾，一莖二十三穗。”唐王維《偶然作六首》其

二：“得意苟為樂，野田安足鄙。”

[七]“何如”，不如。《魏書·盧昶傳》：“卿若殺身成名，貽之竹素，何如甘彼芻菽，以辱君父乎？”北宋蘇軾《諫買浙燈狀》：“如知其無用，何以更索？惡其厚費，何如勿買？”“朝宗”，泛指臣下見君王。唐李舟《為崔大夫請入奏表》：“將臨元會之期，倍切朝宗之戀。”明李攀龍《上朱大司空》詩：“轉餉十年軍國壯，朝宗萬裏帝圖雄。”

[八]“擅”，《說文·手部》：“專也。”《韓非子·孤憤》：“當塗之人擅事要，則外內為之用矣。”《漢書·文帝紀》：“（呂太后）立諸呂為三王，擅權專制。”“滄溟”，天空。元鄭光祖《周公攝政》第一折：“天地為盟，上有滄溟。”清陳夢雷《登呂尉峰》詩：“泉歸洞壑聲聞靜，天入滄溟法界空。”“浴日”，羲和浴日，喻指特殊的功勳。《宋史·趙鼎傳》：“張浚出使川陜，國勢百倍於今。浚有補天裕日之功，陛下有礪山帶河之誓，軍臣相信，古今無二。”

六十　清張佳胤石門洞詩碑

圖九四　詩碑今貌，筆者攝

圖九五　詩碑拓片，採自王友忠《青田高市歷史文化名勝古跡》，第六三頁

題解：豎立在麗水市青田縣石門洞景區碑廊內，石碑，一方，七言律詩一首，原刻題作《石門洞》，且詩末附見有"崏崍張佳胤"之作者署名。此方詩碑，高一八〇釐米、寬八五釐米、厚一三釐米，通篇豎寫陰刻，自上而下、自右向左，連同末行署名，共計五行，滿行十六字，字徑三到十釐米不等，行書，字跡瀟灑。

張佳胤，《明史》卷二二二有傳。據載，張佳胤，字肖甫，重慶銅梁人，明嘉靖二十九年（一五五〇）進士，萬曆十年（一五八二）署理浙江巡撫。撫浙期間，因彈壓亂兵有功，受到神宗褒美，尋以左侍郎還部①。此詩應是張佳胤在浙江巡撫任上時撰作並勒石。

此方詩碑，《光緒青田縣志》卷七《古跡志》第三四四頁，以及青田縣文管會《石門洞太鶴山摩崖碑碣》第五一頁、王友忠《青田文物圖集》第二一一頁、徐文平《石門洞摩崖石刻與碑刻》第一一一頁、吳志華《處州金石》下冊第三三三頁，已見釋文。筆者二〇一八年五月二日初次訪碑。以下校錄，參校以《光緒青田縣志》。

釋文：青田縣西七十裏，兩峰左右天門啓[一]。碧溪一曲通靈源[二]，瀑布高懸洞前水[三]。水落蛟龍潭底眠[四]，洞深窈窕吹蒼煙[五]。五月到此寒逼骨[六]，始信仙家別有田。

校注：

[一]"峰"，《光緒青田縣志》作"峯"，"峰"與"峯"同。《集韻·鐘韻》："峯，或書作峰。"唐李白《蜀道難》詩："連峰去天不盈尺，枯松倒掛倚絕壁。"明吳文泰《送人之巴蜀》詩："雲開巫峽千峰出，路轉巴江一字流。""啓"，《廣雅·釋詁三》："開也。"《楚辭·天問》："西北闢啓，何氣通焉？"王逸注："言天西北之門，每常開啓，豈元氣之所通？"清吳銘道《橫山遊記》："早起，犬吠，啓扉則橫山寺僧來肅客。"

---

① （清）張廷玉：《明史》卷二二二，中華書局1974年標點本，第5857—5858頁。

〔二〕"碧溪"，碧綠的溪流。唐湯洙《登雲梯》詩："謝客常遊處，層巒枕碧溪。"北宋蘇軾《虔州八境圖》詩："薄暮漁樵人去盡，碧溪青嶂繞螺亭。""一曲"，量詞，一彎。民國劉半農《遊香山紀事詩》："一曲橫河水，風定波光靜。""靈源"，水源。南宋王十朋《題雙瀑》詩："瀑水簫峰下，靈源不可尋。"清魏源《古詩答陸彥若》詩："昆侖閟靈源，濫觴儲五湖。"

〔三〕"高懸"，高高掛起。東漢王粲《鶯賦》："覽堂隅之籠鳥，獨高懸而背時。"《儒林外史》第二回："累年蹭蹬，忽然際會風雲；終歲淒涼，竟得高懸月旦。"

〔四〕"水落"，水位降低。唐劉長卿《浮石瀨》詩："石橫晚瀨急，水落寒沙廣。"北宋蘇軾《九月中曾題二小詩於南溪竹上，既而忘之，昨日再遊，見而錄之》其一："陂塘水落荷將盡，城市人歸虎欲行。""蛟龍"，傳說中能發洪水、興雲雨的龍。《楚辭·離騷》："麾蛟龍以梁津兮，詔西皇使涉予。"王逸注："小曰蛟，大曰龍。"《莊子·秋水》："夫水行不避蛟龍者，漁夫之勇也。"《荀子·勸學》："積土成山，風雨興焉；積水成淵，蛟龍生焉。"

〔五〕"窈窕"，幽深貌。西晉郭璞《江賦》："潛逕傍通，幽岫窈窕。"東晉陶淵明《歸去來兮辭》："既窈窕以尋壑，亦崎嶇而經丘。""吹"，散發。北周庾信《哀江南賦》："豺牙密屬，虺毒潛吹。"唐李賀《帝子歌》："山頭老桂吹古香，雌龍怨吟寒水光。""蒼煙"，雲霧。唐陳子昂《峴山懷古》詩："野樹蒼煙斷，津樓晚氣孤。"金元好問《泛舟大明湖》詩："看山水底山更佳，一堆蒼煙收不起。"

〔六〕"逼骨"，《光緒青田縣志》作"俯首"。"逼骨"，寒冷侵入筋骨。民國徐志摩《一個噩夢》詩："倉皇的，倉皇的，我回顧觀禮的來賓——為什麼這滿堂的鬼影與逼骨的陰森？"

六十一　明唐沖宇石門洞詩碑

圖九六　詩刻今貌，筆者攝

圖九七　詩刻拓片，採自徐文平《處州歷代書法》，第一三一頁

題解：豎立在麗水市青田縣石門洞景區碑廊，石碑，一方，七言律詩二首，原刻總題作《同觀石門洞瀑二律》。此方詩碑，高一二五釐米、寬六六釐米、厚六釐米，通篇豎寫陰刻，自上而下、自右向左，連同詩末題記，共計七行，滿行十八個字，字徑約五釐米，楷書，字跡端正秀美。其中，題記作："蘄陽唐沖宇題。"

《光緒青田縣志》卷七《古跡志》引《石門洞錄》言："唐沖宇於萬曆間為兩浙巡撫，時與禦史蔡逢時、郡守任可容、同知許國忠偕遊，故雲'同觀'。蔡、任、許各有和詩刻石。"① 可見，此詩及以下蔡逢時詩、任可容詩與許國忠詩，系為同時撰作並勒石。由於任可容詩、許國忠詩的末尾，皆有"萬曆丙申秋仲"紀年，故而唐沖宇等四人所賦詩歌的撰作時間，均應定年到萬曆二十四年（一五九六），而它們的刻勒時間當在此年或其後不久。

此方詩碑，《光緒青田縣志》卷七《古跡志》第三五一頁，以及青田縣文管會《石門洞太鶴山摩崖碑碣》第五四頁、王友忠《青田文物圖集》第二一二頁、徐文平《處州歷代書法》第一三一頁、吳志華《處州金石》下冊第三五七頁，皆見有釋文。筆者二〇一八年五月二日初次訪碑。以下校錄，參校以《光緒青田縣志》。

釋文：見說名山泉石幽[一]，觀風經此暫停舟[二]。千尋素練當空瀉[三]，萬斛明珠帶雨浮[四]。磨滅殘碑餘篆刻[五]，潺湲遺響即箜篌[六]。與君今日登臨意[七]，不減蓬萊清淺流[八]。

白練從來盡日懸[九]，雨花殘雪有無間[一〇]。乍驚銀漢連青嶂[一一]，忽訝長虹互碧山[一二]。水洞珠簾原不捲，石門簫鼓幾曾閑[一三]。洗心幸有同襟者[一四]，一聽泠泠共解顏[一五]。

---

① 光緒《青田縣志》卷七《古跡志》，臺灣成文出版產業 1975 年影印本，第 351 頁。

校注：

[一]"見說"，聽說。唐李白《送友人入蜀》詩："見說蠶叢路，崎嶇不易行。"清李漁《蜃中樓·離愁》："見說紅顏薄命，不信今生心兒願兒果得盈。""泉石"，山水。唐鄭損《玉聲亭》詩："世間泉石本無價，那更天然落景中。"南宋楊萬里《送劉惠卿》詩："舊病詩狂與酒狂，新來泉石又膏肓。""幽"，恬靜。唐杜甫《題張氏隱居》詩："春山無伴獨相求，伐木丁丁山更幽。"

[二]"觀風"，欣賞風光。北宋王安石《見遠亭》詩："觀風南國最，應宿紫宸班。"南宋陳峴《全州觀風樓》詩："觀風久標名，棟宇初改故。"

[三]"素練"，白色絹帛，喻指瀑布。"瀉"，原刻僅存右半部之上側"六"部，此處據文義及《光緒青田縣志》補。《玉篇·水部》："瀉，傾也。"南宋陸遊《雨夜》詩："急雨如河瀉瓦溝，空堂臥對一燈幽。"

[四]"斛"，量詞，南宋以前十鬥為一斛，南宋末年改作五鬥為一斛。《說文·鬥部》："斛，十鬥也。"《正字通·鬥部》："斛，今制：五鬥曰斛，十鬥曰石。""萬斛"，極言容量大。北宋蘇軾《文說》："吾文如萬斛泉源，不擇地而出。""浮"，《玉篇·水部》："水上曰浮。"《論衡·語增》："察《武成》之篇，牧野之戰，血流浮杵，赤地千里。"

[五]"磨滅"，逐漸消失。西漢司馬遷《報任安書》："古者富貴而名磨滅，不可勝記，唯倜儻非常之人稱焉。"南朝宋謝靈運《入華子岡是麻源第三穀》詩："圖牒複磨滅，碑版誰聞傳。"唐薛用弱《集異記·蔣琛》："是知貪名徇祿而隨世磨滅者，雖正寢而死兮，無得與吾儕。""餘"，《玉篇·食部》："殘也。"《史記·田儋列傳》："儋弟田榮收儋餘兵東走東阿。"唐李白《秋日與張少府》詩："日下空亭暮，城荒古跡餘。"

[六]"潺湲"，慢流貌。唐王維《輞川閒居贈裴秀才迪》詩："寒山轉蒼翠，秋水日潺湲。"張蠙《過黃牛峽》詩："多少人經過此去，一生魂夢怕潺湲。""遺響"，餘音。西漢王褒《洞簫賦》："吟氣遺響，聯

綿漂撇，生微風分。”明胡應麟《詩藪·古體下》：“《木蘭歌》是晉人擬古樂府……尚協東京遺響。”“篌”，原刻僅存上側之“⺮”部，此處據文義及《光緒青田縣志》補。“箜篌”，樂器名。

[七]“意”，情意。唐杜甫《送李校書二十六韻》詩：“臨岐意頗切，對酒不能喫。”北宋王安石《夜舟即事》詩：“山泉入有意，枕上送潺湲。”

[八]“蓬萊清淺”，喻指時光流逝、陵谷變遷。南宋朱敦儒《桃源憶故人》詩：“幾度蓬萊清淺，側翅曾傍看。”劉辰翁《金縷曲·壽朱氏老人七十三歲》：“看到蓬萊水清淺，休說樹猶如此。”“流”，《廣雅·釋詁一》：“行也。”西漢賈誼《鵩鳥賦》：“斡流而遷兮，或推而還。”南宋蔣捷《一翦梅·舟過吳江》：“流光容易把人拋，紅了櫻桃，綠了芭蕉。”

[九]“白練”，白色熟絹，喻指瀑布。唐徐凝《廬山瀑布》詩：“今古長如白練飛，一條界破青山色。”明袁宗道《極樂寺紀遊》：“高梁橋水從西山深澗中來，道此入玉河。白練千匹，微風行水上若羅紋紙。堤在水中，兩波相夾。”“盡日”，整日。《淮南子·泛論訓》：“盡日極慮而無益於治，勞形竭智而無補於主。”唐鄭璧《奉和陸魯望白菊》詩：“終朝疑笑梁王雪，盡日慵飛蜀帝魂。”明陳子龍《南鄉子·冬閨》詞：“盡日對紅顏，畫閣深深半掩關。”

[一〇]“雨花”，亦稱“乾雨”、“凝雨”，喻指雪花。南朝梁沈約《雪贊》詩：“獨有凝雨姿，貞腕而無殉。”北宋洪朋《喜雪》詩：“漫天乾雨紛紛闇，到地空花片片明。”元楊維楨《雪》詩：“龍噴雨花天作瑞，象占雲葉氣生和。”“殘雪”，尚未融化的雪。唐韓翃《送王府張參軍附學及第東歸》詩：“寂寂故園行見在，暮天殘雪洛城東。”北宋晏殊《玉堂春》詞：“後園春早。殘雪尚濛煙草。數樹寒梅，欲綻香英。”“間”，《光緒青田縣志》作“閒”。

[一一]“乍”，副詞，忽然。《增修互注禮部韻略》：“乍，忽也，猝也。”《孟子·公孫醜上》：“今人乍見孺子將入於井，皆有怵惕惻隱之心。”“嶂”，原刻僅存上半部，此處據文義及《光緒青田縣志》補。

[一二]“忽”，《廣韻·沒韻》：“倏忽。”曹魏曹植《雜詩六首》之一：“形影忽不見，翩翩傷我心。”“長虹”，拱形長橋。唐張鷟《朝野僉載》卷五：“趙州石橋甚工，磨礱密緻如削焉。望之如初日出雲，長虹飲澗。”北宋蘇軾《次韻周邠寄雁蕩山圖二首》其二：“東海獨來看出日，石橋先去踏長虹。”“亙”，《光緒青田縣志》作“楒”，“亙”與“楒”同。《說文·木部》：“亙，古文楒。”段玉裁注：“今字多用亙，不用楒。”邵瑛《群經正字》：“此橫楒字，今文從古而又省作亙。”“亙”，意作橫貫。西漢張衡《西都賦》：“亙雄虹之長梁，結芬橑以相接。”

[一三]“閒”，原刻僅存上半部，此處據文義及《光緒青田縣志》補。

[一四]“洗心”，去除雜念或惡念。唐皎然《和閻士和李蕙冬夜重集》詩：“郡理日閒曠，洗心宿香峰。”白居易《送兄弟回雪夜》詩：“平生洗心法，正在今宵設。”杜荀鶴《送僧赴黃山沐湯泉兼參禪宗長老》詩：“患身是幻逢禪主，水洗皮膚語洗心。”“襟”，胸懷。“同襟者”，志趣相同的人。元黃哲《餞區伯寬領歸善邑教》詩：“所念同襟者，飄搖各鄉縣。”

[一五]第二個“泠”，原刻作重文符號，據正，《光緒青田縣志》徑作“泠”。“泠泠”，《古今韻會舉要·青韻》：“泉聲。”西晉陸機《文賦》：“文徽徽以溢目，音泠泠而盈耳。”《晉書·裴秀傳附裴綽》：“綽子遐，善言玄理，音辭清暢，泠然若琴瑟。”“解顏”，開顏歡笑。《列子·黃帝》：“夫子始一解顏而笑。”唐孟浩然《秋登張明府海亭》詩：“染翰聊題壁，傾壺一解顏。”

六十二　明蔡逢時石門洞詩碑

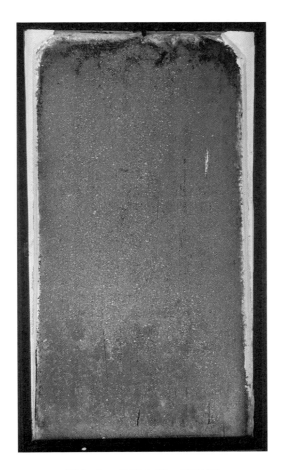

圖九八　詩碑今貌，筆者攝

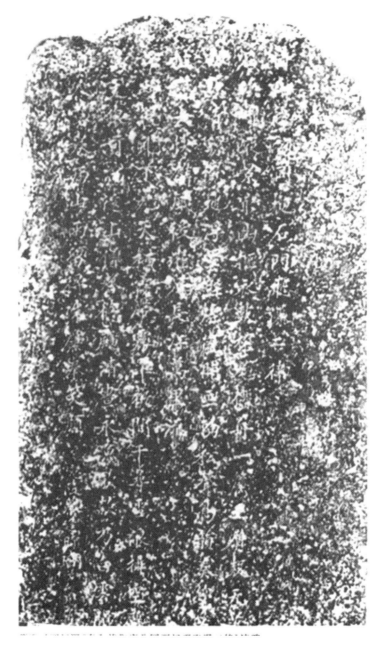

圖九九　詩碑拓片，採自徐文平《處州歷代書法》，第一三三頁

題解：豎立在麗水市青田縣石門洞景區碑廊，石碑，一方，七言律詩二首，原刻總題作：“奉和侍禦唐公同石門觀飛瀑二律。”且詩末題記中見有“宛陵蔡逢時”之作者署名。此方詩碑，碑面橫長六八釐米、縱高一三〇釐米，通篇豎寫陰刻，自上而下、自右向左，連同詩末題記，共計七行，滿行二十一個字，字徑約五釐米，楷書，字跡秀美。其中，末行題記作：“宛陵蔡逢時書。”

“蔡逢時”之生平仕歷，略見於《大清一統志》及《光緒安徽通志》。其中，《大清一統志》中的相應記敘，乃《光緒安徽通志》之所本。《光緒安徽通志》卷一百八十九《人物志》引《大清一統志·浙江名宦》言：蔡逢時，字應期，安徽宣城人，萬曆五年（歲在丁丑，一五七七）進士，知海鹽縣，後陞溫處兵備副使，劃策海防，斬倭七十餘級。此二詩乃蔡逢時與唐沖宇、任可容、許國忠等人，同觀石門飛瀑時的唱和之作，其撰作與勒刻時間與唐沖宇、任可容等人詩作相同，亦在萬曆二十四年（一五九六）（具體考證語，詳見本書“明唐沖宇石門洞詩碑”條目之題解）。

此方詩碑，《光緒青田縣志》卷七《古跡志》第三五二頁、青田縣文管會《石門洞太鶴山摩崖碑碣》第五四至五五頁、王友忠《青田文物圖集》第二一二頁、徐文平《石門洞摩崖石刻與碑刻》第一二五至一二六頁、吳志華《處州金石》下冊第三五八頁，均有釋文。筆者二〇一八年五月二日初次訪碑。以下校錄，參校《光緒青田縣志》。

釋文：石峽龍湫景最幽[一]，摳衣鼓擢尾仙舟[二]。一簾玉屑疑天落[三]，四簇青螺覺地浮[四]。雲壑煙嵐開畫軸[五]，松聲鳥韻奏箜篌[六]。披襟大快雄風後[七]，濯足長江萬裏流。

誰跨長虬下九天[八]，棲霞帶霧翠微間[九]。千尋雪浪排空壁[一〇]，萬丈銀河瀉遠山[一一]。僧磬悠颺清晝永[一二]，漁歌欸乃白雲間[一三]。無人暮卷西山雨，留得珠簾奉笑顏[一四]。

校注：

[一]“巃嵸”，山勢高峻貌。西漢司馬相如《上林賦》：“於是乎崇山矗矗，巃嵸崔巍。”北魏楊炫《洛陽伽藍記》卷五：“高山巃嵸，危岫入雲，嘉木靈芝，叢生其上。”北宋歐陽修《秋懷二首寄聖俞》其二：“群木落空原，南山高巃嵸。”

[二]“摳衣”，提起衣服前襟。《禮記·曲禮上》：“摳衣趨隅，必慎唯諾。”孔穎達疏：“摳，提也。衣，裳也。”唐李邕《大照禪師塔銘》：“負笈梁許，摳衣班馬。”明趙震元《為袁石寓複開封太府》：“謹附以鳴忱，行摳衣而展拜。”“攉”，清段玉裁《說文解字注·手部》：“引也。”明劉基《漁樵問答》：“漁答樵：‘山中何所有，未若攉扁舟。’”“鼓攉”，鳴鼓划船。《隋書·地理志》：“屈原以五月望日赴汨羅，土人追至洞庭不見，船小湖大，莫得濟者，乃歌曰：‘何由得渡湖？’因而鼓攉爭歸，競會亭上，習以相傳，為競渡之戲。”“尾”，《廣雅·釋詁四》：“後也。”《遼史拾遺·太宗本紀》：“高行周知光遠欲圖敬達，常引壯騎尾而衛之。”

[三]“簾”，《玉篇·竹部》：“編竹帷也。”清姚世鑑《臥病》詩：“垂簾怕放東風入，春到貧家不當春。”“玉屑”，玉的碎末。《周禮·天官·玉府》：“王齊則共食玉。”鄭玄注：“玉是陽精之純者，食之以禦水氣。”南宋謝翱《後桂花引》詩：“修月仙人飯玉屑，瑤鴨騰騰何處熱。”此處喻指瀑布。“天落”，從天而落。

[四]“簇”，量詞，相當於“叢”。唐白居易《題盧秘書夏日新裁竹二十韻》詩：“幾聲清淅瀝，一簇綠檀欒。”“青螺”，喻指青山。唐劉禹錫《望洞庭》詩：“遙望洞庭山水翠，白銀盤裏一青螺。”清納蘭性德《南鄉子·柳溝曉發》詞：“曙色遠連山色起，青螺。回首微茫憶翠娥。”“覺地”，修行悟道之地。南宋黃公紹《福善廟設齋門榜》：“今則豎勝幡於覺地，下飆馭於熙臺。”

[五]“雲壑”，雲氣遮覆的山谷。南朝齊孔稚珪《北山移文》：“誘我松桂，欺我雲壑。”唐於鵠《過凌霄洞天謁張先生祠》詩：“乃知軒冕徒，寧比雲壑眠。”“煙嵐”，山間霧氣。北宋秦觀《寧浦書事四首》其

二："自是遷臣多病，非幹此地煙嵐。"清劉仙樵《心紅峽》詩："深峽黯如夢，煙嵐午不收。""畫"，《光緒青田縣志》作"畫"。"畫軸"，裱後帶軸的畫，此處喻指美景。

[六]"松聲"，松濤聲。戰國楚宋玉《高唐賦》："不見其底，虛聞松聲。"北宋王安石《欹眠》詩："松聲悲永夜，荷氣馥初涼。""箜篌"，古代彈撥樂器之一。《舊唐書·音樂志》："箜篌……舊說亦依琴製，今按其形，似瑟而小，七弦，用撥彈之，如琵琶。"唐李賀《李憑箜篌引》詩："江娥啼竹素女愁，李憑中國彈箜篌。"

[七]"披襟"，敞開衣襟。戰國楚宋玉《風賦》："有風颯然而至，王乃披襟而當之曰：'快哉此風。'"南宋辛棄疾《南歌子·新開池戲作》詞："散髮披襟處，浮瓜沉李杯。""雄風"，強勁的風。北宋柳永《竹馬子》詞："登孤壘荒涼，危亭曠望，靜臨煙渚。對雌霓掛雨，雄風拂檻，微收煩暑。"

[八]"跨"，《篇海類編·身體類·足部》："騎也。"南宋陸遊《謁石犀廟》詩："興亡俱昨夢，惆悵跨驢歸。""虯"，《龍龕手鑑·蟲部》："無角龍也。"南朝宋謝靈運《鞠歌行》："譬如虯虎分來風雲，亦如形聲影響陳。""九天"，天空最高處。唐李白《望廬山瀑布》詩："飛流直下三千尺，疑是銀河落九天。"韋莊《秦婦吟》詩："火迸金星上九天，十二官街煙烘炯。"

[九]"棲霞"，夕陽落山時的紅色雲霞。"翠微"，代指青山。唐杜甫《十二月一日三首》其三："即看燕子入山扉，豈有黃鸝歷翠微。"杜牧《九日齊山登高》詩："江涵秋影雁初飛，與客攜壺上翠微。""間"，《光緒青田縣志》作"閒"。

[一○]"雪浪"，雪白的浪花。唐汪遵《詠東海》詩："漾舟雪浪映花顏，徐福攜將竟不還。"北宋蘇軾《歸朝歡·和蘇堅伯固》詞："我夢扁舟浮震澤，雪浪搖空千頃白。"南宋周邦彥《水龍吟·梨花》詞："雪浪翻空，粉裳縞夜，不成春意。"

[一一]"萬丈"，形容很高。"瀉"，《玉篇·水部》："傾也。"南朝宋謝靈運《入華子岡是麻源第三穀》詩："銅陵映碧潤，石磴瀉紅

泉。"南宋陸遊《雨夜》詩:"急雨如河瀉瓦溝,空堂臥對一燈幽。"

[一二]"僧磬",擊磬聲。唐李頎《題僧房雙桐》詩:"綠葉傳僧磬,清陰潤井華。"明陳堂《靈洲山》詩:"漁歌夜渡清宵月,僧磬時聞碧漢秋。""悠颺",形容聲音綿長而和諧。南宋樓鑰《醉翁操·和東坡韻詠風琴》詞:"悠颺餘響嬋娟,方晝眠,迴立八風前。""清晝",白天。唐李白《秦女休行》詩:"手揮白楊刀,清晝殺仇家。"清王貴一《觀仲儒熹儒煮茗》詩:"熏風破微炎,細雨灑清晝。"

[一三]"欸乃",象聲詞,搖槳聲。唐柳宗元《漁翁》詩:"煙銷日出不見人,欸乃一聲山水綠。"清黃遵憲《夜宿潮州城下》詩:"艣聲催欸乃,既有曉行船。"

[一四]"無人"、"留得"二句中的"珠簾"與"暮卷","珠簾"意作"珍珠綴成的簾子","暮卷"意作"在暮色降臨時捲起"。出自唐王勃《滕王閣序》:"滕王高閣臨江渚,佩玉鳴鸞罷歌舞。畫棟朝飛南浦雲,珠簾暮卷西山雨。""奉",《廣雅·釋言》:"獻也。"《遼史·禮志六·嘉儀下》:"五月重五日,午時,採艾葉和綿著衣,七事以奉天子,北臣南僚各賜三事。"

六十三　明任可容石門洞詩碑

圖一〇〇　詩碑今貌，筆者攝

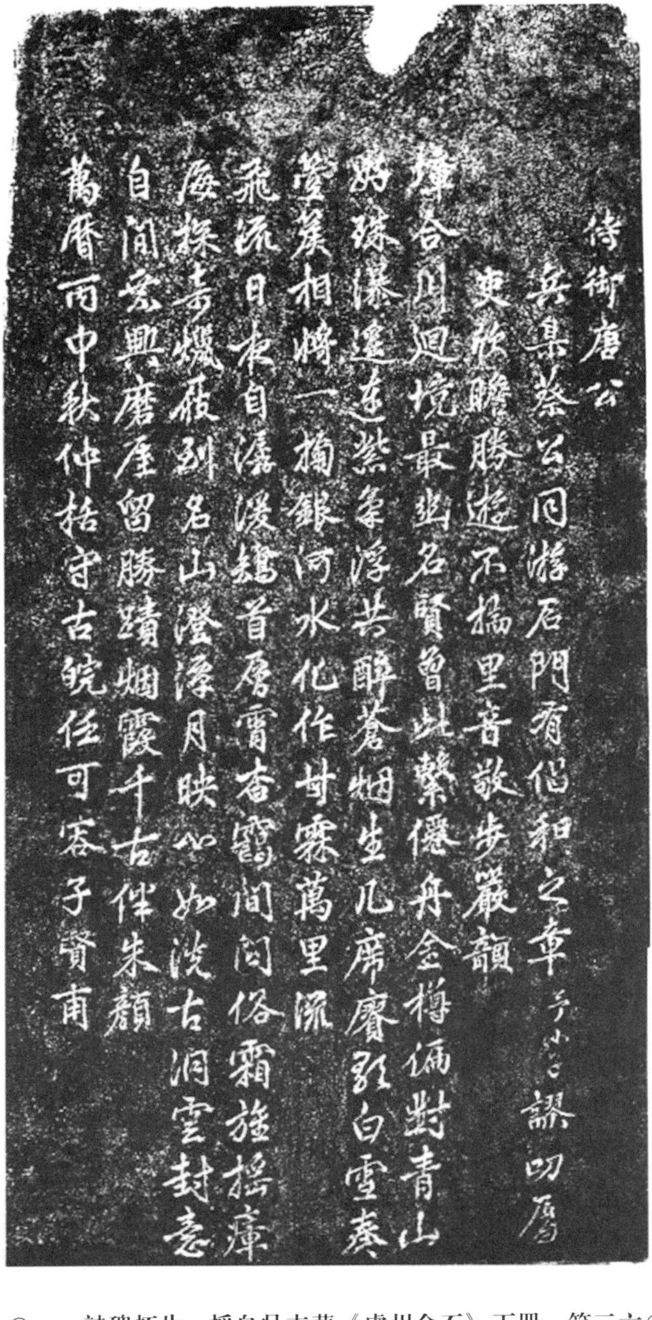

待御唐公

兵巡蔡公同遊石門有侶和之章 苓小兮 謔叭厲

燁合川迴境最幽名賢曾此繫優舟金樽傾對青山

吏敢瞻勝遊不搉里音敬步嚴韻

珠瀑遙連縈象浮共醉蒼煙生凡席麈延白雲來

崑崖相將一掬銀河水化作甘霖萬里深

飛流日本自瀟湲鴛首屬霄窅間問俗霜妶搖庠

海探青燦屐列名山澄漾月映如波古洞雲封盡

自間豪興磨厓留勝蹟煙霞千古伴朱顏

萬曆丙申中秋仲栝守古皖任可容子賢甫

圖一〇一　詩碑拓片，採自吳志華《處州金石》下冊，第三六〇頁

題解：豎立在麗水市青田縣石門洞景區碑廊內，石碑，一方，七言律詩二首，原刻有長篇總題："侍禦唐公∕、兵臬蔡公，同遊石門，有倡和之章。予小子謬叨屬∕吏，欣瞻勝遊，不揣里音，敬步嚴韻。"此方詩碑，高一四〇釐米、寬七十釐米、厚十二釐米，碑面剝蝕嚴重，文字已然難識。吳志華《處州金石》下冊中，見有文字清晰之拓片。據知，碑面系豎寫陰刻，自上而下、自右向左，共計十行，滿行二十個字，字徑約五釐米，楷書，字跡俊逸清麗。

詩末題記作："萬曆丙申秋仲，栝守古皖任可容子賢甫。"題記中的"子"字，系為"字"之同音假借字。據《光緒青田縣志》卷七《古跡志》載，任可容，字賢甫，系安徽懷寧人，曾任處州知府，後擢廣東副使①。結合詩題內容可知，此二詩乃明萬曆二十四年（一五九六），時任處州知州任可容，陪同侍禦唐沖宇、兵臬蔡逢時同遊石門洞時作，勒刻時間與唐沖宇、蔡逢時等詩同。

此方詩碑，《光緒青田縣志》卷七《古跡志》第三五二至三五三頁，以及青田縣文管會編《石門洞太鶴山摩崖碑碣》第五五至五六頁、王友忠《青田文物圖集》第二一二頁、徐文平《石門洞摩崖石刻與碑刻》第一二六頁、吳志華《處州金石》下冊第三五九頁，均見有釋文。筆者二〇一八年五月二日初次訪碑。以下校錄，以吳志華《處州金石》一書中所示拓本為底本，以《光緒青田縣志》為參校本。

釋文：嶂合川廻境最幽[一]，名賢曾此繫偓舟[二]。金樽偏對青山好[三]，珠瀑遙連紫氣浮[四]。共醉蒼煙生幾席[五]，賡歌白雪奏箜篌[六]。相將一掬銀河水[七]，化作甘霖萬裏流[八]。

飛流日夜自潺湲[九]，矯首層霄杳靄間[一〇]。問俗霜旌搖瘴海[一一]，

---

① 光緒《青田縣志》卷七《古跡志》，臺灣成文出版社有限公司 1975 年標點本，第 353 頁。

探奇蠟屐到名山^[一二]。澄潭月映心如洗^[一三]，古洞雲封意自閒。乘興磨崖留勝蹟^[一四]，煙霞千古伴朱顏^[一五]。

校注：

[一] "嶂"，形如屏障的險峰。《廣韻·漾韻》："嶂，山之高險者。"南朝宋沈約《遊鍾山詩應西陽王教》詩："鬱律構丹巘，峻嶒起青嶂。"唐李白《安陸白兆山桃花巖寄劉侍御綰》詩："兩岑抱東壑，一嶂橫西天。""合"，《說文·亼部》："合口也。"《戰國策·燕策二》："蚌方出曝，而鷸啄其肉，蚌合而拑其喙。""川"，河流。《尚書·禹貢》："奠高山大川。"孔安國傳："大川，四瀆。"孔穎達疏："川之大者，莫大於瀆。四瀆謂江、河、淮、濟也。""迴"，《光緒青田縣志》作"回"，"迴"與"回"同。"境"，《光緒青田縣志》作"景"。

[二] "名賢"，知名賢者。北齊顏之推《顏氏家訓·慕賢》："所值名賢，未嘗不心醉魂迷，向慕之也。"明馮夢龍《東周列國志》第八十回："夫差謂範蠡曰：'寡人聞哲婦不嫁破亡之家，明賢不官滅絕之國。'""繫"，《廣韻·霽韻》："縛繫。""僊"，《光緒青田縣志》作"仙"，"僊"與"仙"同。"仙舟"，舟船的美稱。唐盧照鄰《詠史四首》其二："誰知仙舟上，寂寂無四鄰。"張說《和朱使欣二首》其二："自憐如墜葉，泛泛侶仙舟。"

[三] "樽"，《玉篇·木部》："酒器也。"唐李白《前有樽酒行二首》其一："春風東來忽相過，金樽淥酒生微波。"北宋林逋《山園小梅二首》其一："幸有微吟可相狎，不須檀板共金樽。"

[四] "紫氣"，紫色的霞氣，古人以為祥瑞。《史記·老子韓非列傳》："於是老子乃著書上下篇，言道德之意五千餘言而去，莫知所終。"《索隱》引劉向《列仙傳》："老子西遊，關令尹喜望見有紫氣浮關，而老子果乘青牛而過夜。"後人因以"紫氣"表示祥瑞。唐杜甫《秋興》詩："西望瑤池降王母，東來紫氣滿函關。"

[五] "醉"，沉迷。《莊子·應帝王》："鄭有神巫曰季咸，知人之死亡、存亡、禍福、壽夭……列子見之而心醉。"唐宋之問《送趙六貞

固》詩：“目斷南浦雲，心醉東郊柳。”“煙”，《光緒青田縣志》作
“顏”。“蒼煙”，蒼茫的雲霧。唐鮑溶《夏日華山別韓博士愈》詩：“咫
尺歧路分，蒼煙蔽回首。”北宋釋惠洪《漁夫詞·藥山》詞：“松下殘經
看未了，當斜照，蒼煙風撼流泉繞。”“幾席”，幾和席，古人憑依、坐
臥的器具。《史記·禮書》：“疏房牀笫幾席，所以養體也。”清吳偉業
《松鼠》詩：“尋繩透簾幕，掉尾來幾席。”

[六]“賡歌”，作詩唱和。唐張九齡《奉和聖製次成皋先聖擒建德
之所》詩：“尊祖頌先烈，賡歌安可攀。”武元衡《奉和聖制豐年多慶九
日示懷》詩：“賡歌禹功盛，擊壤堯年豐。”

[七]“相將”，相伴，相隨。唐孟浩然《春情》詩：“已厭交歡憐
枕席，相將遊戲繞池臺。”北宋柳永《尉遲杯》詞：“且相將、共樂平
生，未肯輕分連理。”“掬”，《正字通·手部》：“今俗謂兩手所奉為一
掬。”《文子·上德》：“土之勢勝水，一掬不能塞江河。”清丘逢甲《去
歲初抵鮀江，今仍客遊至此，思之憮然》詩：“西風一掬哀時淚，流向
秋江作怒濤。”

[八]“化作”，變成。《西遊記》第十五回：“師傅，你還做夢哩！
卻才是金頭揭諦請了菩薩來，把那澗裏龍化作我們的白馬。”“甘霖”，
及時雨。元方回《次韻金漢臣喜雨》詩：“甘霖三尺透，病體十分輕。”
關漢卿《竇娥冤》第三折：“做甚麼三年不見甘霖降，也只為東海曾經
孝婦冤。”

[九]“飛流”，瀑布。北魏酈道元《水經注·贛水》：“西北五六
裏，有洪井，飛流懸注，其深無底。”清吳偉業《聞臺州警四首》其二：
“軍捫絕磴松根火，士接飛流馬上泉。”

[一〇]“矯首”，抬頭。唐杜甫《又上後園山腳》詩：“窮秋立日
觀，矯首望八荒。”清金農《寄丁敬》詩：“何年共幽覽，矯首海鷗
群。”“層霄”，高空。東晉庾闡《遊仙詩十首》其三：“層霄映紫芝，
潛澗泛丹菊。”唐李白《大獵賦》：“彼層霄與殊榛，罕翔鳥與伏兔。”
“杳靄”，雲霧縹緲貌。唐常建《夢太白西峰》詩：“夢寐升九崖，杳靄
逢元君。”韓翃《題薦福寺衡嶽暕師房》詩：“晚送門人出，鐘聲杳靄

間。”“間”，《光緒青田縣志》作“閒”。

　　［一一］“問俗”，訪風問俗。《禮記·曲禮上》：“入竟而問禁，入國而問俗，入門而問諱。”鄭玄注：“俗，謂常所行與所惡也。”唐孟郊《投贈張端公》詩：“姦邪霜氣直，問俗春辭柔。”“霜旌”，旅途中飽經風霜的旌旗。元郝經《趙邈齪伏虎圖行》詩：“頭顱半妥蹲孤城，怒尾倒插蟠霜旌。”清吳兆騫《獵後再贈昭令》詩：“邊雲壓地霜旌卷，營火連天雪帳開。”“瘴海”，南方有瘴氣之地。唐盧綸《夜中得循州趙司馬侍郎書因寄回使》詩：“瘴海寄雙魚，中宵達我居。”南宋王庭珪《送胡邦衡之新州貶所》詩：“名高北斗星辰上，身墮南州瘴海間。”

　　［一二］“蠟屐”，塗蠟的木屐。唐劉禹錫《送裴處士應制舉》詩：“登山雨中試蠟屐，入洞夏裏披貂裘。”北宋蘇舜欽《關都官孤山四照閣》詩：“他年君掛朱轓後，蠟屐邛枝伴此行。”

　　［一三］“澄”，《廣韻·庚韻》：“水清定。”“澄潭”，清澈的水潭。唐柳宗元《袁家渴記》：“其中重洲小溪，澄潭淺渚，間廁曲折，平者深墨，峻者沸白，舟行若窮，忽又無際。”北宋姜特立《浸碧》詩：“澄潭喬木插晴煙，樹影溪光相接連。”

　　［一四］“乘興”，興會所至。北宋蘇軾《題永叔會老堂》詩：“乘興不辭千裏遠，放懷還喜一樽同。”明李贄《釋迦佛後》：“餘偶來濟上，乘興晉謁夫子廟。”“磨厓”，《光緒青田縣志》作“摩崖”，“磨”與“摩”通，“厓”與“崖”同。《古今韻會舉要·歌韻》：“磨，通作摩。”《集韻·佳韻》：“厓，或作崖。”“磨厓”，勒刻在石壁上的文字或圖像。明郭貞順《上俞將軍》詩：“但屬壺民歌太平，磨厓勒盡韓山石。”清顧炎武《浯溪碑歌》：“真卿作大字，筆法名天下，磨厓勒斯文，神理遺來者。”

　　［一五］“煙”，《光緒青田縣志》作“烟”，“煙”與“烟”同。《說文·火部》：“煙，火氣也。煙，或從因。”“煙霞”，煙霧和雲霞，此處借指山水與山林。南朝梁蕭統《錦帶書十二月啟·夾鐘二月》：“敬想足下，優遊泉石，方曠煙霞。”唐楊炯《原州百泉縣令李君神道碑》：“於時魏特進、房僕射、杜相州等，並以江海相期，煙霞相許。”“朱

顏”，紅潤美好的容顏。南朝宋鮑照《芙蓉賦》：“陋荊姬之朱顏，笑夏女之光發。”南唐李煜《虞美人》詞：　“雕欄玉砌應猶在，只是朱顏改。”

六十四　明許國忠石門洞詩碑

圖一〇二　詩碑今貌，筆者攝

依韻二章

石門松舍自清幽直抄巡方一繫舟川谷解邀驄
驅水雲欲傍繡衣浮巖頭飛瀑疑煙雨葉底鳴蟬雜
謦欬此日登臨傳彩筆宦年誰不羨風流
匹練高懸絕壁隨風散沫有無間冷冷溜響傳
谷霧靄輕煙澹遠山豈是避喧尋吏隱偶因問俗一
投閒羨君同坐遂壺上此挽飛醉顏

萬曆丙申秋仲宣城許國忠

圖一〇三　詩碑拓片，採自徐文平《處州歷代書法》，第九八頁

題解：豎立在麗水市青田縣石門洞景區碑廊內，石碑，一方，七言律詩二首，原刻總題作："依韻二章。"且詩末題記中見有"宣城許國忠"之作者署名。此方詩碑，高一二二釐米、寬六九釐米、厚十二釐米，中間橫向斷裂，通篇豎寫陰刻，自上而下、自右向左，連同末行題記，共計八行，滿行二十字，字徑約五釐米，行書。其中，末行題記作："萬曆丙申秋仲，宣城許國忠。"

　許國忠生平仕歷，略見於《光緒青田縣志》。《光緒青田縣志》卷七《古跡志》轉引《石門洞錄》言：許國忠，安徽宣城人，舉人，同知處州府事，任八年，擢處州府知府①。末行題記中的"萬曆丙申秋仲"紀年，與任可容詩碑相同，均為明萬曆二十四年（一五九六）傳統農曆的秋季第二個月。正如前述唐沖宇、蔡逢時、任可容等三人各自詩碑題解中所言，萬曆二十四年，時任處州府同知的許國忠，與處州知府任可容一起，陪同唐沖宇與蔡逢時遊賞位於甌江之畔的今石門洞景區。此二詩，即為許國忠當時的唱和之作。

　此方詩碑，《光緒青田縣志》卷七《古跡志》第三五三至三五四頁，以及青田縣文管會編《石門洞太鶴山摩崖碑碣》第五六頁、王友忠《青田文物圖集》第二一二頁、徐文平《處州歷代書法》第九八頁、吳志華《處州金石》下冊第三六一頁，皆見有釋文。筆者二〇一八年五月二日初次訪碑。以下校錄，參校以《光緒青田縣志》。

釋文：石門松舍自清幽[一]，直指巡方一繫舟[二]。川穀解邀聽節駐[三]，水雲欲傍繡衣浮[四]。巖頭飛瀑疑煙雨[五]，葉底鳴蟬雜管篌[六]。此日登臨傳彩筆[七]，它年誰不羨風流[八]。

　匹練高從絕壁懸[九]，隨風散沫有無間。泠泠清響傳空穀[一〇]，靄靄輕煙淡遠山[一一]。豈是避喧尋吏隱[一二]，偶因問俗一投閒[一三]。羨君同

---

① 光緒《青田縣志》卷七《古跡志》，臺灣成文出版社有限公司1975年影印本，第354頁。

坐蓬壺上^[一四]，共挽飛泉洗醉顏^[一五]。

校注：

［一］"松舍"，松木建造的房舍。明李夢陽《吳偉松窗讀易圖歌》："請觀此幅松舍圖，黃金失價連城賤。"謝三賓《贈蓮生》詩："何時結松舍，風雨對床眠。"

［二］"直指"，朝廷設置的專職巡視、處理各地政事的官員。東漢荀悅《漢紀·武帝紀六》："民力屈，財貨竭，因之以凶年，群盜並起，道路不通，直指之使始出，衣繡衣，持斧鉞，斬斷於郡國，然後勝之。"明董其昌《節寰袁公行狀》："直指使者按部，必檄公相隨，有所咨決。""巡方"，天子派遣大臣巡察四方。《北史·魏本紀第三·高祖孝文帝》："己亥，遣侍臣巡方省察，問人疾苦，黜陟守宰。"唐曹松《送乞雨禪師臨遇南遊》詩："活得枯樵耕者知，巡方又欲向天涯。"

［三］"川穀"，河谷。西漢司馬相如《上林賦》："前人唱，萬人和，山陵為之震動，川穀為之蕩波。"北宋楊萬里《好事近·七月十三日夜登萬花川穀望月作》詞："月未到誠齋，先到萬花川穀。不是誠齋無月，隔一林修竹。""解"，能夠。唐羅隱《西施》詩："西施若解傾吳國，越國亡來又是誰？""邀"，《直音篇·辵部》："招也。""驄"，《說文·馬部》："馬青白雜毛也。""節"，《集韻·屑韻》："信也。""驄節"，騎馬巡察的高官。東漢班固《東觀漢記》："桓典為禦史，常乘驄馬，京師畏憚，為之語曰：'行行且止，避驄馬禦史。'"

［四］"水雲"，水雲相接之景。南宋朱淑真《江城子·賞春》詞："昨宵結得夢夤緣，水雲間，悄無言。"明楊慎《鷓鴣天·元宵後獨酌》："魚雁杳，水雲重，異鄉節序恨匆匆。""傍"，《字彙·人部》："依也。""繡衣"，繡有彩圖的絲綢衣服，古代貴者所穿。《左傳·閔公二年》："（衛懿公）與夫人繡衣，曰：'聽於二子！'"此處喻指穿繡衣的官吏。"浮"，《正字通·水部》："盛貌。"

［五］"巖"，《說文·山部》："岸也。"唐李白《瀑布》詩："斷巖如削瓜，嵐光破崖綠。""飛瀑"，瀑布。唐司空圖《二十四詩品·典

雅》：“眼琴綠陰，上有飛瀑。”清林則徐《即目》詩：“飛瀑正拖千嶂雨，斜陽先放一峰晴。”“煙雨”，濛濛細雨。五代魏承班《生查子》詞：“煙雨晚晴天，零落花無語。”北宋蘇軾《定風波》詞之上闋：“莫聽穿林打葉聲，何妨吟嘯且徐行。竹杖芒鞋輕勝馬，誰怕？一蓑煙雨任平生。”

[六] “鳴蟬”，秋蟬，知了。唐高適《留別鄭三、章九兼洛下諸公》詩：“遠路鳴蟬秋興發，華堂美酒離憂銷。”清袁枚《所見》詩：“意欲捕鳴蟬，忽然閉口立。”“雜”，《玉篇·隹部》：“糅也。”“管篌”，樂器名。

[七] “傳”，表達。東晉葛洪《抱樸子·行品》：“而口不傳心，筆不盡意。”北宋王安石《半山即事》詩：“欲記荒寒無善畫，賴傳悲壯有能琴。”“彩筆”，辭藻富麗的文筆。唐李商隱《牡丹》詩：“我是夢中傳彩筆，欲書花葉寄朝雲。”北宋賀鑄《青玉案·凌波不過橫塘路》詞：“飛雲冉冉蘅皋暮，彩筆新題斷腸句。”

[八] “它”，《光緒青田縣志》作“他”。段玉裁《說文解字注·它部》：“它，其字或叚佗為之，又俗作他，經典多作它，猶言彼也。”徐灝箋：“古無他字，假它為之，後增人旁作佗而隸變為他。”“羮”，《光緒青田縣志》作“美”。《龍龕手鑑·羊部》：“羮”，同“美”。“風流”，遺風，流風餘韻。北宋歐陽修《跋〈永城縣學記〉》：“唐世執筆之士，工書者十八九，蓋自魏晉以來風流相承，家傳少習，故易為能也。”南宋辛棄疾《永遇樂·京口北固亭懷古》詞：“舞榭歌臺，風流總被雨打風吹去。”

[九] “匹練”，白絹，喻指瀑布。北宋蘇軾《同柳子玉遊鶴林招隱醉歸呈景純》詩：“巔頭匹練兼天淨，泉底真珠濺客忙。”明馮夢龍《警世通言》卷二十三：“遙觀似匹練飛空，遠聽如千軍馳噪。”

[一〇] “泠泠”，形容聲音清脆。唐杜甫《愁》詩：“江草日日喚愁生，巫峽泠泠非世情。”李咸用《水仙操》詩：“琴心不喜亦不驚，安弦緩爪何泠泠。”

[一一] “靄”，《集韻·曷韻》：“雲霧貌。”“靄靄”，雲霧瀰漫貌。

東晉陶淵明《停雲》詩："靄靄停雲，濛濛時雨。"唐張祜《夜雨》詩："靄靄雲四黑，秋林響空堂。"

[一二] "避喧"，避離喧囂的塵世。南朝梁沈約《酬謝宣城朓臥疾》詩："從宦非宦侶，避世作避喧。"唐皇甫冉《贈鄭山人》詩："避喧心已慣，念遠夢頻成。""吏隱"，不以利祿縈心，雖居官而猶如隱者。唐宋之問《藍田山莊》詩："宦遊非吏隱，心事好幽偏。"北宋王禹偁《遊虎丘》詩："我今方吏隱，心在雲水間。"

[一三] "閒"，《光緒青田縣志》作"間"。"投閒"，置身清閒之地。南宋張鎡《送趙季言知撫州》詩："同寅心契每難忘，林野投閒話最長。"明查士標《雪後同方寶臣張諧石遊北固》詩："僻性從來厭市闤，投閒山寺歲將殘。"

[一四] "羑"，《光緒青田縣志》作"羑"，"羑"與"羑"同。"蓬壺"，蓬萊，傳說中仙人所居之地。東晉王嘉《拾遺記·高辛》："三壺則海中三山也。一曰方壺，則方丈也；二曰蓬壺，則蓬萊也；三曰瀛壺，則瀛洲也。"唐鮑溶《寄福州從事殷堯藩》詩："越嶺寒輕物象殊，海城臺閣似蓬壺。"

[一五] "醉顏"，醉酒後的容顏。唐白居易《潯陽宴別》詩："暮景牽行色，春寒散醉顏。"北宋張先《南歌子》詞："浮世歡會少，勞生怨別多。相逢休惜醉顏酡，賴有西園明月、照笙歌。"

六十五　明梁雲構、石萬程仙都合刻詩碑

圖一〇四　詩碑今貌，筆者攝

圖一〇五　詩碑拓片，採自吳志華《處州金石》下冊，第三九〇頁

題解：豎立在麗水市縉雲縣仙都景區初暘山獨峰書院大堂內。此方詩碑，碑額寬一一〇釐米、高三三釐米，篆書陰刻“鹽臺道臺仙都和韻”之總題，字徑約九釐米；碑面寬一一〇釐米、高二一〇釐米，自上而下，共計六欄格。其中，前兩欄依次楷書陰刻有明崇禎年間溫處道鹽臺梁雲構、兵臺石萬程所賦五言古詩各一首，每欄自上而下、自右向左，行數不等，滿行十一字，字徑約一點五釐米。需要特別強調的是，在這兩首五言古詩的末尾，原刻中又摹勒有內容為“梁雲構印”與“石萬程印”的陰文名章兩方。

梁雲構在所著《豹陵集》中自言，他原籍河南蘭考，明崇禎元年（一六二八）進士及第，官至僉都禦史。南明福王時，授兵部侍郎。清軍渡江後，投降清廷，授通政司參議，尋遷大理寺卿，擢戶部左侍郎。石萬程，晚清學者王闓運所編《光緒湘潭縣志》卷八中有傳。據載，石萬程，湖南湘潭人，明天啟二年（一六二二）進士，曾知徽州、常州、杭州，後遷溫處兵備副使，崇禎十三年（一六四〇）辭官，卒於途中。綜考梁雲構、石萬程二人生平仕歷，詩碑所見兩首五言古詩的撰作與勒刻時間，是在明崇禎元年至十三年間。

此方詩碑，吳志華《處州金石》下冊第三八九頁，已見釋文。

筆者二〇一五年十月四日初次訪碑。以下校錄，參校以《處州金石》。

釋文：五花瘦涉歷[一]，遑為汗漫遊[二]？兵使數告我[三]，仙都峙道周[四]。聊以息轀轠[五]，峰壑一席收。予乃為首肯[六]，叱馭過丹丘[七]。旭山易野服[八]，暘穀造深幽[九]。窈窈岩穴古[一〇]，曲澗隱溪流。復雲有奇□[一一]，雁蕩未或侔[一二]。乃舍一輛□[一三]，共禦西方舟[一四]。逕轉蘭輿穩[一五]，嶧□筍出稠。忽瞻鼎湖石[一六]，壁立三千吷。上有十丈蓮[一七]，湖□一□碧。軒後升石端[一八]，仍輾雲車跡[一九]。群臣攀髯號[二〇]，□□□□跡。□□□□厄，嚴□□□遊。□□訪倪翁[二一]，□□憶李白。獨□□□□，□□□馬策[二二]。回首望鼎湖[二三]，□□青煙隔。

攜覽諸名景[二四]，誰稱□□□。仙都俄如至[二五]，別展一山丘[二六]。四□團石壁[二七]，整削擬裁修[二八]。平開萬頃田，中有河之洲。覓洞得暘穀[二九]，玲瓏闢巧幽[三〇]。堆疊殊精異[三一]，神工不可求。低曲懸岩入[三二]，碧草夾清□。足繞百洲澗，面對鼎湖頭。盈盈一水隔，賓主遙相酬[三三]。欲實龍髯事[三四]，蒼黃來問舟[三五]。片葦泠然渡，數折抵其區[三六]。峭嶺奔如驥[三七]，旁生石筍抽[三八]。紛奇並眩□[三九]，十晷誰能□。惟有軒皇石[四〇]，屹然浩氣道[四一]。拔地□□上，參天蕩蕩悠[四二]。麓插金溪底[四三]，清泉對□流。孤迥從無倚[四四]，端嚴何與儔[四五]。徘徊玄造手[四六]，□□若為留。躊步方□□，□□□道周[四七]。

校注：

[一] 此詩末句後，鈐刻有"梁雲構印"之印文，故知為溫處道鹽臺梁雲構之作。"五花"，五花馬，泛指良驥。唐李白《將進酒》詩："五花馬，千金裘，呼兒將出換美酒，與爾同銷萬古愁。"杜甫《高都護驄馬行》詩："五花散作雲滿身，萬裏方看汗流血。""涉歷"，經歷。東漢蔡文姬《胡笳十八拍》之第四拍："尋思涉歷兮多艱阻，四拍成兮益淒楚。"明楊一清《出西郊山行》詩："平生千萬歧，涉歷如周行。"

[二] "遑為"，怎能，常用於反問句中。清戴蘭芬《澤骨行為金岑齋少府作》詩："生者且無食，遑為死者謀。"劉承孝《釣臺歌》："天子但有故人念，匹夫遑為高世情。"

[三] "兵使"，指同行之溫處道兵備副使石萬程。

[四] "道周"，路旁。唐李德裕《東郡懷古二首》其二《陽給事》詩："畢命在旗下，僵屍橫道周。"北宋司馬光《送宋郎中知鳳翔府》詩："驍騎行關外，壺漿擁道周。"

[五] "聊以"，姑且。西晉潘嶽《秋興賦》："逍遙乎山川之阿，放曠乎人間之世。悠哉遊哉，聊以卒歲。"《漢書·南粵王趙佗傳》："老夫故敢妄竊帝號，聊以自娛。""鞲鞶"，鞍鞲和鞶頭，皆為馬具。清姚燮《題韋光黻在山草堂圖即贈》詩："阱虎不肉氣疲餒，縛馬芻槽負鞲鞶。"

[六] "首肯"，點頭許可，表示同意。南宋鄭思肖《自題墨竹》

詩："當時首肯說不得，不意相知有此君。"明沈繼祖《俞舜俞作墨梅八軸皆取古人詩句，請餘賦之》詩："世有鐵心石腸人，舉似我詩應首肯。"

[七]"叱馭"，喻指忠於職守，不避艱險。唐雍陶《蜀中戰後感事》詩："詞客題橋去，忠臣叱馭來。"元稹《奉和權相公行次監闕驛》詩："黃霸乘軺入，忠臣叱馭趨。""丹丘"，傳說中的神仙所居之地，出《楚辭·遠遊》："仍羽人於丹丘兮，留不死之舊鄉。"唐韓翃《同題仙遊觀》詩："何用別尋方外去，人間亦自有丹丘。"

[八]"旭山"，旭日映照之山，此處特指仙都初暘山。"易"，變換，改變。"野服"，鄉野之人所穿的衣服，此處指山巒外景變得天然無華。

[九]"暘穀"，暘穀洞。"造"，達到某種程度、變成某種模樣。"深幽"，僻靜。北宋蘇頌《次韻和前漳守馬郎中三篇·遊山》詩："西山高下極深幽，十里清波一棹遊。"南宋葉適《中奉大夫薛公墓志銘》："山既深幽，草亦茂好。"

[一○]"窔窔"，幽深貌。《說文·穴部》："窔，深肆極也。"王筠《說文解字句讀》："深肆，蓋即深邃。"曹魏阮籍《東平賦》："其居處壅翳蔽塞，窔邃弗章。"明陳子龍《蚊賦》："避術術之廣除，據窔窔之濞帷。"

[一一]"復雲"，厚盛之雲。"復"，厚盛貌。《呂氏春秋·季冬紀》："冰方盛，水澤復。"高誘注："復亦盛也。"

[一二]"雁蕩"，即浙東雁蕩山。唐貫休《諾矩羅贊》："雁蕩經行雲漠漠，龍湫宴坐雨濛濛。""侔"，《廣韻·尤韻》："等也，均也，齊也。"《三國志·吳志·陸遜傳》："德均則眾者勝寡，力侔則安者製危。"

[一三]"舍"，捨棄。《廣韻·馬韻》："舍"，同"捨"。《後漢書·李固傳附李燮》："所交皆舍短取長，好成人之美。"

[一四]"禦"，乘。《漢書·揚雄傳》："風颯颯而扶轕兮，鷺鳳紛其禦蕤。"顏師古注："禦，猶乘也。"《水經注·江水》："有時朝發白

帝，暮到江陵，其間千二百里，雖乘奔禦風，不以疾也。”

[一五]“蘭輿”，古代的一種輕便使車。《後漢書·輿服志》：“近小使車，蘭輿赤轂，白蓋赤帷。從騶騎四十人。”明陳喆《玉虛洞天》詩：“徑轉蘭輿騷客過，風飄紫笛洞仙還。”

[一六]“鼎湖石”，即鼎湖峰。南宋王十朋《鼎湖石》詩：“皇都歸客入仙都，厭看西湖看鼎湖。洞接龍泓片雲還，山分雁宕一峰孤。香清天上碧桃落，音好林間青鳥呼。天遣林泉慰我輩，不容身世老蓬壺。”

[一七]“十丈蓮”，蓮花之別名。清周金然《南池》詩：“環市千絲柳，紛敷十丈蓮。”王素航《遊瑞光寺》詩：“淨土花開十丈蓮，遊人都是小遊仙。”

[一八]“軒”，車子。《文選·江淹〈別賦〉》：“至若龍馬銀鞍，朱軒繡軸。”李善注：“軒，車通稱也。”唐李白《博平鄭太守見訪贈別》詩：“去去桃花源，何時見歸軒。”“石端”，柱石。明湯賓尹《詠黃山松》詩：“石根綯處便成盤，積翠千年老石端。”

[一九]“輾”，碾壓。唐白居易《賣炭翁》：“夜來城外一尺雪，曉駕炭車輾冰轍。”“雲車”，仙人所乘之車。傳說中仙人以雲為車，故稱。《淮南子·原道訓》：“昔者馮夷、大丙之禦也，乘雲車，入雲霓。”唐李白《寄王屋山人孟大融》詩：“所期就金液，飛步登雲車。”

[二〇]“群臣”句，典出《史記·封禪書》：“黃帝采首山銅，鑄鼎於荊山下。鼎既成，有龍垂胡䫇下迎黃帝。黃帝上騎，群臣後宮從上者七十餘人，龍乃上去。餘小臣不得上，乃悉持龍䫇，龍䫇拔，墮，墮黃帝之弓。百姓仰望黃帝既上天，乃抱其弓與胡䫇號。”

[二一]“倪翁”，古之隱者。仙都初暘山有“倪翁洞”。

[二二]“馬策”，馬鞭。唐柳中庸《征人怨》詩：“歲歲金河復玉關，朝朝馬策與刀環。”白居易《題盧秘書夏日新栽竹二十韻》詩：“愛從抽馬策，惜未截魚竿。”

[二三]“回首”，回頭。“鼎湖”，鼎湖峰。

[二四]此詩末尾，鈐刻有“石萬程”之印文，故知此詩為溫處道

兵備副使石萬程之作。"攜覽"，兩人一起遊覽。"名景"，風景名勝。唐盧中《經賀檢舊居》詩："蘭亭名景在，蹤跡未為孤。"

[二五]"俄如至"，很快就到了。"仙都"句意為，作者很快就到達仙都，途中沒有花費太長時間。

[二六]"別展"句意為，當作者來到仙都時，映入眼簾的是一座座山丘。

[二七]"團"，縈繞，環繞。唐李賀《屏風曲》："團迴六曲抱膏蘭，將鬟鏡上擲金蟬。"此句意為，作者環視四周，發現周圍全是石壁。

[二八]"擬"，好比，類似。《徐霞客遊記·粵西遊日記一》："上懸重門，圓整擬剜琢。"

[二九]"晹穀"，即仙都之初晹穀。初晹穀中有三個並連的石洞，玲瓏剔透，圓如米篩，又稱"晹穀三竅"。

[三〇]"闓"，開闊。唐韓愈《陪杜侍禦遊湘西寺》詩："路窮臺殿闓，佛事煥且儼。"

[三一]"殊"，表示程度，相當於"極""甚"。《徐霞客遊記·遊武彝山日記》："泉從壁半突出，疏竹掩映，殊有佳緻。"

[三二]"低曲"，低處的水灣。明張鳳翼《題柳》詩："何似小桃低曲處，一枝斜覆玉窗深。"

[三三]"相酬"，唱和。北宋王安石《午枕》詩："野草自花還自落，鳴禽相乳亦相酬。"明袁宗道《六月三十夜同蕭允升過黃思立齋頭》詩："一見生狂態，相酬多謔音。"

[三四]"實"，《字彙·宀部》："驗也。""龍髯事"，指《史記·封禪書》所載黃帝乘龍升天事。

[三五]"蒼黃"，匆促。唐溫庭筠《湖陰曲》詩："蒼黃追騎塵外歸，森索妖星陣前死。"韓愈《南山詩》："蒼黃忘遽睎，所屬才左右。"

[三六]"數折"，多個彎曲處，形容道路曲折回環。清繆荃孫《新灘》詩："一灘十數折，萬丈飛秋濤。"孫廷銓《甲午季夏閉關十首》其二："入谷已陰森，數折氣益好。"

[三七]"驥"，《說文·馬部》："千里馬也。"《晉書·虞預傳》：

"十室之邑，必有忠信，世不乏驥，求則可致。"此句指，山勢如奔馳中的千里馬一般靈動。

[三八]"石筍"，形如竹筍的石柱。南宋王十朋《石筍》詩："白帝祠前石筍三，根連灩澦立相參。不知此石能言否，往事應同老柏談。""抽"，長出。西晉束皙《補亡詩》："木以秋零，草以春抽。"

[三九]"紛奇"句，極言仙都初暘山景色奇倔且動植物資源豐富。

[四〇]"軒皇"，即黃帝。唐王維《故太子太師徐公挽歌四首》其一："軒皇用風後，傳說是星精。"劉禹錫《九華山歌》："軒皇封禪登雲亭，大禹會計臨東溟。""軒黃石"，指鼎湖峰。

[四一]"浩氣"，光明剛正之氣。唐牟融《謝惠劍》詩："浩然中心發，雄風兩腋生。"明楊繼盛《就義詩》："浩氣還太虛，丹心照千古。""遒"，《增韻·尤韻》："健也。"《三國志·魏志·王粲傳附阮瑀》："公幹首逸氣，但未遒耳。"

[四二]"蕩蕩"，光亮明淨貌。清龔自珍《天琴頌》："於皇穆清，我宅大宇。重華在堂，周公在下，蕩蕩有日月而無風雨。""悠"，長久。唐杜甫《龍門》詩："往還時屢改，川水日悠哉。"

[四三]"麓"，生長在山腳的林木。《周禮·地官·敍》："林衡每大林麓。"鄭玄注："竹木生平地曰林，山足曰麓。"清王士禎《與豹人星公往白鹿洞次迴流山》詩："何處遞松聲，風泉滿林麓。""金溪"，溪流的美稱。

[四四]"孤迴"，孤單，寂寞。唐杜牧《南陵道中》詩："正是客心孤迴處，誰家紅袖憑紅樓。"北宋程俱《豁然閣》詩："寒蟾發淡白，一雨破孤迴。"此句及以下數句，皆為作者對所見景物的擬人化描寫。

[四五]"端嚴"，端莊嚴謹。唐王勃《梓州元武縣福會寺碑》："遂令眾情馳騖，空懷更始之圖；靈座端嚴，未得安居之地。"南宋蔡伸《踏莎行》詩："慈悲方便濟群生，端嚴妙相誰能比。""儔"，匹敵，等同。

[四六]"玄造"，大自然。唐元結《閔荒》詩："令行山川改，功與玄造侔。"劉禹錫《祭虢州楊庶子文》："我今泛然，一委玄造。"

　　[四七]“道周”，路旁。《詩經·唐風·有杕之杜》：“有杕之杜，生於道周。彼君子兮，噬肯來遊？中心好之，曷飲食之！”唐杜甫《後出塞五首》其一：“閭裏送我行，親戚擁道周。”

六十六　明常居敬石門洞詩碑

圖一〇六　詩碑今貌，筆者攝

圖一〇七　詩碑拓片，採自徐文平《處州歷代書法》，第一二九頁

題解： 豎立在麗水市青田縣石門洞景區碑廊內，石碑，一方，鐫刻有七言律詩一首、五言律詩二首並七言絕句一首，原刻皆無詩題，但詩末附見有"武昌心吾"之作者署名。詩碑高一九六釐米、寬八二釐米、厚十四釐米，通篇豎寫陰刻，自上而下、自右向左，連同詩前序文及末行署名，共計十三行，滿行二十九個字，字徑約四釐米，楷書。其中，詩前序文作："萬曆辛卯孟夏，偕曾大參、廖憲副遊石門，觀瀑布，和壁間韻。二君予/同年友也。"

詩作者"武昌心吾"，見於明袁宗道所撰《壽封公龍川郭公七袠序》中。據載，"武昌心吾"即江夏常居敬①。據《同治江夏縣志》卷六《人物志》可知其生平仕歷如下：居敬，字惟一，萬曆二年（一五七四）進士，曾任浙江巡撫，期間因募兵征討倭寇有功而受到嘉獎②。結合序文內容可知，詩碑所見四首詩，乃明萬曆十九年（一六九一）常居敬與同僚"曾大參"、"廖憲副"，同遊石門洞、觀石門飛瀑時撰作，而勒石時間應是在萬曆十九年或其後不久。

此方詩碑，《光緒青田縣志》卷七《古跡志》第三四九至三五〇頁，以及青田縣文管會《石門洞太鶴山摩崖碑碣》第五二至五三頁、王友忠《青田文物圖集》第二一一至二一二頁、徐文平《處州歷代書法》第一二八頁、吳志華《處州金石》下冊第三四八頁，皆見有釋文。筆者二〇一八年五月二日初次訪碑。以下校錄，參校以《光緒青田縣志》。

釋文： 矗矗僊源一逕通[一]，凌霄雙壁映芙蓉[二]。千年幽壑飛晴雪[三]，百丈層巒掛玉龍[四]。座上漫誇輕霧綴[五]，洞門忽訝白雲封[六]。探奇幸有同心侶[七]，獨往當年愧謝公[八]。

使節臨甌越[九]，經行萬疊山。路迷青嶂合[一〇]，舟駛小溪湍[一一]。

---

① （明）袁宏道著，孟祥榮箋：《袁宏道箋注》，湖北人民出版社 2003 年版，第 155—157 頁。

② 同治《江夏縣志》卷六《人物志》，臺灣成文出版產為 1975 年影印本，第 758 頁。

鳥語穿雲徑[一二]，人畊積石田[一三]。顧瞻多麥秀[一四]，瑞可蔔豐年[一五]。

青山萬疊逐行舟[一六]，野老歡呼羨壯遊[一七]。東海年來憔悴甚[一八]，那堪簫鼓任中流[一九]。

一夜溪 流 漲[二〇]，身疑霄漢邊[二一]。濤聲真沸鼎[二二]，雪浪似連天[二三]。野渡孤村沒[二四]，飛泉百道懸[二五]。乘槎訊民瘼[二六]，應不媿張騫[二七]。

校注：

[一]　"蹻"，草鞋。《史記·平原君虞卿列傳》："虞卿者，遊說之士也。蹻屩簷簦說趙孝成王。"裴駰《集解》引徐廣曰："屩，草履也。""蹻蹻"，意作跋涉、遠行。北宋歐陽修《遊龍門分題十五首·上山》："蹻蹻上高山，探險慕幽賞。""僊"，《光緒青田縣志》作"仙"，"僊"與"仙"同。"仙源"，此處指風景勝地。明顧大典《青衫記·郊遊訪興》："花光艷，草色新，且停驂向仙源問津。""逕"，《光緒青田縣志》作"徑"，"逕"與"徑"同。《莊子·徐無鬼》："夫逃虛空者，藜藋柱乎鼪鼬之逕。"陸德明釋文："逕，本亦作徑。"

[二]　"凌霄"，凌雲。西晉陸機《遂志賦》："陳頓委於楚魏，亦凌霄以自濯。"北宋王安石《孤桐》詩："天質自森森，孤高幾百尋。凌霄不屈己，得地本虛心。""映"，照映，相映。《後漢書·張衡傳》："冠咢咢其映蓋兮，佩綝纚以輝煌。"李賢注："映蓋謂冠與車蓋相映也。"《南史·陳後主沈皇后傳附張貴妃》："每瞻視眄睞，光彩溢目，照映左右。""芙蓉"，即木芙蓉，又名木蓮，一種蔓生的常綠灌木。隋江總《南越木槿賦》："千葉芙蓉詎相似，百枝燈花復羞燃。"北宋宋祁《木芙蓉》詩："芙蓉本作樹，花葉兩相宜。慎勿迷蓮子，分明立券辭。"

[三]　"幽壑"，深谷。蜀漢郤正《釋譏》："初升高岡，終隕幽壑。"唐太宗李世民《出獵》詩："怖獸潛幽壑，驚禽散翠空。""晴雪"，晴日之雪。唐錢起《和王員外晴雪早朝》詩："紫薇晴雪帶恩光，繞仗偏隨駕鶩行。"清田蘭芳《將別石仙堂》詩："梅枝幾日穿晴雪，蛛網何時

斷石屏。”

[四]“層巒”，連綿的山嶺。南宋陸九淵《與王謙仲書》：“方丈簷間，層巒疊嶂，奔騰飛動，近者數十裏，遠者數百里，爭奇競秀。”侯寘《水調歌頭·題法華臺》詞：“山鬼善呵護，千載照層巒。”“玉龍”，瀑布。北宋梅堯臣《同永叔子聰遊嵩山賦十二題·天門泉》詩：“静若仙鑒開，寒疑玉龍蟄。”清黃鷟來《賦得匡廬篇壽韓霍嶽觀察》詩：“冰車轉軸玉龍走，蒲牢出海鏗華鐘。”

[五]“漫誇”，四處誇獎。唐白居易《牡丹》詩：“月中虛有桂，天上漫誇蘭。”北宋李之儀《次韻梅花》詩：“開遍漫誇千種韻，天然別是一般香。”“輕霧”，輕柔的雲霧。南唐李煜《菩薩蠻·花明月暗籠輕霧》詞：“花明月暗籠輕霧，今宵好向郎邊去。”“綴”，點綴。《大戴禮記·明堂》：“赤綴戶也。”盧辯注：“綴，飾也。”曹魏曹植《七啟》：“飾以文犀，雕以翠綠，綴以驪龍之珠，錯以荊山之玉。”

[六]“訝”，《廣韻·禡韻》：“嗟訝。”《新唐書·李勣傳》：“使至，高祖訝無表，使者以意聞。”民國李少石《無題》詩：“莫訝頭顱輕一擲，解懸拯溺是吾徒。”“白雲”，白色的雲。漢武帝《秋風辭》：“秋風起兮白雲飛，草木黃落兮雁南飛。”南朝梁陶弘景《詔問山中何所有賦詩以答》詩：“山中何所有，嶺上多白雲。”“封”，封閉。《史記·秦始皇本紀》：“沛公遂入咸陽，封宮室府庫，還軍霸上。”

[七]“探奇”，尋找奇景。唐王維《藍田山石精舍》詩：“探奇不覺遠，因以緣源窮。”北宋曾鞏《寄鄆州邵資政》詩：“溯險飛遊艇，探奇漾釣緡。”“幸有”，正有，本有。唐杜甫《曲江三章，章五句》其三：“自斷此生休問天，杜曲幸有桑麻田，故將移住南山邊。”北宋賀鑄《望湘人》詞：“不解寄、一字相思，幸有歸來雙燕。”“同心侶”，志趣相投的同伴。唐徐彥伯《采蓮曲》詩：“既覓同心侶，復採同心蓮。”清李漁《斷腸詩哭亡姬喬氏》詩：“休言再覓同心侶，豈復人間有二喬。”

[八]“獨往”，一人前往，謂獨行己志。《文選·江淹〈雜體詩·效許詢〉》：“遣此弱喪情，資神任獨往。”李善注：“淮南王《莊子略要》曰：‘江海之士，山谷之人，輕天下，細萬物，而獨往者也。’司馬

彪曰：'獨往，任自然，不復顧世。'"曹魏嵇康《四言贈兄秀才入軍贈》詩："含道獨往，棄智遺身。""愧"，使人感到慚愧。《禮記·表記》："不以人之所不能者愧人。"《後漢書·馬援傳》："季孟嘗折愧子陽，而不受其爵。""謝公"，謝靈運。

　　[九] 此詩的前一行，勒有詩題《青田道中寫懷》。從行文口吻看，此詩及以下兩詩，系為序文中提到的"曾大參""廖憲副"二人之作。"使節"，指常居敬。"臨"，《爾雅·釋詁二》："視也。"曹魏阮籍《詠懷詩八十二首》其十三："登高臨四野，北望青山阿。""甌越"，地理名詞，本指廣大南方地區，此指今浙南閩北一帶。唐陸龜蒙《野廟碑》："甌越間好事鬼，山椒水濱多淫祀。"

　　[一〇] "路迷"，迷路。唐杜牧《山行》詩："家住白雲山北，路迷碧水橋東。""青嶂"，屏障般的青山。《文選·沈約〈鐘山詩應西陽王教〉》："鬱律構丹巘，峻嶒起青嶂。"呂向注："山橫曰嶂。"北宋賀鑄《金人捧露盤》詞："控滄江，排青嶂，燕臺涼。""合"，《說文·亼部》："合口也。"《山海經·大荒西經》："西北海之外，大荒之隅，有山而不合，名曰不周負子。"

　　[一一] "舟駛"，駕駛小舟。南宋陳造《餞寄定海交代》詩："盟言底遽寒，舟駛潮水急。""湍"，水勢急。《文選·張衡〈南都賦〉》："流湍投濈，砏汃輣軋。"李善注："許慎《淮南子》注曰：'湍，水行疾也。'"北宋王安石《上徐兵部書》："暮春三月，登舟而南，並江絕湖，綿二千裏，風波勁悍，雨潦湍猛，窮兩月乃抵家。"

　　[一二] "鳥語"，鳥鳴聲。清蒲松齡《聊齋誌異·鳥語》："中州境有道士，募食鄉村。食已，聞鸝鳴，因告主人使慎火。問故，答曰："鳥雲：'大火難救，可怕。'"眾笑之，竟不備。明日果火，延燒數家，始驚其神。好事者追及之，稱為仙。道士曰：'我不過知鳥語耳，何仙乎！'""雲徑"，雲間小徑。唐楊巨源《送澹公歸嵩山龍潭寺葬本師》詩："洞宮曾向龍邊宿，雲徑應從鳥外還。"北宋王安石《東皋》詩："起伏晴雲徑，縱橫暖水陂。"

　　[一三] "畊"，《光緒青田縣志》作"耕"，"畊"與"耕"同。

《玉篇·田部》："畊，古文耕字。""積石田"，雜有石頭的貧瘠農田。清林培玠《廢鐸噚·鳥銃》："山之東麓，有小蘭若。廟祝一人守之，雅善居。積石田數畝，春耕夏耘秋成以後，扃户托鉢，乞食四方，遇朔望之辰歸。"

［一四］"顧瞻"，環視。《詩經·檜風·匪風》："匪風發兮，匪車偈兮。顧瞻周道，中心怛兮。"唐張鷟《遊仙窟》："餘時漸漸去遠，聲沉不見，惻愴而去。""麥秀"，秀發而未實的麥子。西漢枚乘名賦《七發》："麥秀蘄兮雉朝飛，向虛壑兮背枯槐，依絕區兮臨迴溪。"唐盧象《奉和張使君宴列加朝散》詩："停杯歌麥秀，秉燭醉棠陰。"

［一五］"瑞"，徵兆。唐玄應《一切經音義》卷二十五引《倉頡篇》："瑞，應也。"《墨子·非供下》："昔者三苗大亂，天命殛之，日妖宵出……禹親把天之瑞令（命），以征有苗。""蔔"，預測。《三國志·吳志·孫權傳》："以此蔔君，君果有辭。"唐李商隱《馬嵬》詩："海外徒聞更九州，他生未蔔此生休。"

［一六］"疊"，量詞，層。唐許渾《歲暮自廣江至新興往復中題峽山寺四首》其二："水曲巖千疊，雲重樹百層。""萬疊"，萬層。"逐"，《說文·辵部》："追也。"《商君書·定分》："一兔走，百人逐之。""行舟"，行進中的小舟。唐李益《行舟》詩："柳花飛入正行舟，臥引菱花信碧流。"王灣《次北固山下》詩："客路青山外，行舟綠水前。"

［一七］"野老"，村野老者。唐王維《渭川田家》詩："野老念牧童，倚杖候荊扉。"宋之問《寒食還陸渾別業》詩："野老不知堯舜力，酣歌一曲太平人。""羨"，羨慕。《文選·張衡〈思玄賦〉》："羨上都之赫戲兮，何迷故而不忘。"呂向注："羨，慕也。""壯遊"，心懷壯志而出遊。

［一八］"憔悴"，枯竭。"甚"，《廣雅·釋言》："劇也。"《詩經·大雅·雲漢》："旱既大甚，蘊隆蟲蟲。"

［一九］"那堪"，怎堪，怎能經受。唐李端《溪行遇雨寄柳中庸》詩："那堪兩處宿，共聽一聲猿。"北宋柳永《雨霖鈴》詞："多清自古傷離別，更那堪、冷落清秋節。""簫鼓"，簫與鼓，泛指奏樂，此處指

尋常人。"任"，擔任。清喬萊《碻山道中》詩："聞言三嘆息，誰其任州府。""中流"，此處指重任。

[二〇] 此詩的前一行，勒有詩題："舟行芝田夜漲。""芝田"，"青田"之別名。"流"，原刻漫漶，此處據《光緒青田縣志》補。

[二一] "霄漢"，天河，代指天空。《後漢書·仲長統傳》："不受當時之責，永保姓名之期。如是，則可以陵霄漢，出宇宙之外矣。"明宋濂《看松庵記》："庵之東北，又若干步，山益高，峰巒益峭刻固，氣勢欲連霄漢。"

[二二] "濤聲"，波濤發出的聲響。明高啟《登金陵雨花臺望大江》詩："石頭城下涛声怒，武騎千群誰敢渡。""沸鼎"，鼎沸，嘈雜。清蒲松齡《長堤》詩中有："狂河翻沸鼎，濕徑滑征蹄。"

[二三] "雪浪"，雪白的浪花。唐汪遵《東海》詩："漾舟雪浪映花顏，徐福攜將竟不還。"北宋周邦彥《水龍吟·梨花》詞："雪浪翻空，粉裳縞夜，不成春意。""連天"，連續不斷。唐王昌齡《芙蓉樓送辛漸二首》其一："寒雨連天夜入吳，平明送客楚山孤。"南宋李清照《點絳唇·閨思》詞："人何處，連天衰草，望斷歸來路。"

[二四] "野渡"，野外的渡口。唐韋應物《滁州西澗》詩："春潮帶雨晚來急，野渡無人舟自橫。"南宋吳潛《海棠春·郊行》詞："雲梢霧末，溪橋野渡，盡是春愁落處。""沒"，隱沒，消失不見。西漢蘇武《詩四首》之三："征夫懷往路，起視夜何其。參辰皆已沒，去去從此辭。"清周實《中秋偕棠隱對月》詩："江山幾廢興，海陸互生沒。"

[二五] "飛泉"，從峭壁上流出的泉水。西漢王褒《九懷·通路》："北飲兮飛泉，南采兮芝英。"《後漢書·耿恭傳》："聞昔貳師將軍拔佩刀刺山，飛泉湧出。""道"，量詞。隋王劭《舍利感應記》："十四日夜，有光三道，從堂而出。"唐李白《廬山謠寄盧侍禦虛舟》詩："黃雲萬裏動風色，白波九道流雪山。"

[二六] "槎"，木筏、竹筏。"乘槎"，乘筏到天河，本義謂登仙，此處喻指入朝做官。唐杜甫《奉贈蕭二十使君》詩："起草鳴先路，乘槎動要津。""訊"，《說文·言部》："問也。""民瘼"，百姓疾苦。語本

《詩經·大雅·皇矣》:"皇矣上帝,臨下有赫,監觀四方,求民之瘼。"
唐太宗李世民《出獵》詩:"所為除民瘼,非是悅林叢。"

　　[二七]"媿",《光緒青田縣志》作"愧","媿"與"愧"同。
《漢書·文帝紀》:"以不敏不明而久撫臨天下,朕甚自媿。"顏師古注:
"媿,古愧字。""張騫",西漢初期名臣,為漢武帝鑿空西域、北擊匈
奴,立下了汗馬功勞。

六十七　明蘇茂相石門洞詩碑

圖一○八　詩碑今貌，筆者攝

圖一〇九　詩碑拓片，採自吳志華《處州金石》下冊，第三七七頁

題解：豎立在麗水市青田縣石門洞景區碑廊內，石碑，一方，五言律詩一首，原刻無題，但詩末題記中見有"石水蘇茂相"之作者署名。詩碑碑面橫長七四釐米、縱高一五〇釐米，中間橫向斷裂，通篇豎寫陰刻，自上而下、自右向左，連同詩末題記，共計六行，滿行十二字，字徑約八釐米，楷書。其中，詩末題記作："石門洞停舟中，有飛泉千尺。／天啟二年初夏，石水蘇茂相題。"

據詩末題記知，此二首五言律詩，乃明天啟二年（一六二二）"石水蘇茂相"觀石門飛瀑時的感懷之作。據《光緒青田縣志》卷七《古跡志》載，蘇茂相，字宏家，福建晉江人，萬曆年間進士，天啟年間曾巡撫浙江①。蘇茂相應即在浙江巡撫任上時撰作此詩。

此方詩碑，《光緒青田縣志》卷七《古跡志》第三五八頁，以及青田縣文管會編《石門洞太鶴山摩崖碑碣》第五七至五八頁、王友忠《青田文物圖集》第二一二頁、徐文平《處州歷代書法》第一三四頁、吳志華《處州金石》下冊第三七七頁，均見有釋文。筆者二〇一八年五月二日初次訪碑。以下校錄，參校以《光緒青田縣志》。

釋文：如此泉為洞，真堪石作 門 [一]。從天 飛雪竇[二]，特地擘雲根[三]。舟泝 桃花入[四]，碑看蘇字存[五]。平生丘壑意[六]，靜眺欲何言[七]。

校注：

[一] "門"，原刻已磨平，此處據《光緒青田縣志》補。

[二] "從天"，原刻已磨平，此處據《光緒青田縣志》補。"雪竇"，今浙江奉化市溪口鎮雪竇寺。雪竇寺，始建於西晉元康年間，南宋時被敕為"五山十刹"之一，明代列入"天下禪宗十刹五院"之一，

---

① 光緒《青田縣志》卷七《古跡志》，臺灣成文出版社有限公司 1975 年影印本，第 358 頁。

民國躋身"五大佛教名山"之一。明王守仁有《雪竇山》詩："窮山路斷獨來難,過盡千溪見石壇。高閣鳴鐘僧睡起,深林無暑葛衣寒。蟄雷隱隱連岩瀑,山雨森森映竹竿。莫訝諸峰俱眼熟,當年曾向畫圖看。"

〔三〕"擘",《釋言》:"剖也。"《史記·刺客列傳》:"既至王前,專諸擘魚,因以匕首刺王僚。"唐李白《西嶽雲臺歌送丹丘子》詩:"巨靈咆哮擘兩山,洪波噴流射東海。""雲根",山石。唐杜甫《瞿塘兩崖》詩:"入天猶石色,穿水忽雲根。"民國時期傅熊湘《焦山瘞鶴銘》詩:"墨痕斑駁蘚花濕,雲根割取如人立。"

〔四〕"舟泝",原刻已磨平,此處據《光緒青田縣志》補。"泝",《玉篇·水部》:"逆流而上也。"《新唐書·竇建德傳》:"運糧泝河西上,舟相屬不絕。"《徐霞客遊記·遊嵩山日記》:"第沿江泝流,曠日持久,不若陸行舟返,為時較速。"

〔五〕"蘚字",覆蓋有苔蘚的刻字。北宋史季溫《遊鼓山》詩:"武夷榜墨千年在,任使重岩蘚字斑。"明李夢陽《少林寺》詩:"唐碑漢碣蘚字剝,虎啼猿嘯羅燈紅。"

〔六〕"丘",《光緒青田縣志》作"邱","丘"與"邱"同。孔子,名丘。清雍正三年,為避孔丘諱,雍正帝下詔除四書五經外,凡遇"丘"字,皆加"阝"旁為"邱"。"丘壑",山陵和溪穀,此處借指隱居之地。金王若虛《茅先生道院記》:"雖寄跡市朝,而丘壑之念未嘗一日忘。"南宋盧祖皋《洞仙歌·壽外舅》詞:"平生丘壑志,未老求閒,天亦徘徊就歸計。"

〔七〕"眺",《廣韻·嘯韻》:"視也。"西漢張衡《南都賦》:"微眺流睇,蛾眉連卷。"

六十八 明張延登石門洞詩碑

圖一一〇　詩碑今貌，筆者攝

圖一一一　詩碑拓片，採自吳志華《處州金石》下冊，第三八〇頁

　　題解：豎立在麗水市青田縣石門洞景區碑廊內，石碑，一方，七言古詩一首，原刻題作《遊石門洞》，且詩末題記中見有"濟南張延登"之作者署名。此方詩碑，高一三八釐米、寬八十釐米、厚十二釐米，碑額及碑座四周皆鐫刻有精緻的雲紋圖案，碑面通篇豎寫陰刻，自上而下、自右向左，連同詩末題記，共計十行，滿行二十二個字，字徑約四釐米，楷書，字跡大氣舒朗。其中，詩末題記作："崇禎歲戊辰夏四月/濟南張延登題。"

　　據題記內容知，此詩為明崇禎元年（一六二八）夏四月，濟南張延登遊青田石門洞時題刻。細審碑面可以發現，此則張延登題記後另起一行，又有一則字跡相同但文字略小的書丹者題記："署處州府事同知東口馬承緒書。"而在這則書丹者題記之後，又摹勒張延登、馬承緒的陰文名章、閒章各一方。可見，這方詩碑所見張延登七言古詩，是由時任處州府同知馬承緒書寫。據清人筆記《罪惟錄》列傳卷十一《經濟諸臣列傳下》，以及《光緒處州府志》卷十三《文職志》載，詩作者"張延登"，字濟美，號華東，山東鄒平人，明萬曆二十年（一五九二）進士，天啟七年（一六二七）巡撫浙江，崇禎五年（一六三二）升任工部尚書①；書丹者"馬承緒"，系為寧海州（今屬山東）人，崇禎初年擢處州郡丞，因廉平有政績，巡撫、巡按皆委以重任，命其監軍北上援遼，事竣後輒告歸還鄉②。崇禎元年前後，二人正在浙江任上。

　　此方詩碑，《光緒青田縣志》卷七《古跡志》第三六二頁，以及青田縣文管會《石門洞太鶴山摩崖碑碣》第五八頁、王友忠《青田文物圖集》第二一二頁、徐文平《石門洞摩崖石刻與碑刻》第一三一至一三二頁、吳志華《處州金石》下冊第三七九頁，皆有釋文。筆者二〇一八年五月二日初次訪碑。以下校錄，參校《光緒青田縣

---

　　① （清）查繼佐：《罪惟錄》列傳卷一一《經濟諸臣列傳下》，浙江古籍出版社2012年版，第1766頁。

　　② 光緒《處州府志》卷一三《文職志》，臺灣成文出版社有限公司1974年影印本，第390頁下欄。

志》。

釋文：峰作女陴石作城[一]，洞門雙闕雲作扃[二]。初到窈窕晝寂
寂[三]，旋聞噴薄雨溟溟[四]。萬仞鐵崖遮天黑[五]，百道珠顆落池泠[六]。
鮫人雪涕粼粼下[七]，玉女翻盆細細傾[八]。只尺之間笑雁宕[九]，合拉天
臺為弟兄[一〇]。須臾山風四面集[一一]，閃電奔雷何太急[一二]。標表雖縣
康樂公[一三]，開鑿自是神明力。蔓草深處印虎蹄[一四]，石罌還有潛虯
匿[一五]。我亦凜乎不可留[一六]，舟中回望三歎息。抄來碑詩多魯魚[一七]，
重讀謝句韻淅瀝[一八]。

校注：

[一] "峰"，《光緒青田縣志》作"峯"，"峰"與"峯"同。"女
陴"，城墻上呈凸凹形的矮墻。《釋名·釋宮室》："城上垣，曰睥
睨，……亦曰女墻，言其卑小比之於城。"明孫一元《秋晚登鎮海樓》
詩："樓上輕雲散女陴，樓前狂客獨支頤。"清許承欽《偏頭關》詩：
"隔水收河套，攢峰固女陴。""城"，《光緒青田縣志》作"闉"。

[二] "作"，《光緒青田縣志》作"為"。"扃"，《光緒青田縣志》
作"扄"。《正字通·戶部》："扄，俗扃字。""扃"，門戶。南朝齊孔稚
圭《北山移文》："雖情投於魏闕，或假步於山扃。"北宋蘇軾《四時
詞》："夜香燒罷掩重扃，香霧空濛月滿庭。"

[三] "窈窕"，幽深貌，此處指石門洞景觀。"晝"，《說文·畫
部》："日之出入，與夜為界。"《宋史·蘇頌傳》："夜囚晝繫，雖死無
以償。""寂寂"，寂靜無聲。曹魏曹植《釋愁文》："寂寂長夜，或群或
黨，去來無方，亂我精爽。"明歸有光《項脊軒志》："庭階寂寂，小鳥
時來啄食，人至不去。"

[四] "旋"，《廣韻·仙韻》："疾也。""旋聞"，隨即聽到。唐賀
朝《從軍行》詩："始看晉幕飛鵝入，旋聞齊壘啼烏聲。"南宋陸遊
《送七兄赴揚州帥幕》詩："初報邊烽照石頭，旋聞胡馬集瓜州。""噴
薄"，噴湧貌，此處指石門飛瀑發出的聲響。唐李白《送王屋山人魏萬

還王屋》詩："咆哮七十灘，水石相噴薄。"元全履祥《洞山十詠·椒庭》："洞泉噴薄雨鳴雷，竹石參差風繞楹。""溟"，《說文·水部》："小雨溟溟也。""溟溟"，小雨貌。唐張沁《春江雨》詩："雨溟溟，風冷冷，老松瘦竹臨煙汀。"清周亮工《張瑤星寄劄並得友蒼開士近》詩："莫話當年塵土夢，松風閣下雨溟溟。"

　　[五]"仞"，古代長度單位。一仞的具體長度，有四尺、五尺六寸、七尺、八尺等多種說法。"萬仞"，形容極高。唐王之渙《涼州詞二首》其一："黃河遠上白雲間，一片孤城万仞山。""鐵崖"，如玄鐵一般黝黑的山崖。

　　[六]"珠顆"，水珠的美稱。北宋晏殊《破陣子》詞："金菊滿叢珠顆散，海燕辭巢翅羽輕。"南宋葛立方《玉漏遲》詞："魚咂荷衣，珠顆亂傾無數。""池"，《光緒青田縣志》作"地"。"泠"，《玉篇·水部》："清也。"唐韓愈《和崔舍人詠月》詩："浩蕩英華溢，蕭疏物象泠。"

　　[七]"鮫人"，傳說中居住在海底的奇人。出西晉張華《博物志·異人》："南海外有鮫人，水居如魚，不廢織績，其眼能泣珠。"唐顧況《龍宮操》詩："鮫人織綃采藕絲，翻江倒海傾吳蜀。"方幹《題古人廢宅二首》其一："舉目凄涼入破門，鮫人一飯尚知恩。"相傳鮫人善於紡織、眼能泣珠，故此句中有"雪涕粼粼下"之語。"雪涕"，晶瑩的淚珠。"粼粼"，明淨貌。

　　[八]"玉女翻盆"，化用"玉女盆"之典。"玉女盆"，出南朝宋王韶之《太清記》："華山絕頂有石臼，號玉女洗頭盆，中有碧水，未嘗增減。""傾"，傾盡，全部倒出。唐杜甫《追酬故高蜀州人日見寄》詩："遙拱北辰纏寇盜，欲傾東海洗乾坤。"

　　[九]"只"，《光緒青田縣志》作"咫"，"只"與"咫"通。"只尺"，即咫尺，形容距離短。唐錢起《江行無題》詩之六九："只尺愁風雨，匡廬不可登。"元袁易《杭州道中書懷四首》其二："往來迷只尺，收斂忽斯須。"清方文《宿義津橋不及訪姚休那先生寄此》詩："只尺南林路，依依有夢親。""雁宕"，即雁蕩山。明文徵明《詩人孫太初》

詩：“天臺雁宕平生夢，憑仗詩囊次第收。”

［一〇］“拉”，集結。“臺”，《光緒青田縣志》作“潢”。“天臺”，浙東天臺山，此處借指石門洞。“合拉天臺”，意作在石門洞相聚。

［一一］“須臾”，表示時間短暫。明吳承恩《西遊記》第六十二回：“長老策馬，須臾到門。”

［一二］“奔雷”，猛烈的雷電。明施耐庵《水滸傳》第一回：“風過處，向那松樹背後，奔雷也似吼一聲，撲地跳出一隻吊睛白額錦毛大蟲來。”

［一三］“表”“雖”“縣”三字，《光緒青田縣志》分別作“勝”“端”“由”。“標表”，榜樣。北宋範仲淹《竇諫議錄》：“竇禹鈞，範陽人，為左諫議大夫，致仕，諸子進士登第，義風家法，為一時標表。”“縣”，遠。《荀子·禮論》：“先王恐其不文也，是以縣其期足之日也。”“康樂公”，謝靈運。唐李山甫《山中寄梁判官》詩：“康樂公應頻結社，寒山子弟亦患多才。”

［一四］“蔓”，蔓延。“蔓草”，四散蔓延的野草。唐李白《行路難三首》其二：“昭王白骨縈蔓草，誰人更掃黃金臺？”杜甫《琴臺》詩：“野花留寶靨，蔓草見羅裙。”

［一五］“罅”，裂紋。《方言》卷六：“器破而未離謂之罅。”“石罅”，意作岩石的裂縫。《徐霞客遊記·遊雁蕩山日記後》：“北望觀音峰下，有石罅若門，層列非一。”“虯”，《龍龕手鑑·蟲部》：“無角龍也。”“潛虯”，潛龍。西晉左思《蜀都賦》：“下高鵠，出潛虯。”唐孟郊《寄張籍》詩：“浮雲何當來，潛虯會騰飛。”

［一六］“凜”，《光緒青田縣志》作“懍”，形近致誤。“凜”，段玉裁《說文解字注·冫部》：“引申為敬畏之偁。”北宋蘇軾《後赤壁賦》：“予亦悄然而悲，肅然而恐，凜乎其不可留也。”

［一七］“抄來”“重讀”兩句，《光緒青田縣志》未能釋錄。“碑詩”，碑刻之詩。“魯魚”，指文字在傳抄過程中發生的訛錯現象。典出《抱樸子·內篇》卷十九《遐覽》：“書字人知之，猶尚寫之多誤。故諺曰：‘書三寫，魚成魯，虛成虎，此之謂也。’”

　　[一八]“謝句”，指青田縣石門洞石壁上的兩首謝靈運詩。“韻”，詩詞作品中的押韻。《文心雕龍·聲律》：“異音相從謂之和，同聲相應謂之韻。”范文瀾注：“同聲相應謂之韻，指末句所用之韻。”金王若虛《滹南詩話》：“詩之有韻，如風中之竹。”

六十九 清王崇銘石門洞詩碑

圖一一二　詩碑今貌，筆者攝

圖一一三　詩碑拓片，採自吳志華《處州金石》下冊，第四〇四頁

　　題解：原本鑲嵌在麗水市青田縣石門洞景區劉基祠後堂外牆上，後來被遷移至景區碑廊內保存，石碑，一方，七言律詩一首，原刻無詩題，但詩末題記中見有"析城王崇銘"之作者署名。此方詩碑，碑額鑴有精美的龍雲花紋，碑面橫長七十二釐米、縱高一六五釐米，通篇豎寫陰刻，自上而下、自右向左，連同末行題記，共計七行，滿行十字，字徑約七釐米，行書，字跡灑麗。其中，詩末題記作："栝守析城王崇銘題。"

　　"王崇銘"之名，見於《光緒處州府志》卷十三《文職志》。據載，王崇銘，山西陽城人（此詩末尾題記中的"析城"，即今山西省晉城市陽城縣析城山），清順治七年到十二年間（一六五〇至一六五五）曾任職處州知府①。此詩的撰作和勒石時間，當在此間。另外，青田縣太鶴山混元峰石壁上，還見有王崇銘"靈山法石"行書摩崖。

　　此方詩碑，青田縣文管會編《石門洞太鶴山摩崖碑碣》第六〇頁、徐文平《石門洞摩崖石刻與碑刻》第一三三至一三四頁、王友忠《青田文物圖集》第二一二頁，以及吳志華《處州金石》下冊第四〇四頁，皆見有釋文。筆者二〇一八年五月二日初次訪碑。以下校錄，參校以《石門洞太鶴山摩崖碑碣》。

　　釋文：誰把珠簾掛碧空[一]，五丁鑿破石渠中[二]。兩峰峙立開閶闔[三]，一水奔流出岫淙[四]。雪浪紛披煙霧靄[五]，銀河噴薄電雷沖[六]。尋春自古多豪俠[七]，若問傳奇數謝公[八]。

　　校注：

　　[一]"珠簾"，珍珠綴合成的簾子，此指石門瀑布。"碧空"，蔚藍的天空。唐李白《黃鶴樓送孟浩然之廣陵》詩："孤帆遠影碧空盡，唯

---

　　① 光緒《處州府志》卷一三《文職志》，臺灣成文出版社有限公司 1974 年影印本，第 386 頁下欄。

見長江天際流。"

〔二〕"五丁"，傳說中古蜀國的五個力士。西漢揚雄《蜀王本紀》："天為蜀王生五丁力士，能徙蜀山。"唐白居易《秦和思黯相公以李蘇州所寄太湖石》詩："渡江一葦載，入洛五丁推。"

〔三〕"峙立"，並立。《三國志・吳志・吳主傳》：黃武四年夏六月，"以太常顧雍為丞相。"裴松之引《吳書》注："（陳化）為郎中令使魏，魏文帝因酒酣，嘲問曰：'吳魏峙立，誰能平一海內者乎？'""閶闔"，傳說中的天門。《楚辭・屈原・離騷》："吾令帝閽開關兮，倚閶闔而望予。"王逸注："閶闔，天門也。"唐王初《銀河》詩："閶闔疏雲漏絳津，橋頭秋夜鵲飛頻。"

〔四〕"岫"，山洞，岩穴。《爾雅・釋山》："岫，山有穴為岫。"郭璞注："岫，謂巖穴。""淙"，《六書故・地理三》："飛流也。""岫淙"，從洞穴中湧出的水流。

〔五〕"雪浪"，雪白的水花。北宋蘇軾《歸朝歡・和蘇堅伯固》詞："我夢扁舟浮震澤，雪浪搖空千頃白。""紛披"，散亂。北周庾信《枯樹賦》："紛披草樹，散亂煙霞。""煙霧靄"，指四散的水花如煙如霧。

〔六〕"電雷沖"，指水流激蕩而發出的聲音響如雷電。

〔七〕"尋春"，踏春，春日出遊。唐陳子昂《晦日宴高氏林亭》詩："尋春遊上路，追宴入山家。"南唐李煜《子夜歌》詞："尋春須是先春早，看花莫待花枝老。"

〔八〕"傳奇"，以往尋春活動中出現的傳奇人物。"謝公"，即謝靈運。唐李白《夢遊天姥吟留別》詩："謝公宿處今尚在，淥水蕩漾清猿啼。"

七十　清魏文瀛獅山詩碑

圖一一四　詩碑今貌，筆者攝

　　題解： 豎立在麗水市雲和縣元和街道睦田村獅山頂（與下述民國魏蘭詩碑位置鄰近，皆在山頂普仁寺旁），石碑，一方，七言律詩一首，原刻題作《重九晚登獅山》，且詩題後附見有“魏文瀛”之作者署名。此方詩碑，通篇豎寫陰刻，自上而下、自右向左，連同首行之詩題及作者署名，共計五行，每行兩句十二字，行書。

　　清潘衍桐《兩浙輶軒續錄》，收有魏文瀛詩五首，但此詩未在其中。據《同治雲和縣志》卷十二《人物志》載，魏文瀛，道光辛巳舉人，文瀛其人“礪行積學。官江蘇時，有疑獄不能決，檄文瀛往鞫，得實，大吏稱其能。歷署上海、金山、華亭諸縣，所在皆得民心。金山捐俸濬河，民賴其利。林文忠撫吳，保升知州。旋以母憂，哀毀卒。”有《借觀樓詩稿》、《燕遊艸》、《鳴琴遺韻》等著述存世。魏文瀛，乃民國雲和縣籍辛亥革命志士魏蘭的祖父。此方魏文瀛詩碑，與下述魏蘭詩碑，相距僅約五十米，且兩者石質與字跡皆同。所以，我們有理由認為，此方魏文瀛詩碑，應是民國時期刊立。

　　此方詩碑，《同治雲和縣志》、《欓林金石志》、《處州金石》等各家州縣方志及金石著作，均未見收錄。筆者二〇二三年十月三十日在雲和縣獅山頂複勘民國魏蘭詩碑時，偶然中覓見此碑。

　　釋文： 萸觴宴罷踏山来[一]，獅乳泉頭望幾回[二]。一樹晚鴉连霧合，數聲歸雁掠烟開[三]。寺鐘响遏雲停月[四]，牧笛吹殘風捲埃[五]。路轉橋頭迷薄暮，夕陽紅葉映樓台[六]。

　　校注：

　　[一]“来”，今“来”為“來”之簡化字。“萸觴宴”，代指重陽酒宴。“踏山”，到山中遊訪。南宋陳與義《入城》詩：“舴艋沂溪来，款段踏山去。”

　　[二]“獅乳泉”，雲和縣獅山上一口依山岩而開鑿的古井。因泉水是從岩縫中流出且呈乳白色，故而得名“獅乳泉”。此井，相傳為五代後周顯德五年（九五八）獅山普仁寺僧鑿成，且井額石壁上橫向陰刻有

北宋蘇軾手書"噴雪"二字。"幾回"，幾次。唐杜甫《將赴成都草堂途中有作先寄嚴鄭公》五首其一："五馬舊曾諳小徑，幾回書札待潛夫。"

　　［三］"烟"，與"煙"同。《說文·火部》："煙，火氣也。烟，或從因。"今"烟"字通行。

　　［四］"响"，今"响"為"響"的簡化字。"寺鐘"，此處指獅山普仁寺的鐘聲。按，普仁寺位於獅山頂，與"獅乳泉"彼此臨近。"過雲""停月"，皆指鐘聲響亮。

　　［五］"殘風""捲埃"，皆指牧童吹奏出的笛聲悅耳動聽。

　　［六］"路轉""夕陽"兩句，系為作者下山時所見沿途風景。

七十一　清李遇孫等人南明山合刻詩碑

圖一一五　仁壽寺今貌，筆者攝

圖一一六　詩碑今貌，筆者攝

　　題解： 鑲嵌在麗水市蓮都區南明山仁壽寺內一間辦公用房的①墙壁上，石碑，一方，鐫刻有七言律詩七首，原刻皆無詩題。此方詩碑，橫長九十釐米、縱高三十六點五釐米，通篇豎寫陰刻，自上而下、自右向左，連同詩前序文，共計三十三行，滿行十六個字，字徑約一釐米，楷書，字跡工整。其中，首四行為序文：“庚子正月廿又六日，楊文驤明府招/同徐薈亭山長遊南明山，即席賦詩。/用前日明府和原韻，錄似/普潮上人補壁，以要和者。”

　　七首七律分別出自清人李遇孫、楊炳奎、徐望璋等三人之手。

---

① 該辦公用房，為麗水市佛教協會辦公室所在地，其門口掛有 “麗水市佛教協會” 門牌。筆者訪石時，幸賴仁壽寺主持提示，才在該用房的墻壁一角見到此方詩碑。

其中，李遇孫詩三首、楊炳奎詩二首、徐望璋詩二首。原碑中的七首詩，是以撰者官職高低為序，進行了兩輪羅列：李遇孫七律二首→楊炳奎七律一首→徐望璋七律一首→李遇孫七律一首→楊炳奎七律一首→徐望璋七律一首。各詩末尾，皆有作者署名。而三位詩作者中，李遇孫、徐望璋二人，學界瞭解較多①，唯有"楊炳奎"一人，卻長期缺乏了解。筆者翻閱《光緒慶元縣志》，偶獲蛛絲。據載，楊炳奎，陝西舉人，道光十八年（一八三八）屬慶元知縣。據李遇孫、徐望璋、楊炳奎等三人行跡推測，詩序中的"庚子"，應是道光二十年（一八四○年）。

此方詩碑，吳志華《處州金石》下冊第五五八頁，已見有釋文。同時，七首七言律詩中的第七首，又見於清潘衍桐《兩浙輶軒續錄》。筆者二○一八年六月十七日初次訪碑。以下校錄，參校《兩浙輶軒續錄》（簡稱"甲本"）、《處州金石》（簡稱"乙本"）。

釋文：漫言我輩盡酸寒[一]，今日同遊現宰官[二]。客到久將鴻爪認[三]，僧居真似鶴巢安[四]。摩挲靈跡仙何在[五]，次第交情酒合懷。留戀韶光難遽別[六]，試看香篆幾回盤[七]。

踏破琉璃碧玉寒[八]，身輕豈必在無官。偶偕伯起楊夫子[九]，來訪彌天釋道安[一○]。大眾同心成此願，諸天合掌盡生歡。栝州太守如椽筆[一一]，定見橫空硬語盤[一二]。

雄文光射覺生寒[一三]，管領溪山屬長官[一四]。作客久邀良友契[一五]，參禪同問老僧安。道源舊有西崑注[一六]，佛印新追玉局歡[一七]。幾度功修登上乘，冰心定照月雙盤[一八]。

自嗟骨相太酸寒[一九]，白首猶難博一官。於世何須誇舌在，尋幽只要看心安。宿緣慢證三生約[二○]，遊跡還餘半日歡。妙解可能酬馬祖[二一]，石頭路滑踏千盤。

---

① 李遇孫，字慶伯，號金蘭，嘉興人，曾官處州訓導；徐望璋，字達珍，號薈亭，麗水人，嘉慶丙子舉人，官武義教諭。

天外飛來有此亭[二二]，十年宦跡喜才經[二三]。何妨小坐披林葉，競欲題詩點石屏。倚杖看生雲冉冉[二四]，憑欄聽到水泠泠[二五]。斯遊不減山陰道[二六]，日喚籃輿不暫停[二七]。

擬結蘭亭會不成[二八]，米癲遺跡訪南明[二九]。花香鳥語途中趣，曲水流觴夢裏情[三〇]。小築幾年橫古澗，曠懷此地集耆英。揚鞭指日清溪去[三一]，聊作山陰道上行。

巖隈寒溜瀉濺濺[三二]，真覺清音勝管絃[三三]。亭外溼煙含雨重[三四]，潭邊空翠上衣鮮[三五]。題名況有楊南仲[三六]，覓句須推李謫仙[三七]。便擬臨流拼一醉[三八]，開樽正得酒如泉。

校注：

[一]《處州金石》對這七首刻詩均作校錄，但《兩浙輶軒續錄》僅錄其中第七首。"漫言"，莫言，別說。清畢沅《赤金峽道中作四首》其二："漫言壯士遮荒戍，剩有儒生絕塞來。"徐士霖《贈劉問芻觀察次鹿道人水竹居消夏韻》詩："小隱漫言天下事，高歌未減少年狂。""酸寒"，猶寒酸。唐韓愈《薦士》詩："酸寒溧陽尉，五十幾何耄。"司空圖《力疾山下吳村看杏花十九首》其十五："還有酸寒堪笑處，擬誇朱紱更崢嶸。"

[二]"同遊"，一同遊覽。"宰官"，官吏。唐耿湋《題惟幹上人房》詩："苦行無童子，忘機避宰官。"孟郊《溧陽唐興寺觀薔薇花，同諸公踐陳明府》詩："群官踐宰官，此地車馬來。"

[三]"鴻爪"，往事留下的痕跡。北宋蘇軾《和子由澠池懷舊》詩："人生到處知何似，應似飛鴻踏雪泥。泥上偶然留指爪，鴻飛那復計東西。"清張洵佳《重遊隨寓花落無人曾幾何時不勝今昔之感二首》其二："天涯芳草舊王孫，鴻爪重尋印舊痕。"

[四]"僧居"，佛寺。唐韋應物《遊開元精舍》詩："夏衣始輕體，遊步愛僧居。"元王實甫《西廂記》第五本第四折："身榮難忘借僧居，愁來猶記題詩處。"

[五]"摩挲"，用手撫摸。北宋黃庭堅《書摩崖碑後》詩："平生

半世看墨本，摩挲石刻鬢成絲。"南宋董穎《江上》詩："摩挲數尺沙邊柳，待汝成陰系釣舟。""靈跡"，神靈的遺跡。唐李紳《題法華寺五言二十韻》詩："化城珠百億，靈跡冠三千。"白居易《修香山寺記》："時性好閒遊，靈跡勝概，靡不周覽。"

[六]"韶光"，美好的時光。南宋吳錫疇《春日》詩："韶光大半去匆匆，幾許幽情遞不通。"清文廷式《蝶戀花》詞："九十韶光如夢裡，寸寸關河，寸寸銷魂地。"

[七]"香篆"，盤香。因盤香狀似篆文，故有此稱。南宋李清照《滿庭霜》詞："篆香燒盡，日影下簾鉤。"辛棄疾《定風波》詞："老去逢春如病酒，唯有，茶甌香篆小簾櫳。"

[八]此詩末句後綴有"嘉興李遇孫"之作者署名，是知此詩及前詩皆為李遇孫之作。

[九]"楊夫子"，即楊炳奎。

[一〇]"彌天釋道安"，語本南朝梁慧皎《高僧傳·義解二·釋道安》："時襄陽習鑿齒鋒辯天逸，籠罩當時。其先聞安高名……及聞安至止，即往修造。既坐，稱言：'四海習鑿齒。'安曰：'彌天釋道安。'時人以為名答。"後因以用典，稱譽高僧。北宋葛勝仲《次韻中散兄二首》其一："歸來頓識南宗髓，寧見彌天釋道安。"

[一一]"如椽筆"，典出唐房玄齡《晉書·王珣傳》："珣夢人以大筆如椽與之。既覺，語人雲：'此當有大手筆事。'俄而帝崩，哀冊、謚議，皆珣所草。"謂大手筆。南宋趙長卿《聲聲慢·府判生辰》詞："莫論早年富貴，也休問文章，有如椽筆。"

[一二]"硬語盤"，典出唐韓愈《薦士》詩："橫空盤硬語，妥帖力排奡。"謂不合時宜的剛勁之語。清王昌麟《仿元遺山論詩絕句六十首》其十二："出入雲間硬語盤，鮫宮水立夏生寒。"

[一三]此詩末句後，有"青門楊炳奎"之作者署名，是知此詩為楊炳奎之作。楊炳奎，原籍陝西西安，故此處有"青門楊炳奎"之自稱。"青門"，漢長安城東南門，又名霸城門、青城門。廣陵人召平為秦東陵侯，秦破，為布衣，種瓜青門外，即為此地。

[一四]"屬",同"属"。《廣韻·燭韻》:"屬,付也,足也。属,俗。"今"属"為"屬"的簡化字。

[一五]"契",志趣相投的朋友。東晉陶淵明《桃花源詩》:"願言躡清風,高舉尋吾契。"唐武元衡《至櫟陽崇道寺聞十少府趨侍》詩:"松筠自古多年契,風月懷賢此夜心。"

[一六]"道源",僧道二家認為,佛教與道教的經義是萬物本源。唐王昌齡《武陵開元觀黃煉師院三首》其三:"暫因問俗到真境,便欲投誠依道源。""西昆",西方昆侖群玉之山。《山海經》、《穆天子傳》等古書中,言"西昆"為帝王藏書之府。

[一七]"佛印","佛心印"之省稱,禪宗的詞彙。丁福保《佛學大辭典》解釋作:"眾生本具之一心,大覺之妙體也,是雲佛心。此心決定不改,故雲印,猶如世間之印契,以此心印為禪之體而窮明之,為達磨之禪宗所謂直指人心見性成佛是也。""玉局",即"玉局化",地名,在今四川成都市。《資治通鑒·後唐莊宗同光六年》:"蜀主詔於玉局化設道場。"胡三省注引宋彭乘《修玉局觀記》:"後漢永壽元年,李老君與張道陵至此,有局腳玉牀自地而出,老君升坐,為道陵說《南北鬥經》,既去而坐隱,地中因成洞穴,故以'玉局'名之。"

[一八]"冰心",純潔之心。唐王昌齡《芙蓉樓送辛漸二首》之一:"洛陽親友如相問,一片冰心在玉壺。"清聖祖《玉蘭》詩:"試比群芳真皎潔,冰心一片曉風開。""盤",《正字通·皿部》:"盤曲。"唐秦韜玉《織錦婦》詩:"合蟬巧間雙盤帶,聯雁斜銜小折枝。"

[一九]此詩末句後,有"蕓亭徐望璋"之作者署名,故知此詩為徐望璋之作。

[二〇]"宿緣",前定的因緣。唐姚合《寄主客劉郎中》詩:"漢朝共許貫生賢,遷謫還應是宿緣。"北宋蘇軾《次韻範淳父送秦少章》詩:"宿緣在江海,世網如予何?"

[二一]"馬祖",江西馬祖道一禪師。明瞿汝稷《指月錄》:"江西道一禪師,漢州什邡縣人。姓馬氏,故俗稱'馬祖',或雲'馬大師'。"明林光《宿馬祖寺二首》其一:"今宵馬祖跏趺處,說破寒岩一

線天。"

　　[二二] 此詩的前一行，勒有小序："流觴亭，同文躔、蕢亭賦。"是知，此詩及以下三詩，為吟詠南明山流觴亭之作。此詩末句後，又有"李遇孫"之作者署名，故知此詩為李遇孫之作。

　　[二三] "才經"，剛才所見景色。

　　[二四] "看生"，看見、看到。"冉冉"，雲朵緩慢飄飛貌。北宋賀鑄《青玉案》詞："碧雲冉冉蘅皋暮，彩筆新題斷腸句。"元張可久《迎仙客·括山道中》："雲冉冉，草纖纖，誰家隱居山半崦。"

　　[二五] "泠泠"，流水聲。南朝吳均《與朱元思書》："泉水激石，泠泠作響。"南宋劉鎮《玉樓春·東山探梅》詞："泠泠水向橋東去，漠漠雲歸溪上住。"

　　[二六] "不減"，不次於，不亞於。"山陰道"，紹興山陰的一處驛道，沿途景色絕佳，東晉王獻之尤愛之。南朝劉義慶《世說新語·言語》："王子敬雲：'從山陰道上行，山川自相映發，使人應接不暇。'"王子敬，即王獻之。

　　[二七] "輿"，《處州金石》釋作"興"。"籃輿"，竹轎。東晉陶淵明隱居田園，有足疾，曾乘籃輿外出。《宋書》卷九十三《陶潛傳》："江州刺史王弘欲識之，不能致也。潛嘗往廬山，弘令潛故人龐通之齎酒具於半道栗裏要之，潛有腳疾，使一門生二兒舉籃輿，既至，欣然便共飲酌，俄頃弘至，亦無忤也。"

　　[二八] 此詩末句後，有"楊炳奎"之作者署名。"蘭亭"，東晉永和九年，王羲之、謝安等四十一人在會稽蘭亭，宴集修禊。與會者飲酒賦詩，極盡遊賞之興。王羲之書《蘭亭集序》記之。後因以蘭亭、蘭亭會為高朋雅集、宴飲遊樂的盛會之典。

　　[二九] "米癲"，北宋書法家米芾。"遺跡"，指雲閣崖石壁上的米芾所書"南明山"三字摩崖。

　　[三〇] "曲水流觴"，古代的一種風俗。夏曆三月上旬的巳日，在水濱聚會宴飲，彎曲的流水上漂浮著斟了酒的酒杯，杯子流到誰的面前，誰就取飲吟詩。東晉王羲之《蘭亭集序》："此地有崇山峻嶺，茂林

修竹，又有清流激湍，映帶左右，引以為流觴曲水，列坐其次。雖無絲竹管弦之盛，一觴一詠，亦足以暢敍幽情。"

[三一] "清溪"，水名，在今安徽池州市。唐李白《清溪行》詩："清溪清我心，水色異諸水。"清王士禎《浣溪沙》詞："北郭清溪一帶流，紅橋風物眼中秋，綠楊城郭是揚州。"

[三二] 此詩末句後，有"徐望璋"之作者署名。"巖隈"，深山曲折處。隋煬帝《秦孝王誄》："扈駕仁壽，撫席巖隈。"唐孟翔《奉和郎中遊仙山四瀑布兼寄李吏部包秘監判官》詩："蘿薜胃紫綬，巖隈駐朱轓。""寒溜"，寒冷的水流。唐權德輿《與沈十九拾遺同遊棲霞寺上方於亮上人院會宿二首》其二："巖花點寒溜，石磴掃春雲。"元郝經《乙卯秋月十九日登泰山太平頂》詩："泓澄寒溜浸太古，翠壁細瀉珠璣圓。"

[三三] "絃"，甲本同，乙本未能釋讀。

[三四] "湮"，甲本同，乙本釋作"湮"。

[三五] "空翠"，清澈蔚藍的天光水色。唐王維《山中》詩："山路元無雨，空翠濕人衣。"劉言史《登甘露臺》詩："偶至無塵空翠間，雨花甘露境間間。"

[三六] "楊南仲"，字元明，豫章人，精通字學，善篆書和楷書，是北宋仁宗時期一位了不起的書法家、文字學家。北宋歐陽修《集古錄跋尾》，先後五次提到"楊南仲"。歐陽修甚至在《集古錄跋尾》中不無遺憾的說："自餘集錄古文，所得三代器銘，必問於楊南仲、張友直，暨集錄成書，而南仲、友直相繼以死。"

[三七] "李謫仙"，李白。唐太子賓客賀知章，譽稱李白為"謫仙人"，後常以"謫仙人"作為李白的美稱。典出李白《對酒憶賀監二首·序》："太子賓客賀公，於長安紫極宮一見餘，呼餘為'謫仙人'，因解金龜換酒為樂。"明丘浚《歲丁卯過採石吊李白》詩："請君看此李謫仙，掀揭宇宙聲轟然。"

[三八] "拼"，乙本同，甲本釋作"拌"。

七十二　清陳璹南明山詩碑

圖一一七　詩刻今貌，筆者攝

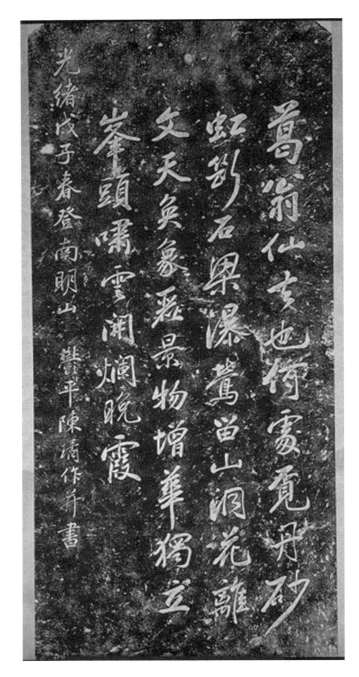

圖一一八　詩刻拓片，筆者採自麗水市博物館"括蒼石語"展廳

題解： 豎立在麗水市蓮都區南明山景區"石梁"景觀①下，石碑，一方，五言律詩一首，原刻無詩題。此方詩碑，碑面橫長七十七釐米、縱高一五七釐米，通篇豎寫陰刻，自上而下、自右向左，連同詩末題記，共計五行，滿行十一個字，字徑約八釐米，行書。

詩末題記作："光緒戊子春登南明山，鬱平陳璚作並書。"可見，此詩為光緒十四年（歲在戊子，一八八八）春，鬱平（今廣西貴縣）陳璚登南明山時撰作并書丹。據《民國貴縣誌》卷十六《人物志》載，陳璚，字鹿笙，生於道光七年（一八二七），曾任處州知府。晚清浙籍經學名家俞樾，曾為陳璚撰寫祝壽文章《陳鹿笙方伯八十壽序》②，有興趣的學者可以參閱，此處僅作提示。

此方詩碑，吳志華《處州金石》下冊第六六〇頁，已見釋文。筆者二〇一八年六月十七日初次訪碑。以下校錄，參校《處州金石》。

釋文： 葛翁仙去也，何處覓丹砂[一]。虹斷石梁瀑，鶯留山洞花。離文天奐象，麗景物增華。獨立峯頭嘯[二]，雲開爛晚霞。

校注：

[一] 相傳東晉道教理論家葛洪曾在南明山煉丹，且南明山上多有葛洪遺跡，故而清人陳璚有此二句。

[二] "峯"，《處州金石》作"峰"，"峯"與"峰"同。《集韻·鍾韻》："峯，或書作峰。"

---

① "石梁"景觀，系為一處外形似橋的巨石。巨石石壁上摹勒有各代摩崖多處，而巨石下方又刊立多方清代詩碑，此為其中之一。

② （清）俞樾：《陳鹿笙方伯八十壽序》，《俞樾全集》第 15 冊《春在堂雜文六編補遺》卷三，浙江古籍出版社 2017 年版，第 1250—1254 頁。

七十三　清吳士華、季方來夏
洞天合刻詩碑

圖一一九　詩碑今貌，採自雲和縣政協文史委編《欏林金石志》，第二〇四頁

　　題解：豎立在麗水市雲和縣赤石鄉麻垟村夏洞天景區內的一處坪地上，石碑，一方，七言律詩二首，原刻題作：“夏洞天。”此方詩碑，高七十七釐米、寬一二〇釐米、厚十二釐米，碑額勒刻“夏洞天”之詩題，碑面分上下兩欄，上欄鐫刻吳士華七律一首，下欄鐫刻季方來七律一首。其中，吳士華七律，連同詩末題記，共計十五行，滿行五字；季方來七律，連同詩末題記，共計十二行，滿行八字。而在兩首七律及各自末尾題記後，另有一則字跡相同的題記。碑面通篇皆系楷體，且行款格式均自上而下、自右向左。

　　附見在碑面上欄吳士華七律後的題記作：“錄邑志／吳士華題／神前弟子季厚涪敬錄。”附見在碑面下欄季方來七律後的題記作：“理首季方來敬獻立，／本立正月望日，／道生祭桂月中秋期，／務本菊月重陽。”而勒刻在兩首七律及各自題記之後的第三則題記作：“大清光緒拾五年春三月值祭弟王馬清敬子季長來立。”據上述三則題記知，此方詩碑為清光緒十五年（一八八九）王馬清、季長來二人刊勒，且詩碑所見吳士華七律，乃季厚涪據《雲和縣志》轉錄而來。詩碑中出現的“季厚涪”、“王馬清”、“季長來”、“吳士華”、“季方來”等五人中，“吳士華”之名，見於《同治雲和縣志》卷十二《人物志》。據載，吳士華，字文美，清乾隆年間的縉雲庠生[1]。其餘四人，文獻失載，但應是縉雲縣民。吳士華既為清乾隆年間縉雲庠生，那麼此方詩碑所見吳士華七律的撰作時間，自然應系年到乾隆年間。鑒於詩碑第三則題記中“大清光緒拾五年春三月”之紀年，此方詩碑的勒立時間應該是在光緒十五年春三月，而季方來詩的撰作時間亦應系年於此。

　　雲和縣政協文史委編《櫸林金石志》第二〇五頁，已見釋文；吳志華《處州金石》下冊第七三七頁，亦見碑面上欄所見吳士華七律之釋文。筆者二〇一五年八月十三日訪碑。以下校錄，參校以

---

　　① 同治《雲和縣志》卷一二《人物志》，臺灣成文出版社有限公司1970年影印本，第698頁。

《欐林金石志》（簡稱“甲本”）及《處州金石》（簡稱“乙本”）。

釋文：不盡仙源望眼奢[一]，羊腸仄徑繞山斜[二]。雲迷洞口千層雪[三]，樹擁溪頭一簇花。佐饌誰將金谷酒[四]，留賓可有玉川茶[五]。同人相約前村去，犬吠柴門又一家。

坥積雲梯洞口涎，天生紫氣結龍旋。仙源顯應蓬萊跡，勝境靈岩瀑水連。祭助神前而進路，兼修殿后道生緣。金身石佛龍宮位[六]，建立三臺聖駕全。

校注：

[一]“不盡”，沒有盡頭。唐李白《子夜吳歌·秋歌》：“秋風吹不盡，總是玉關情。”杜甫《登高》詩：“無邊落木蕭蕭下，不盡長江滾滾來。”此句極言“夏洞天”景致之美。

[二]“仄”，甲本同，乙本作“人”。“羊腸”“仄徑”，皆指狹窄的小徑。唐李白《憶舊遊寄譙郡元參軍》詩：“五月相呼渡太行，摧輪不道羊腸苦。”王維《宮槐陌》詩：“仄徑蔭宮槐，幽陰多綠苔。”

[三]此句意作繚繞在洞口的雲霧層疊如雪。

[四]“金谷酒”，化用“金谷酒數”之典，指美酒佳釀。明顧清《趙爾錫席上人限韻送前人》詩：“黃菊尚餘金谷酒，青山故繞石頭城。”許傳霈《詠桃李杏梨四花各以士事比之》其四《梨》詩：“艷福許消金谷酒，凡枝不到武陵春。”

[五]“留賓”，挽留客人。唐權德輿《放歌行》詩：“十千鬥酒不知貴，半醉留賓邀盡歡。”裴度《春池泛舟聯句》：“取酒愁春盡，留賓喜且長。”“玉川茶”，出唐盧仝《走筆謝孟諫議茶歌》：“柴門反關無俗客，紗帽籠頭自煎吃。碧雲引風吹不斷，白花浮光凝碗內。一碗喉吻潤；兩碗破孤悶；三碗搜枯腸，惟有文字五千卷；四碗發輕汗，平生不平事，盡向毛孔散；五碗肌骨輕；六碗通仙靈；七碗吃不得也！惟覺兩腋習習清風生。蓬萊山，在何處？玉川子，乘此清風欲歸去。”此詩極言飲茶的妙用。盧仝，號玉川子，後世因以“玉川茶”代指好茶。元張

可久《寨兒令·次韻》：“飲一杯金谷酒，分七碗玉川茶。嗏，不強如坐三日縣官衙？”

　　〔六〕“金身”，鎏金的佛像。唐司空曙《題凌雲寺》詩：“百丈金身開翠壁，萬龕燈焰隔煙蘿。”裴說《鹿門寺》詩：“鳥過驚石磬，日出礙金身。”

七十四　清趙亮熙南明山詩碑

圖一二〇　詩刻今貌，筆者攝

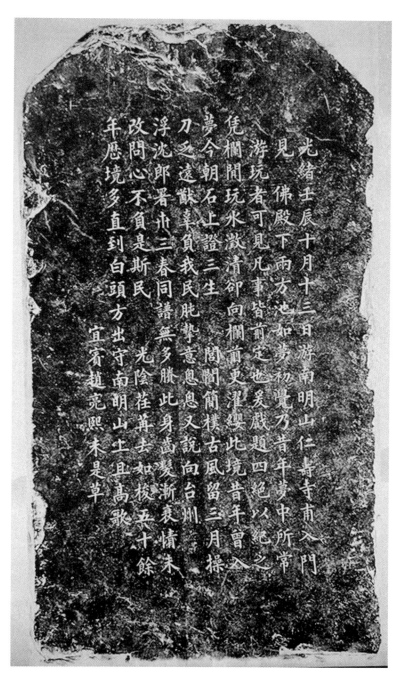

圖一二一　詩刻拓片，筆者採自麗水市博物館"括蒼石語"展廳

題解：豎立在麗水市蓮都區南明山景區"石梁"景觀下，石碑，一方，七言絕句四首，原刻無詩題，但詩末題記中見有"宜賓趙亮熙"之作者署名。此方詩碑，碑面橫長九十九釐米、縱高一八一釐米，通篇豎寫陰刻，行款嚴謹，自上而下、自右向左，連同詩前序文及詩末題記，共計十行，字徑約五釐米，楷書。其中，首三行為序文，末行為題記，中間六行為四首七絕。每首七絕，各佔一行半；兩首七絕之間，空兩字。此碑現已入選國家文物局《第一批古代名碑名刻文物名錄》。

詩碑所見詩前序文作："光緒壬辰十月十三日遊南明山仁壽寺。甫入門/見佛殿下兩方池，如夢初覺，乃昔年夢中所常/遊玩者，可見凡事皆前定也。爰戲題四絕以紀之。"詩後題記作："宜賓趙亮熙未是草。"題記中的"未是"，當作"未時"，"是"為"時"之同音借字。據序文與題記知，此四首詩乃清光緒十八年（一八九二）十月十三日，趙亮熙遊南明山仁壽寺時賦作；當天未時（即下午一時至三時），趙亮熙將四詩書丹，並交付刻工勒石。據《宜賓趙氏家譜》載，趙亮熙，字汝能，光緒戊子（一八八八）簡授處州府知府，此詩即作於其處州知府任上。

此方詩碑，吳志華《處州金石》下冊第六九九頁已見釋文。筆者二〇一八年六月十七日初次訪碑。以下校錄，參校以《處州金石》。

釋文：憑欄閒玩水澂清[一]，卻向欄前更濯纓[二]。此境昔年曾入夢，今朝石二證三生[三]。

間閻簡樸古風留[四]，三月操刀乏遠猷[五]。辜負我民肫摯意[六]，悤悤又說向臺州[七]。

浮沈郎署卅三春[八]，同譜無多賸此身[九]。齒髮漸衰情未改，問心不負是斯民。

光陰荏苒去如梭，五十餘年歷境多。直到白頭方出守[一〇]，南明山上且高歌。

校注：

〔一〕“澂”，《處州金石》作“澄”，“澂”、“澄”為古今字。

〔二〕“濯纓”，洗濯冠纓。語本《孟子·離婁上》：“滄浪之水清兮，可以濯我纓。”明劉基《題湘湖圖》詩：“浩歌不見濯纓人，沙鶴野猿相對晚。”

〔三〕“三生”，過去、現在、未來三世。唐牟融《送僧》詩：“三生塵夢醒，一錫衲衣輕。”南宋朱熹《奉酬九日東峰道人溥公見贈之作》詩：“三生漫說終無據，萬法由來本自閑。”

〔四〕“閭閻”，民間。《史記·樗里子甘茂列傳贊》：“甘茂起下蔡閭閻，顯名諸侯，重彊齊楚。”明於謙《入京》詩：“清風兩袖朝天去，免得閭閻話短長。”

〔五〕“操刀”，不諳政事而出任官職。唐李白《贈從孫義興宰銘》：“落筆生綺繡，操刀振風雷。”清彭兆蓀《簪笏》詩：“簪笏非親意，操刀試一官。”“遠猷”，長遠打算。《晉書·汝南王亮傳》：“大司馬、汝南王亮體道沖粹，通識政理……將憑遠猷，以康王化。”元傅若金《下邳懷留侯》詩：“豪傑關休運，乾坤屬遠猷。”

〔六〕“肫摯”，真摯誠懇。清譚嗣同《宿田家》詩：“肫摯存野人，繁冗見鄉禮。”民國王國維《屈子文學之精神》：“詩歌者，感情之產物也。雖其中之想像的原質亦須有肫摯之感情為之素地，而後此原質乃顯。”

〔七〕“悤悤”，《處州金石》作“匆匆”，“悤”與“匆”同。《字彙·心部》：“悤，與匆同。”唐白居易《醉後卻寄元九》詩：“蒲池村裏悤悤別，灃水橋邊兀兀回。”明於謙《晚坐窗下偶題》詩：“可怪流年雙雪鬢，相侵何事太悤悤。”

〔八〕“沈”，《處州金石》作“沉”，“沈”與“沉”同。《玉篇·水部》：“沉”，同“沈”。“浮沈”，喻指盛衰、升降。曹魏曹植《七哀詩》：“浮沈各異勢，會合何時諧？”南宋文天祥《過零丁洋》詩：“山河破碎風飄絮，身世浮沉雨打萍。”“卅”，三十。

〔九〕“賸”，《處州金石》作“勝”。

[一〇]"白頭",白髮,形容年老。唐元稹《行宮》詩:"白頭宮女在,閒坐說玄宗。"北宋曾鞏《福州奏乞在京主判閒慢曹局或近京一便郡狀》:"況臣母子,各已白頭,兄弟二人,皆任遠地。""出守",出任地方官。南朝宋顏延之《詠阮始平》:"屢薦不入官,一麾乃出守。"唐岑參《客舍悲秋有懷兩省舊遊呈幕中諸公》詩:"三度為郎便白頭,一從出守五經秋。"

七十五　清周友勝等人萬象山合刻詩碑

圖一二二　詩刻今貌，筆者攝

圖一二三　詩刻今貌，筆者攝

圖一二四　詩刻拓片，採自麗水市博物館網站，網址為 www.
lsbwg. com/FH－WEB/。

題解： 原本豎立在麗水市蓮都區萬象山煙雨樓前，後來被收藏在了麗水市博物館，石碑，一方，七言律詩三首。這方詩碑，碑面橫長四十六釐米、縱高一一六釐米，正中央勒有一幅線刻梅花圖，而在梅花圖案的左下方、右下方及左上方，分別摹刻有清人周友勝、季培、林樹滋七律各一首①。三首七律，每首四行，皆行書陰刻，且詩末皆附題記。其中，季培詩末題記作："光緒十八年壬辰冬仲，蓉栽季培謹題。"林樹滋詩末題記作："玉泉仁仲大人以所畫梅花囑題，值餘試士入場開卷之餘，擬成一律節為補白，凌以林樹滋題。"周友勝詩末題記作："壬辰，宦遊栝州，郡城有萬象山，山巔有崇福寺，寺前為煙雨樓，松石回環，溪光遠映，稱勝概焉。每當公餘，與吳鳳山少尹季，蓉栽周受之兩明經同遊眺覽。寺中長老正一禪師，年逾百齡，晤設興感，聊寫一枝，自操鐵筆，勒之於石，並賦俚句以志雪泥雲。雲如周友勝並記。"

　　周友勝、季培、林樹滋，俱見於《民國麗水縣誌》。據《民國麗水縣誌》卷六"煙雨樓"條載，林樹滋，字德庵，旗人，光緒十八年十月署處州知府②。季培，光緒年間恩貢貢生，麗水人③。周友勝，字玉泉，江西人，光緒十八年署處州右營遊擊④。據上述三則題記，可知此方詩碑的勒立情境如下：清光緒十八年（一八九二），時任處州知府林樹滋、處州右營游擊周友勝等人，同遊萬象山煙雨樓，登高眺覽。興之所至，崇福寺（位於煙雨樓後，今圮）正一禪師繪梅花一枝，眾人紛紛題詠詩詞以唱和。眾人見詩書畫三絕，遂而將其同勒於石，是為今日所見之梅花詩碑。

　　徐文平《處州歷代書法》第一七三、一七五頁，以及吳志華

---

① 梅花右上方刻有周益謙詞一首，因其不屬於詩歌範疇，故不予討論，在此僅作提示。
② 民國《麗水縣誌》卷三《古跡志》，臺灣成文出版社有限公司 1975 年影印本，第 607 頁。
③ 民國《麗水縣誌》卷三《古跡志》，臺灣成文出版社有限公司 1975 年影印本，第 754 頁。
④ 民國《麗水縣誌》卷三《古跡志》，臺灣成文出版社有限公司 1975 年影印本，第 617 頁。

《處州金石》下冊第六九六頁，皆有釋文。筆者原以為碑石早已毀損，但二〇二三年十月二十九日在麗水市博物館"括蒼石語"展廳觀展時，竟有幸見得原碑，方知白璧仍存，幸甚。以下校錄，參校以徐文平《處州歷代書法》（甲本）、吳志華《處州金石》（乙本）。

釋文：虯枝鐵幹任縱橫[一]，漢墨淋漓妙趣生[二]。是幻是真還是夢，宜煙宜雨又宜晴。骨高不畏霜來瘦，性潔常邀鶴共盟。付共貞瑉能壽世[三]，伴賢太守播芳名[四]。

玉骨水肌不染塵[五]，全憑妙手筆生春[六]。香添一抹先迎歲[七]，渴心三軍待此身[八]。秋水半篇清肺腑[九]，天心數點寫豐神[一〇]。若比君品同仙品[一一]，粉本焉能繪得真。

春回萬象滿皇州[一二]，煙雨樓高豁遠眸[一三]。留此孤芳期有實，教他明月訂良儔[一四]。松山石徑逢僧話，古寺梵宮繫客遊。多少騷人頻眺望[一五]，夜來幾誤到羅浮[一六]。

校注：

[一]　此詩摹刻在碑面中央線刻梅花圖的右下側，詩末有題記作："光緒十八年壬辰冬仲，蓉裁季培謹題。""虯枝"，盤曲的樹枝。清高宗弘曆《王蒙坐聽松風圖》詩："偶來松樹林，趺坐虯枝下。"俞益謨《中洲株柳》詩："虯枝偃蓋宜仙島，碧幹撐天入鳳池。"

[二]　"漢墨"，書畫作品。金李石《次韻宇文守攜酒相訪》詩："蜀叟初不識，漢墨拜奇貺。"此處指崇福寺正一禪師所繪梅花圖。

[三]　"貞瑉"，石刻碑銘的美稱。唐權德輿《金紫光祿大夫司農卿邵州長史李公墓誌銘》："萬安鮮原，風雨晦兮。鏤此貞瑉，隧之內兮。"民國蔣士超《五人墓》詩："不欲求仁竟得仁，永垂義烈勒貞瑉。"

[四]　"伴"，甲本同，乙本釋作"泮"。"太守"，指時任處州知府林樹滋。

〔五〕“玉骨”句，甲本漏錄，勒刻在碑面正中央線刻梅花圖的左上側，詩末題記作：“玉泉仁仲大人以所畫梅花囑題，值餘試士入場開卷之餘，擬成一律，節為補白，淩以林樹滋題。”“玉骨”，梅花樹幹的美稱。北宋蘇軾《西江月·梅花》詞：“玉骨那愁瘴霧，冰姿自有仙風。”金段成己《嗅梅》詩：“玉骨那愁瘴霧傷，好將經卷伴南荒。”

〔六〕“妙手”，技藝高超的人。唐高適《畫馬篇》詩：“感此絕代稱妙手，遂令談者不容口。”北宋秦觀《南鄉子》詞：“妙手寫徽真，水翦雙眸點絳唇。”

〔七〕“迎歲”，迎接新年。唐太宗李世民《於太原召侍臣賜宴守歲》詩：“送寒餘雪盡，迎歲早梅新。”明王陽明《舟中除夕二首》其一：“處處送神懸楮馬，家家迎歲換桃符。”

〔八〕“渴心”，殷切的想望。唐盧仝《訪含曦上人》詩：“三入寺，待不來，轆轤無繩井百尺，渴心歸去生塵埃。”北宋歐陽修《幽谷晚飲》詩：“渴心不待飲，醉耳傾還醒。”

〔九〕“秋水”，《莊子》“秋水”篇。該文系在討論價值判斷的無窮相對性。“肺腑”，內心。唐白居易《代書詩一百韻寄微之》詩：“肺腑都無隔，形骸兩不羈。”杜荀鶴《自敘》詩：“平生肺腑無言處，白髮吾唐一逸人。”

〔一〇〕“天心”，天空中央。唐李白《臨江王節士歌》：“白日當天心，照之可以事明主。”北宋邵雍《清夜吟》詩：“月到天心處，風來水面時。”

〔一一〕“仙”，甲本同，乙本未能釋讀。

〔一二〕此詩鐫刻在碑面正中央線刻梅花圖的左下側，詩末題記作：“壬辰，宦遊梧州，郡城有萬象山，山巔有崇福寺，寺前有煙雨樓，松石迴環，溪光遠映，稱勝概焉。每當公餘，與吳鳳山少尹，季蓉栽、周受之兩明經，同遊眺覽。寺中長老正一禪師，年逾百齡，晤設興感，聊寫一枝，自操鐵筆，勒之於石，並賦俚句，以志雪泥雲。雲如周友勝並記。”

　　［一三］“遠眺”，放眼遠望。南朝宋孝武帝劉駿《登魯山》詩：“粵值風景和，升高縱遠眺。”明於謙《橫望巡檢司》詩：“獨倚危譙拭遠眺，青山環合白雲浮。”

　　［一四］“良儔”，好友。西晉趙至《與嵇茂齊書》：“良儔交其左，聲名馳其右。”元戴良《自定水回舟漏幾溺》詩：“一朝得良儔，投袂為之起。”

　　［一五］“騷人”，文人，出戰國楚屈原《離騷》。南朝梁蕭統《〈文選〉序》：“騷人之文，自茲而作。”南宋盧梅坡《雪梅二首》其一：“梅雪爭春未肯降，騷人閣筆費評章。”

　　［一六］“羅浮”，羅浮山，粵中名山，道教“第七洞天”，相傳葛洪曾在此修道。唐李白《當塗趙炎少府粉圖山水歌》詩：“峨眉高出西極天，羅浮直與南溟連。”北宋蘇軾《惠州一絕》詩：“羅浮山下四時春，盧橘楊梅次第新。”

七十六　清秦國均等人棲霞寺合刻詩碑

圖一二五　鶯花亭今貌，筆者攝

圖一二六　碑陽今貌，筆者攝

圖一二七　碑陰拓本，筆者採自麗水市博物館"括蒼石語"展廳

題解：豎立在麗水市青田縣鶴城街道水南村棲霞寺旁鶯花亭内，碑陽和碑側共計鐫刻有清代郭鐘岳、裘桂芬、秦國均、祁蔭甲等四人七言律詩各一首。石碑為青石質，寬八五釐米、高一七二釐米、厚十四點五釐米，碑陽中央刻有"宋秦淮海先生留宿處"九個篆體大字，而在九字的兩側又勒有祁怡春、祁雙玉、潘慎修詞各一首並祁蔭甲七律一首；詩側兩端摹刻有駱元邃、裘淩仙詞各一首，並郭鐘岳、裘桂芬、秦國均七律各一首；碑陰刻有秦觀《千秋歲》詞及秦觀後裔秦觀榮、秦耀奎、秦國均三人合撰跋語一則。

碑陰所刻跋語，詳敘此方詩碑的勒立因緣："考青田邑志，於'棲霞寺'下，載始祖淮海公詞一闋。相傳，公監處郡酒稅時，曾至寺中留宿，題此詞而去。後經寺僧鐫置壁石，即今淮海集中所載《千秋歲詞》是也。然考族祖大音先生所輯《年譜》、今之《名勝志》，知題詞實在府治南園。厥後，範石湖愛其'花影鶯聲'之句，即其地建鶯花亭，可證。或當時寺僧乞公手書，即錄此詞付之。或寺僧愛公詞，由南園錄而鐫之於石，均未可知。前年春，裔孫觀榮奉檄監青田鹺稅，裔孫國均主青田鹽局，裔孫耀奎復知雲和縣事。暇時，同訪此寺，則石已無存。因相與重立於寺門，面書'宋秦淮海先生留宿處'九字，而錄其詞於碑陰，仍其舊也。乾隆甲寅，我族小峴先生官溫處兵備道，至青田慈仁院，訪公遺跡不可得，後摹公像及元祐敕書一通，嵌置郡中蓮城書院，閱百餘年，而裔孫三人，或吳或楚，宦遊所至，萍蹤適值，既在郡中，得以瞻仰前徽，復於斯重撫手澤，不可謂非厚幸矣。光緒乙未嘉年月，善化裔孫觀榮、無錫裔孫耀奎、國均謹跋。"據跋語內容知，北宋紹聖年間，秦觀貶監處州酒稅，期間曾留宿棲霞寺，并在處州府治南園作《千秋歲詞》一首。南宋范成大愛《千秋歲詞》中的"花影鶯聲"語，遂在府治南園建鶯花亭。此後某時，青田縣棲霞寺僧或為紀年秦觀曾在棲霞寺留宿事，而在棲霞寺旁勒立《千秋歲詞》碑，"其文本來源當時寺僧乞公手書，即錄此詞付多。或寺僧愛公詞，由南園錄而鐫之於石"。光緒十九年，秦觀後裔秦觀榮、秦國均、秦耀奎等人，同訪棲霞寺，見刻石無存，故而"相與重立於寺門，面書'宋秦淮海先生留宿處'九字，而錄其詞於碑陰，仍其舊。"光緒乙未（一八九五），秦觀榮、秦耀奎、秦國均又在碑陰補刻跋語。

　　至於碑陽所見祁蔭甲七律以及碑側所見郭鐘岳、裘桂芬、秦國均七律的撰作與勒刻時間，則需分別探討。首先，我們先來看看碑側郭鐘岳七律，即"釋文"中的第二首詩。該詩原刻尾題《秦淮海留宿處》，并附紀年題記："光緒二十二年季夏遊水南。"可見，此詩系為光緒二十二年（一八九六）刻。其次，看碑側秦國均七律，即"釋文"中的第四首詩。此詩原刻並無詩題，但詩末附有題記："用郭外峰司馬訪先淮海公遊棲霞寺留宿處原韻，裔孫國均謹題。"既為次韻詩，且同刻在碑側，那麼這首秦國均七律最有可能是與前述郭鐘岳七律同時撰作並勒刻。再看碑側裘桂芬七律，即"釋文"中的第三首詩。此詩原刻並無詩題，且詩末綴信息量極為有限的"秣陵裘桂芬謹題"數字。此詩與秦國均七律鐫刻位置上下相鄰（此詩在上，秦國均七律在下），且處於同一碑面上，所以我們有理由相信，這首裘桂芬七律亦是光緒二十二年撰作並勒刻。最後看碑陽祁蔭甲七律，即"釋文"第一首詩。此詩與祁雙玉、祁怡春、潘慎修等人詞作，一同勒刻在碑陽"宋秦淮海先生留宿處"題字的兩側，且佈局有序。它們顯然是同時撰作並勒刻。鐫刻在碑陽左上角的祁雙三詞，原刻題作："癸卯歲暮過水南棲霞寺見先生題詞因用元韻戲填一闕以志鴻雪。"可見，祁雙玉以及同勒在碑陽的祁蔭甲詩、潘慎修詞、祁怡春詞的撰作和勒刻時間，是在光緒二十九年（歲次癸卯，一九〇三）。存放在今青田縣棲霞寺旁鶯花亭內的"宋秦淮海先生留宿處碑"及所附詩詞與跋語，是在不同時間上石累積而成，經過複雜，頗堪玩味。

　　此方詩碑，徐文平《歷代處州書法》第一九九至二〇〇頁，有郭鐘岳詩釋文；吳志華《處州金石》下冊第七〇六至七一三頁，有全部四詩釋文。筆者二〇一八年七月二十一日初次訪碑。以下校錄，參校《處州金石》。

釋文：先生遺蹟在棲霞[一]，誰把新詞籠碧紗[二]。監酒昔曾經鶴水[三]，葺亭今尚號鶯花[四]。落紅似我顏難駐[五]，遷客多愁鬢已華[六]。空憶西池攜手處[七]，春歸淪落尚天涯。

淮海先生舊蹟存[八]，棲霞寺裡宿黃昏[九]。心傷河北青苗法[一〇]，夢繞水南烏柏村[一一]。監稅那堪名士謫[一二]，立碑今有黨人孫[一三]。鶯花一曲千秋歲，行是曇師好共論[一四]。

一代風流蹟已陳[一五]，天涯何處吊羈臣[一六]。偶留宦轍光蕭寺[一七]，縱法清名重黨人[一八]。碣石新翻題壁句[一九]，鶯花猶作暮年春。閒雲出岫原無定[二〇]，莫向溪山問主賓[二一]。

鐫詞壁毀斷垣存[二二]，郊外輕寒野色昏[二三]。薄靄孤雲同落寞[二四]，鶯聲花影滿江村[二五]。文章有道思先指[二六]，□述無才愧耳孫[二七]。惆悵棲霞留宿處[二八]，千秋心事曲中論。

校注：

[一] 此詩鐫刻在碑陽"宋秦淮海留宿處"九個篆體大字的右下側，原刻題作《讀先生詞感而書此》，末尾有"後學祁蔭甲"之署名。"蹟"，《處州金石》作"跡"，"蹟"與"跡"同。《字彙·足部》："蹟，與跡同。"

[二] "籠碧紗"，出五代王定保《唐摭言》卷七："王播少孤貧，嘗客揚州惠昭寺木蘭院，隨僧齋食。僧厭之，乃齋罷而後擊鐘。播至，已飯矣。後二紀，播自重位出鎮是邦，因訪舊遊。向之題，已皆碧紗幕其上。播繼以二絕句曰：'二十年前此院遊，木蘭花發院新修。而今再到經行處，樹老無花僧白頭。''上堂已了各西東，慚愧闍黎飯後鐘。二十年來塵撲面，而今始得碧紗籠。'"喻指詩因人貴。五代張仁溥《題龍窩洞》詩："他日各為雲外客，碧紗籠卻又如何？"

[三] "監酒"，指北宋詞人秦觀。北宋紹聖年間，秦觀坐元祐黨籍，又坐"影附蘇軾，增損《實錄》"，貶監處州酒稅。"鶴水"，水名，今稱"大坑"，發源於麗水市蓮都區大港頭鎮，全長 8.6 公里，自東向西，

經蓮都區、青田縣等地，最終注入甌江。

[四]“葺亭”，修葺後的亭子。元吳當《天臺玉漢橋道院八詠》其五：“葺亭無尸牖，應是白雲多。”“號”，稱謂，給予稱號。《韓非子·五蠹》：“有聖人作，構木為巢以避群害，而民悅之，使王天下，號曰‘有巢氏’。”唐劉禹錫《巫山神女廟》詩：“巫峰十二鬱蒼蒼，片石亭亭號女郎。”

[五]“落紅”，落花。古人以花多紅色，故以“紅”代“花”。唐李賀《蘭香神女廟》詩：“沙砲落紅滿，石泉水生芹。”北宋張先《天仙子》詞：“風不定，人初靜，明日落紅應滿徑。”“顏”，《廣韻·刪韻》：“顏容。”《詩經·鄭風·有女同車》：“有女同車，顏如舜華。”“駐”，唐慧琳《一切經音義》卷三十引《倉頡篇》：“止也。”“難駐”，難以停留。唐王勃《守歲序》：“歲月易盡，光陰難駐。”

[六]“遷客”，遭貶遷的官員，此處代指秦觀。“鬢”，《說文·彡部》：“頰髮也。”唐杜牧《郡齋獨酌》詩：“前年鬢生雪，今年鬚帶霜。”“已華”，頭髮花白。南宋陸遊《適閩》詩：“功名塞外心空壯，詩酒樽前髮已華。”

[七]“西池”，北宋汴京金明池。北宋元祐年間，秦觀與同僚諸人曾在此宴會。秦觀《千秋歲》詞中“憶昔西池會，鵷鷺同飛蓋。攜手處，今誰在”句，即言此事。

[八]此詩鐫勒在詩側，原刻尾題《秦淮海先生宿處》，署名“郭鐘岳”，題記作：“光緒二十二年季夏遊水南。”“蹟”，《處州金石》作“跡”，“蹟”與“跡”同。“舊蹟”，指南宋范成大在處州府治所建鶯花亭。

[九]“裡”，《處州金石》作“裏”，“裡”與“裏”同。《正字通·衣部》：“裏，或作裡。”此句言，北宋時期秦觀曾在棲霞寺借宿事。

[一〇]“青苗法”，北宋神宗朝王安石變法的重要內容，該法首先在河北推行，旨在通過向農民提供政府貸款，以促進農業發展。但該法在施行過程中卻變形走樣，結果適得其反。秦觀看到青苗法的弊端後，曾撰寫詩詞予以抨擊。

[一一] "夢"，《處州金石》作"蘿"。"水南"，青田地名，即今青田縣鶴城街道水南村一帶。"烏柏"，今水南村舊名。

[一二] "監稅"，監酒稅。宋代視酒稅為重要經濟來源，官府不僅在城市實行官釀官賣，而且對鄉間自釀自用者，亦予征稅。

[一三] "黨人"，元祐黨人。秦觀為元祐黨人之一。

[一四] "曇師"，青田曇法師。秦觀監處州酒稅期間，與曇法，師有交往。曇法師在水南，結有"水南庵"，今名"法安寺"。秦觀有《處州水南庵二首》："竹柏蕭森溪水南，道人為作小圓庵。市區收罷魚豚稅，來與彌陀共一龕。""此身分付一蒲團，靜對蕭蕭竹數竿。偶為老僧煎茗粥，自攜修綆汲清泉。"

[一五] 此詩勒刻在碑側，原刻無詩題，詩末有題記："秣陵裘桂芬謹題。""蹟"，《光緒青田縣志》作"跡"，"蹟"與"跡"同。"陳"，陳述。《文選·古詩十九首》之四："今日良宴會，歡樂難具陳。"李善注："陳，猶說也。"

[一六] "吊"，與"弔"同，追悼死者。《玉篇·人部》："弔生曰唁，弔死曰吊。"《莊子·至樂》："莊子妻死，惠子吊之。""羈"，《光緒青田縣志》作"羇"，"羇"與"羈"同。《篇海類編·器用類·網部》："羈，通作羇。""羈臣"，羈旅之臣，代指秦觀。

[一七] "轍"，《說文新附·車部》："車跡也。""宦轍"，為官行跡。明林光《歲暮》詩："宦轍幾千裏，鄉心十二時。""光"，形容華美。《文選·潘岳〈笙賦〉》："光歧儼其偕列，雙鳳嘈以和鳴。"李善注："光，華飾也。""蕭寺"，佛寺。唐蘇鶚《杜陽雜編》："梁武帝好佛，造浮屠。命蕭子雲飛白大書曰'蕭寺'。"後因以"蕭寺"泛指佛寺。北宋王安中《水龍吟·遊禦河並過壓沙寺作》："蕭寺高亭，茂林斜照，且留芳宴。"

[一八] "縱法"，枉法，指秦觀因增損《神宗實錄》而被彈劾一事。《宋史·秦觀傳》載："紹聖初，坐黨籍，出通判杭州。以禦史劉拯論其增損實錄，貶監處州酒稅。使者承風望指，候伺過失，既而無所得，則以謁告寫佛書為罪，削秩徙郴州，繼編管橫州，又徙雷州。""清

名”，美譽。北宋蘇軾《次韻王滁州見寄》詩：“笑捐浮利一難肋，多取清名幾熊掌。”

［一九］“碣石”，指光緒二十一年新刻之《宋秦淮海先生留宿處》碑。“翻”，摹寫。“題壁句”，指秦淮海在處州府治南園題寫的《千秋歲》詞。

［二〇］“閒雲出岫”，意作悠然的雲朵從山中飄出。明張居正《答蒲伯王麟洲書》：“人情世路，誠為嶮巇，而昆仲之畏懼，亦已甚矣。閒雲出岫，倦翼投林，何容心於意必乎！”

［二一］“溪山”，氣勢雄渾、草木蓊鬱之山。北宋魏夫人《菩薩蠻》詞：“溪山掩映斜陽里，樓臺影動鴛鴦起。”“主賓”，主人與賓客。北宋邵雍《梅花詩》：“寰中自有承平日，四海為家孰主賓。”

［二二］此詩鑴刻在詩碑側面，原刻無詩題，詩末題記作：“用郭外峰司馬訪先淮海公遊棲霞寺留宿處原韻，裔孫國均謹題。”“鑴詞壁”，棲霞寺僧曾將秦觀《千秋歲》詞鑴刻上石，此之謂也。“斷垣”，斷壁殘垣。北宋王之道《出合肥北門二首》其二：“斷垣甃石新修疊，折戟埋沙舊戰場。”

［二三］“輕寒”，微寒。民國王國維《蝶戀花》詞：“翠幕輕寒無著處，好夢初回，枕上惺忪語。殘夜小樓渾欲曙，四山積雪明如許。”“野色”，郊外的景色。唐白居易《冀城北原作》詩：“野色何莽蒼，秋聲亦蕭疏。”“昏”，昏暗。南宋陸遊《杭頭晚興二首》其一：“山色蒼寒野色昏，下程初閉驛亭門。”

［二四］“薄靄”，輕薄的雲霧。清王維新《浪淘沙·象州》：“薄靄滿城飛，漸出趄曦，洲伸龍舌舔漣漪。”“落寞”，寂寞。明楊繼盛《和商中丞獄中生瓜二首》其一：“可憐成落寞，徒自吐英華。”

［二五］“鶯聲”，黃鶯的啼鳴聲。南宋徐霖《長相思》詞：“聽鶯聲，惜鶯聲，客裏鶯聲最有情，家山何處青？”“江村”，本義為江畔村莊，此處指水南一帶的山野小村。

［二六］“指”，語，告訴。《楚辭·離騷》：“指九天以為正兮，夫唯靈修之故也。”王逸注：“指，語也……上指九天，告語神明，使平正

之。”“先指”，先語，業已告訴。

　　［二七］“□”，原刻已磨平。“耳孫”，遠孫，作者自謙。

　　［二八］“惆悵”，失落，傷感。東晉陶淵明《歸去來兮辭》：“既自以心為形役，奚惆悵而獨悲。”唐韋莊《菩薩蠻》詞：“紅樓別夜堪惆悵，香燈半卷流蘇賬。”

七十七　民國時期魏蘭獅山詩碑

圖一二八　獅山塔今貌，筆者攝

圖一二九　詩碑今貌，筆者攝

　　題解：豎立在麗水市雲和縣元和街道睦田村獅山之獅山塔旁，石碑，一方，七言律詩一首，原刻題作《獅山雜詠》，且詩題后附見有“魏蘭”之作者署名。詩碑通篇豎寫陰刻，自上而下、自右向左，連同首行之詩題及作者署名，共計五行，每行兩句十二字，行書。此方魏蘭詩碑，與前述“清魏文瀛獅山詩碑”相距僅約五十米，且彼此石質相同，碑面文字字跡亦同，顯是同時刊石。

　　據吳錫鑫《處州人物志》一文知，撰者“魏蘭”，系為雲和縣人，生於一八六六年，少年時期，曾寄居在獅山上的獅山寺讀書；後來投身革命，致力民主共和；一九二一年返鄉定居，一九二八年病逝①。結合尾聯“此處昔年曾寄讀，人人道我不殊仙”兩句推測，此詩乃魏蘭一九二一年返鄉後作，立碑時間可系年到一九二一到一九二八年間。

　　雲和縣政協文史委編《欓林金石志》第五〇頁見有釋文，魏蘭《浮雲集》第一一頁亦載見此詩。筆者二〇一三年十二月十六日初次訪碑。以下校錄，參校《欓林金石志》（甲本）、《浮雲集》（乙本）。

　　釋文：獅岩秀麗本超然^[一]，峻嶺盤旋別有天^[二]。倚栏幾疑青入戶，登樓惟見綠平田^[三]。興來最愛烹泉飲，倦去何妨枕石眠。此處昔年曾寄讀，人人道我不殊仙^[四]。

　　校注：

　　[一]“獅岩”，即獅山。獅山，因形似伏獅而得名，系雲和八景之一。該地風景秀麗，有“普仁寺”“宛在堂”“獅乳泉”等人文與自然景觀。《同治雲和縣志》卷三對“獅山”各景觀敘述頗詳，言其地“危崖蹲拄，竹樹氈氈，石磴斗折，可數百級。嶺上有門，榜曰：‘梯青餐綠。’內有‘溪雨松風亭’。由亭而南有‘攬翠亭’廢址，俗稱‘培峰

---

① 吳錫鑫：《處州人物志（八）》，《麗水師專學報》1991 年第 1 期。

亭'。北轉過彌陀巖，即古'普仁寺'。後有泉曰'石鏡'。泉水所潴，為'桂子池'。寺之右，為'宛在堂'。堂下右側有泉，色白如乳，名'獅乳泉'。崖間，舊有宋蘇軾'噴雪'二字。循磴道北折，至'望翠峰'有登雲梯。石刻所稱'快哉亭'者，今已無存矣。"此語與今貌亦極契合。

［二］"岭"，甲本同，乙本作"岑"，"岭"與"岑"同。《集韻·青韻》；"岭，山深也，或書作岑"。

［三］"惟"，乙本同，甲本作"唯"，"惟"與"唯"同。清王引之《經傳釋詞》卷三："惟，獨也。常語也。或作唯、維。"

［四］"殊"，《字彙·歹部》："別也。""不殊仙"，言與神仙無異。

附錄一　麗水歷代詩歌石刻統計表

區縣	具體位置		形制		鐫刻年代						存佚		詩歌		作者		詩歌體裁								
			摩崖	碑碣	唐	宋	元	明	清	民國	存	佚	完整	殘詩	麗水	他籍	四言	五古	五絕	五律	七絕	七律	七古	騷體	俟考
蓮都區	南玶山	雲閣崖	2			2					2		2			1	2								
		石梁		3				1	2		3		6			3					1	4	1		
		仁壽寺		1					1		1		7	1	1	2							7		
		高陽洞	1					1			1		1		1							1			
	三岩	白雲洞	1				1				1		1			1					1				
		朝曦洞	1						1		1		1			1				1					
	水閣街道	十字叉山	1				1				1		1			1							1		
	萬象山	崇福寺		1					1		3				1	2							3		
緙雲縣	仙都山	鼎湖峰	1				1				1		1		1	1	1								
		初陽山	11					5	2	4	11		15	2	9				2	5	5	3			
		小赤壁	2				1	1			2		2			2					1			1	
		獨峰書院	3	1				4			4		5			4		2	2	1					
	南宮山	阮客洞	2			1		1			2		2		1	1				1		1			
	滴水岩	聖岩寺	2						2		2		2		1	1							2		
青田縣	石門洞	月洞	13			7	4	1	1		12	1	14	1	1	9		8			3	3			1
		碑廊		15				14	1		15		24			13				4	1		18	1	
		劉基祠		1				1			1		1			1							1		
		鼓山	1						1		1		1		1	1	1								
	太鶴山	混元峰	3				1	1	1		3		3		1	2				1		1	1		
	棲霞寺	鶯花亭		1					1		1		4			4							4		
	溫溪鎮	小石門	1						1		1		1		1								1		

续表

區縣	具體位置		形制		鐫刻年代						存佚		詩歌		作者		詩歌體裁								
			摩崖	碑碣	唐	宋	元	明	清	民國	存	佚	完整	殘詩	麗水	他籍	四言	五古	五絕	五律	七絕	七律	七古	騷體	俟考
松陽縣	象溪鎮	松陰溪	1					1			1		1		1							1			
遂昌縣	含暉洞	含暉洞	1					1			1		1		1		1								
		三臺寺	1					1			1		1			1									1
雲和縣	赤石鄉	夏洞天		1				1			1		2		2							2			
	崇頭鎮	金坑溪	1				1				1		1		1						1				
	元和街道	獅山		2					1	1	2		2		2							2			
景寧縣	梅岐鄉	竹山村	1				1				1		1		1					1					
慶元縣	五大堡鄉	銀坑洞	1						1		1		1		1					1					
總　數			51	26	8	11	3	30	20	5	75	2	107	1	19	56	3	12	9	12	18	50	1	2	1

附錄二　詩歌作者及刻工目錄表

序號	作者		刻 工	本書頁碼	詩刻所在具體位置
	朝代	姓名			
1	南朝	謝靈運		第13—14、19 頁	青田縣石門洞景區月洞石壁
2	唐	徐嶠		第24 頁	青田縣石門洞景區月洞石壁
3		張願		第26 頁	青田縣石門洞景區月洞石壁
4		郭密之		第28、33 頁	青田縣石門洞景區月洞石壁
5		李蓇		第37—38 頁	縉雲縣壺鎮南宮山阮客洞內
6		趙□		第39 頁	青田縣石門洞景區月洞石壁
7	北宋	葉清臣		第40 頁	縉雲縣仙都景區鼎湖峰北麓
8		趙濡		第44 頁	青田縣石門洞景區月洞石壁
9		王徽		第46 頁	青田縣石門洞景區月洞石壁
10		劉涇		第50—51、54 頁	蓮都區南明山雲閣崖石壁
				第57 頁	青田縣太鶴山白鶴洞洞口旁
				第59 頁	蓮都區三岩景區白雲洞前
11	南宋	謝伋		第61、64 頁	青田縣石門洞景區月洞石壁
12		王埴		第67 頁	縉雲縣仙都景區小赤壁石壁
13		柳進叔		第75 頁	蓮都區水閣街道陳店村旁
14	元	仝正目		第78 頁	雲和縣崇頭鎮金坑溪南岸
15		曹子成		第79 頁	青田縣太鶴山混元峰白鶴洞
16		佚名礦工		第81 頁	景寧縣梅岐鄉坑溪澗岸邊

序號	作者		刻工	本書頁碼	詩刻所在具體位置
	朝代	姓名			
17		佚名詩人		第 82 頁	蓮都區南明山高陽洞西側
18		佚名礦工		第 84 頁	慶元縣五大堡鄉銀坑洞洞口
19		高汝行		第 152 頁	青田縣石門洞景區劉基祠
20		樊問童		第 86 頁	縉雲縣壺鎮南宮山阮客洞
21		鄭　毅	王九瑜	第 155 頁	青田縣石門洞景區碑廊內
22		張孚敬	朱□□	第 162 頁	青田縣石門洞景區碑廊內
23		胡　鯨		第 88 頁	縉雲縣仙都初暘山讀書洞旁
24		夏　浚		第 91 頁	縉雲縣仙都景區小赤壁石壁
				第 165 頁	青田縣石門洞景區碑廊內
25		陳　慶		第 168 頁	青田縣石門洞景區碑廊內
26		蕭　廩		第 174、177 頁	青田縣石門洞景區碑廊內
27		孔文同		第 93 頁	縉雲縣仙都初暘山憑虛閣頂
28		瀨仙道人		第 95—96、97 頁	縉雲縣仙都景區獨峰書院前
29		張佳胤		第 181 頁	青田縣石門洞景區碑廊內
30	明	唐沖宇		第 184 頁	青田縣石門洞景區碑廊內
31		蔡逢時		第 189 頁	青田縣石門洞景區碑廊內
32		任可容		第 194 頁	青田縣石門洞景區碑廊內
33		許國忠		第 199 頁	青田縣石門洞景區碑廊內
34		魏　富		第 99 頁	青田縣石門洞景區月洞石壁
35		梁雲構		第 204 頁	縉雲縣仙都景區獨峰書院內
36		石萬程			
37		陳受甲		第 104 頁	縉雲縣仙都景區獨峰書院前
38		楊師孔		第 171 頁	蓮都區南明山"石梁"景觀下
39		王家楨		第 106 頁	縉雲縣仙都景區初暘山下
40		常居敬		第 212 頁	青田縣石門洞景區碑廊內
41		蘇茂相		第 220 頁	青田縣石門洞景區碑廊內
42		張延登		第 223 頁	青田縣石門洞景區碑廊內
43		周　諫		第 109 頁	縉雲縣仙都景區獨峰書院前
44		陳如蓮		第 111 頁	縉雲縣仙都景區初暘山南麓
45		王崇銘		第 228 頁	青田縣石門洞景區劉基祠

续表

序號	作者		刻工	本書頁碼	詩刻所在具體位置
	朝代	姓名			
46		谷應泰		第 113 頁	縉雲縣仙都初暘山初陽谷
47		杜漻		第 116 頁	縉雲縣仙都初暘山初陽谷
48		阮 元		第 119、123 頁	青田縣石門洞景區月洞石壁
49		白尊聯		第 125 頁	青田縣太鶴山混元峰西南麓
50		宋錦鄂		第 127 頁	蓮都區白雲街道三岩朝曦洞
51		端木國瑚		第 128 頁	遂昌縣含暉洞景區靈泉洞
				第 130 頁	松陽縣象溪鎮松陰溪畔
52		徐 榮		第 133 頁	遂昌縣含暉洞景區石船外壁
53		吳廷康		第 135 頁	縉雲縣壺鎮滴水岩聖岩寺
54		李遇孫			蓮都區南明山仁壽寺內
55		楊炳奎		第 233 頁	"麗水佛教協會辦公室"墙壁上
56		徐望璋			
57	清	周松淳		第 137 頁	縉雲縣壺鎮滴水岩聖岩寺
58		魏文瀛		第 231 頁	雲和縣元和街道睦田村獅山
59		陳 瑤		第 241 頁	蓮都區南明山"石梁"景觀下
60		吳士華		第 243 頁	雲和縣赤石鄉夏洞天景區內
61		季方來			雲和縣赤石鄉夏洞天景區內
62		趙亮熙		第 246 頁	蓮都區南明山"石梁"景觀下
63		周友勝			蓮都區萬象山煙雨樓前
64		季 培		第 249—250 頁	（原碑現藏於麗水市博物館）
65		林樹滋			
66		郭秀山		第 139 頁	青田縣溫溪鎮"小石門"景區
67		郭鐘岳			
68		裘桂芬		第 254—255 頁	青田縣鶴城街道水南樓霞寺
69		秦國均			
70		祁蔭甲			

续表

序號	作者		刻工	本書頁碼	詩刻所在具體位置
	朝代	姓名			
71		魏　蘭		第 261 頁	雲和縣元和街道睦田村獅山
72		黃端履		第 142 頁	縉雲縣仙都初暘山初陽谷
73	民國	何　遂		第 146 頁	縉雲縣仙都初暘山初陽谷
74		許劍華		第 148 頁	縉雲縣仙都初暘山讀書洞前
75		曹樹屏		第 150 頁	縉雲縣仙都初暘山公路旁

附錄三　插圖目錄表

續表

序號	插圖內容	插圖來源	正文頁碼
圖一七	北宋劉涇南明山摩崖詩刻（二）今貌	筆者攝	第 54 頁
圖一八	北宋劉涇南明山摩崖詩刻（二）拓片	筆者採自麗水市博物館"括蒼石語"展廳	
圖一九	青田縣太鶴山白鶴洞今貌	筆者攝	第 57 頁
圖二〇	北宋劉涇太鶴山摩崖詩刻今貌	筆者攝	
圖二一	北宋劉涇太鶴山摩崖詩刻拓片	採自吳志華《處州金石》上冊，第三九〇頁	
圖二二	蓮都區白雲街道三岩景區全貌	筆者攝	第 59 頁
圖二三	北宋劉涇三岩摩崖詩刻今貌	筆者攝	
圖二四	南宋謝伋石門洞摩崖詩刻（一）拓片	採自吳志華《處州金石》上冊，第四二三頁	第 61 頁
圖二五	南宋謝伋石門洞摩崖詩刻（二）拓片	採自吳志華《處州金石》上冊，第四六〇頁	第 64 頁
圖二六	縉雲縣仙都景區"小赤壁"景觀今貌	筆者攝	第 67 頁
圖二七	南宋王埴仙都摩崖詩刻今貌	筆者攝	
圖二八	南宋王埴仙都摩崖詩刻拓片	採自吳志華《處州金石》上冊，第四五二頁	
圖二九	南宋柳進叔陳店摩崖詩刻今貌	彭全兵提供	第 75 頁
圖三〇	南宋柳進叔陳店摩崖題記今貌	彭全兵提供	
圖三一	元全正目金坑溪摩崖詩刻拓片	採自雲和縣政協文史委《欏林金石志》，第一二二頁	第 78 頁
圖三二	元曹子成太鶴山摩崖詩刻今貌	筆者攝	第 79 頁
圖三三	元佚名礦工坑溪澗摩崖詩刻今貌	採自浙江省文物局編《浙江省第三次全國文物普查新發現摩崖石刻》，第三〇頁	第 81 頁
圖三四	蓮都區南明山高陽洞今貌	筆者攝	
圖三五	明佚名詩人南明山摩崖詩刻今貌	筆者攝	第 82 頁
圖三六	明佚名詩人南明山摩崖詩刻拓片	採自吳志華《處州金石》下冊，第八七九頁	

序號	插圖內容	插圖來源	正文頁碼
圖三七	明佚名礦工銀坑洞摩崖詩刻今貌	採自葉海《菇鄉遺韻：慶元縣第三次全國文物普查成果專輯》，第二一五頁	第84頁
圖三八	縉雲縣壺鎮南宮山"阮客洞"題名	馬鷹提供	第86頁
圖三九	明樊問童南宮山摩崖詩刻今貌	吳志華提供	
圖四〇	縉雲縣仙都景區初暘山讀書洞今貌	筆者攝	第88頁
圖四一	明胡鯨仙都摩崖詩刻今貌	筆者攝	
圖四二	明夏浚仙都摩崖詩刻今貌	筆者攝	第91頁
圖四三	縉雲縣仙都景區初暘山憑虛閣今貌	筆者攝	第93頁
圖四四	明孔文同仙都摩崖詩刻今貌	筆者攝	
圖四五	明瀨仙道人仙都摩崖詩刻（一）今貌	筆者攝	第95頁
圖四六	明瀨仙道人仙都摩崖詩刻（二）今貌	筆者攝	第97頁
圖四七	明魏富石門洞摩崖詩刻今貌	筆者攝	第99頁
圖四八	明陳受甲仙都摩崖詩刻今貌	筆者攝	第104頁
圖四九	縉雲縣仙都景區初暘山下"半壁池"景觀今貌	筆者攝	第106頁
圖五〇	明王家楨仙都摩崖詩刻今貌	筆者攝	
圖五一	明周諫仙都摩崖詩刻今貌	筆者攝	第109頁
圖五二	明陳如蓮仙都摩崖詩刻今貌	筆者攝	第111頁
圖五三	縉雲縣仙都景區初暘山初暘洞今貌	筆者攝	第113頁
圖五四	清谷應泰仙都摩崖詩刻今貌	筆者攝	
圖五五	清杜澳仙都摩崖詩刻今貌	筆者攝	第116頁
圖五六	清阮元石門洞摩崖詩刻（一）今貌	筆者攝	第119頁
圖五七	清阮元石門洞摩崖詩刻（二）今貌	筆者攝	第123頁
圖五八	清白尊聯太鶴山摩崖詩刻今貌	筆者攝	第125頁
圖五九	蓮都區白雲街道三岩寺貌	筆者攝	第127頁
圖六〇	清宋錦鄂三岩摩崖詩刻今貌	筆者攝	
圖六一	遂昌縣含暉洞景區"含暉勝境"牌坊	筆者攝	第128頁
圖六二	遂昌縣含暉洞景區含暉洞今貌	筆者攝	
圖六三	清端木國瑚含暉洞摩崖詩刻今貌	筆者攝	

续表

序號	插圖内容	插圖來源	正文頁碼
圖六四	遂昌縣含暉洞景區"石船"外貌	筆者攝	第 133 頁
圖六五	遂昌縣含暉洞景區"慈航渡"涼亭	筆者攝	
圖六六	清徐榮含暉洞摩崖詩刻拓片	採自吳志華《處州金石》下冊，第九七六頁	
圖六七	清吳廷康滴水岩摩崖詩刻今貌	採自網友"浙江 lsjyzwcwq"的新浪博客 https：//blog. sina. com. cn/u/1539583024	第 135 頁
	清周松淳滴水岩摩崖詩刻今貌		第 137 頁
圖六八	青田縣溫溪鎮沙埠村牌坊	筆者攝	第 139 頁
圖六九	青田縣"小石門"景區白雲寺今貌	筆者攝	
圖七〇	清郭秀山小石門摩崖詩刻今貌	筆者攝	
圖七一	縉雲縣仙都景區初暘山初陽谷今貌	筆者攝	第 142 頁
圖七二	民國時期黃端履仙都摩崖詩刻今貌	筆者攝	
圖七三	民國時期何遂仙都摩崖詩刻今貌	筆者攝	第 146 頁
圖七四	民國時期許劍華仙都摩崖詩刻今貌	筆者攝	第 148 頁
圖七五	縉雲縣仙都景區初暘山頂"和暘亭"	筆者攝	第 150 頁
圖七六	民國時期曹樹屏仙都摩崖詩刻今貌	筆者攝	
圖七七	青田縣石門洞景區劉基祠今貌	筆者攝	第 152 頁
圖七八	明高汝行石門洞詩碑今貌	筆者攝	
圖七九	明高汝行石門洞詩碑拓片	採自徐文平《石門洞摩崖石刻與碑刻》，第一〇七頁	
圖八〇	明鄭毅石門洞詩碑今貌	筆者攝	第 155 頁
圖八一	明鄭毅石門洞詩碑拓片	採自吳志華《處州金石》下冊，第二七七頁	
圖八二	明張孚敬石門洞詩碑今貌	筆者攝	第 162 頁
圖八三	明張孚敬石門洞詩碑拓片	採自吳志華《處州金石》下冊，第二八九頁	
圖八四	明夏浚石門洞詩碑拓片	採自徐文平《石門洞摩崖石刻與碑刻》，第一一〇頁	第 165 頁
圖八五	明陳慶石門洞詩碑今貌	筆者攝	第 168 頁
圖八六	明陳慶石門洞詩碑拓片	採自吳志華《處州金石》下冊，第三二一頁	

续表

序號	插圖內容	插圖來源	正文頁碼
圖八七	蓮都區南明山景區"石梁"景觀全貌	筆者攝	第 171 頁
圖八八	明楊師孔南明山詩碑今貌	筆者攝	
圖八九	明楊師孔南明山詩碑拓片	筆者採自麗水市博物館"括蒼石語"展廳	
圖九〇	明蕭廩石門洞詩碑（一）今貌	筆者攝	第 174 頁
圖九一	明蕭廩石門洞詩碑（一）拓片	採自徐文平《處州歷代書法》，第一二六頁	
圖九二	明蕭廩石門洞詩碑（二）今貌	筆者攝	第 177 頁
圖九三	明蕭廩石門洞詩碑（二）拓片	採自徐文平《處州歷代書法》，第一二七頁	
圖九四	清張佳胤石門洞詩碑今貌	筆者攝	第 181 頁
圖九五	清張佳胤石門洞詩碑拓片	採自王友忠《青田高市歷史文化名勝古跡》，第六三頁	
圖九六	明唐沖宇石門洞詩碑今貌	筆者攝	第 184 頁
圖九七	明唐沖宇石門洞詩碑拓片	採自徐文平《處州歷代書法》，第一三一頁	
圖九八	明蔡逢時石門洞詩碑今貌	筆者攝	第 189 頁
圖九九	明蔡逢時石門洞詩碑拓片	採自徐文平《處州歷代書法》，第一三三頁	
圖一〇〇	明任可容石門洞詩碑今貌	筆者攝	第 194 頁
圖一〇一	明任可容石門洞詩碑拓片	採自吳志華《處州金石》下冊，第三六〇頁	
圖一〇二	明許國忠石門洞詩碑今貌	筆者攝	第 199 頁
圖一〇三	明許國忠石門洞詩碑拓片	採自徐文平《處州歷代書法》，第九八頁	
圖一〇四	明梁雲構、石萬程仙都合刻詩碑今貌	筆者攝	第 204 頁
圖一〇五	明梁雲構、石萬程仙都合刻詩碑拓片	採自吳志華《處州金石》下冊，第三九〇頁	
圖一〇六	明常居敬石門洞詩碑今貌	筆者攝	第 212 頁
圖一〇七	明常居敬石門洞詩碑拓片	採自徐文平《處州歷代書法》，第一二九頁	

序號	插圖內容	插圖來源	正文頁碼
圖一〇八	明蘇茂相石門洞詩碑今貌	筆者攝	第 220 頁
圖一〇九	明蘇茂相石門洞詩碑拓片	採自吳志華《處州金石》下冊，第三七七頁	
圖一一〇	明張延登石門洞詩碑今貌	筆者攝	第 223 頁
圖一一一	明張延登石門洞詩碑拓片	採自吳志華《處州金石》下冊，第三八〇頁	
圖一一二	清王崇銘石門洞詩碑今貌	筆者攝	第 228 頁
圖一一三	清王崇銘石門洞詩碑拓片	採自吳志華《處州金石》下冊，第四〇四頁	
圖一一四	清魏文瀛獅山詩碑今貌	筆者攝	第 231 頁
圖一一五	蓮都區南明山仁壽寺今貌	筆者攝	第 233 頁
圖一一六	清李遇孫等人南明山合刻詩碑今貌	筆者攝	
圖一一七	清陳璚南明山詩碑今貌	筆者攝	第 241 頁
圖一一八	清陳璚南明山詩碑拓片	筆者採自麗水市博物館"括蒼石語"展廳	
圖一一九	清吳士華、季方來夏洞天合刻詩碑今貌	採自雲和縣政協文史委編《櫸林金石志》，第二〇四頁	第 243 頁
圖一二〇	清趙亮熙南明山詩碑今貌	筆者攝	第 246 頁
圖一二一	清趙亮熙南明山詩碑拓片	筆者採自麗水市博物館"括蒼石語"展廳	
圖一二二	蓮都區萬象山煙雨樓今貌	筆者攝	第 249 頁
圖一二三	清周友勝等人萬象山合刻詩碑今貌	筆者攝	
圖一二四	清周友勝等人萬象山合刻詩碑拓片	採自麗水市博物館網站 www.lsbwg.com/FH－WEB/	
圖一二五	青田縣鶴城街道水南村樓霞寺旁鶯花亭今貌	筆者攝	第 254 頁
圖一二六	清秦國均等人樓霞寺合刻詩碑碑陽今貌	筆者攝	
圖一二七	清秦國均等人樓霞寺合刻詩碑碑陰拓本	筆者採自麗水市博物館"括蒼石語"展廳	
圖一二八	雲和縣城東睦田村獅山塔	筆者攝	第 261 頁
圖一二九	民國時期魏蘭獅山詩碑今貌	筆者攝	

主要參考文獻

一　古籍

（一）經部

《十三經注疏》，（清）阮元校刻，中華書局1980年版。

《說文解字注》，（東漢）許慎撰，（清）段玉裁注，中華書局2013年版。

《說文義證》，（清）桂馥撰，中華書局1987年版。

《玉篇校釋》，（南朝）顧野王撰，胡吉宣校釋，上海古籍出版社1989年版。

《正字通》，（明）張自烈編，（清）廖文英補，國際文化出版公司1996年影印本。

《字彙》，（明）梅膺祚撰，上海辭書出版社1991年版。

《廣韻校釋》，（北宋）陳彭年等撰，蔡夢麟校釋，中華書局2021年版。

《集韻校本》，（北宋）丁度撰，趙振鐸點校，上海辭書出版社2013年版。

《廣雅疏證》，（清）王念孫撰，中華書局2004年版。

《小爾雅集釋》，遲鐸集釋，中華書局2008年版。

（二）史部

《國語集解》，（戰國）左丘明撰，徐元誥注解，中華書局2002年版。

《春秋左傳注》，（戰國）左丘明撰，楊伯峻注，中華書局2017

年版。

《史記》，（西漢）司馬遷著，中華書局 2013 年版。

《漢書》，（東漢）班固著，中華書局 1962 年版。

《三國志》，（西晉）陳壽等編，（南朝）裴松之注，中華書局 2011
年版。

《後漢書》，（南朝）范曄等編，中華書局 1965 年版。

《宋書》，（南朝）沈約等編，中華書局 1974 年版。

《北齊書》，（隋）李百藥等編，中華書局 1972 年版。

《晉書》，（唐）房玄齡等編，中華書局 1974 年版。

《舊唐書》，（后晉）劉昫等編，中華書局 1975 年版。

《新唐書》，（北宋）歐陽修、宋祁編，中華書局 1975 年版。

《宋史》，（元）脫脫等編，中華書局 1985 年版。

《明史》，（清）張廷玉等編，中華書局 1974 年版。

《資治通鑒》，（北宋）司馬光等編，中華書局 2011 年版。

《大唐西域記校注》，（唐）玄奘著，季羨林校注，中華書局 2000
年版。

《入唐求法巡禮行記校注》，（唐）圓仁著，白化文、李鼎霞、許德
楠校注，中華書局 2019 年版。

《徐霞客遊記》，（明）徐宏祖撰，上海古籍出版社 2016 年版。

《越絕書校注》，（東漢）袁康、吳平撰，張仲清校注，國家圖書館
出版社 2009 年版。

《集古錄跋尾》，（北宋）歐陽修撰，人民美術出版社 2010 年版。

《兩浙金石志》，（清）阮元編，浙江古籍出版社 2012 年版。

《栝蒼金石志》，（清）李遇孫編，《續修四庫全書》第 911—912 冊
影印本。

《八瓊室金石補正續編》，（清）陸繼輝編，《續修四庫全書》第 899
冊影印本。

《續栝蒼金石志》，（清）鄒柏森編，《聚學軒叢書》第 4 輯，江蘇廣
陵古籍刻印社 1982 年版。

《嘉定赤城志》，（南宋）齊碩修，陳耆卿纂，臺北成文出版社有限
　　公司 1983 年。

《雍正處州府志》，（清）曹掄彬修，朱肇済等纂，臺灣成文出版社
　　有限公司 1983 年版。

《雍正江西通志》，（清）謝旻修，（清）惲鶴生纂，臺灣成文出版社
　　有限公司 1989 年版。

《乾隆瑞安縣志》，（清）陳永清修，吳慶元纂，溫州市圖書館藏乾
　　隆十四年（1749）刻本。

《乾隆縉雲縣志》，（清）令狐亦岱修，沈鹿鳴纂，臺灣成文出版社
　　有限公司 1970 年版。

《嘉慶慶元縣志》，（清）關學優修，吳元棟等纂，臺灣成文出版社
　　有限公司 1983 年版。

《光緒處州府志》，（清）潘紹詒修，周榮椿等纂，臺灣成文出版社
　　有限公司 1974 年版。

《光緒青田縣志》，（清）雷銑等修，王棻等纂，臺灣成文出版社有
　　限公司 1975 年版。

《光緒縉雲縣志》，（清）何乃容修，潘樹棠纂，臺灣成文出版社有
　　限公司 1970 年版。

（三）子部

《莊子集釋》，（戰國）莊子撰，王孝魚注解，中華書局 2022 年版。

《管子校注》，（春秋）管仲撰，黎翔鳳校注，中華書局 2018 年版。

《列子集釋》，（戰國）列子撰，楊伯峻釋，中華書局 2016 年版。

《韓非子集解》，（清）王先慎撰，鐘哲點校，中華書局 2016 年版。

《淮南子集釋》，（西漢）劉安等編，何寧箋釋，中華書局 2021
　　年版。

《抱樸子內篇校釋》，（東晉）葛洪撰，王明校釋，中華書局 2019
　　年版。

《齊民要術今釋》，（北齊）賈思勰撰，石聲漢校釋，中華書局 2009
　　年版。

《顏氏家訓集解》，（北齊）顏之推撰，王利器注解，中華書局 2013
　　年版。

《雲笈七籤》，（唐）張君房編，中華書局 2003 年版。

《太平御覽》，（北宋）李昉等撰，中華書局 1960 年版。

《神仙傳校釋》，（東晉）葛洪撰，胡守為校釋，中華書局 2020
　　年版。

《拾遺記》，（東晉）王嘉撰，（南朝）蕭綺錄，齊治平校注，中華書
　　局 2015 年版。

《世說新語校箋》，（南朝）劉義慶撰，徐震堮校箋，中華書局 2006
　　年版。

《幽明錄》，（南朝）劉義慶撰，鄭晚晴輯注，文化藝術出版社 1988
　　年版。

《初學記》，（唐）徐堅撰，中華書局 2004 年版。

《集異記》，（唐）薛用弱撰，中華書局 1980 年版。

《獨異志》，（唐）李冗撰，中華書局 1983 年版。

　　（四）集部

《楚辭補注》，（戰國）屈原等撰，（東漢）王逸章句，（南宋）洪興
　　祖補注，中華書局 1983 年版。

《古詩十九首集釋》，隋樹森校注，中華書局 2018 年版。

《樂府詩集》，（北宋）郭茂倩編，中華書局 1979 年版。

《司馬相如集校注》，（西漢）司馬相如撰，金國永校注，上海古籍
　　出版社 1993 年版。

《張衡詩文集校注》，（東漢）張衡撰，張震澤校注，上海古籍出版
　　社 2009 年版。

《班固集校注》，（東漢）班固撰，侯文學校注，人民出版社 2019
　　年版。

《王粲集》，（東漢）王粲撰，俞紹初校注，中華書局 1980 年版。

《諸葛亮集》，（三國）諸葛亮撰，中華書局 2009 年版。

《曹植集校注》，（三國）曹植撰，趙幼文校注，中華書局 2016

年版。

《曹丕集校注》，（三國）曹丕撰，魏宏燦校注，安徽大學出版社
　　2009 年版。

《嵇康集校注》，（三國）嵇康撰，戴明揚校注，中華書局 2014
　　年版。

《陸機集校箋》，（西晉）陸機撰，楊明校箋，上海古籍出版社 2016
　　年版。

《潘岳集校注》，（西晉）潘岳撰，董志廣校注，天津古籍出版社
　　2005 年版。

《陶淵明集箋注》，（東晉）陶淵明撰，袁行霈箋注，中華書局 2003
　　年版。

《江文通集校注》，（南朝）江淹撰，丁福林校注，上海古籍出版社
　　2017 年版。

《謝康樂詩注》，（南朝）謝靈運撰，黃節注，中華書局 2008 年版。

《何遜集校注》，（南朝）何遜撰，李伯齊校注，中華書局 2010
　　年版。

《沈約集校箋》，（南朝）沈約撰，陳慶元箋注，浙江古籍出版社
　　1995 年版。

《鮑照集校注》，（南朝）鮑照著，丁福林、叢玲玲校注，中華書局
　　2012 年版。

《庾子山集注》，（北周）庾信著，（清）倪璠注，許逸民校，中華書
　　局 1980 年版。

《唐太宗全集校注》，（唐）李世民撰，吳雲注解，天津古籍出版社
　　2004 年版。

《駱賓王集》，（唐）駱賓王撰，陳熙晉箋注，浙江古籍出版社 2018
　　年版。

《李太白全集》，（唐）李白撰，（清）王琦注，中華書局 1977 年版。

《杜詩詳注》，（唐）杜甫撰，（清）仇兆鰲注，中華書局 2015 年版。

《孟浩然詩集校注》，（唐）孟浩然撰，李景白校注，中華書局 2018

年版。

《柳宗元集校注》，（唐）柳宗元撰，尹占華、韓文奇校注，中華書局 2013 年版。

《王維集校注》，（唐）王維撰，陳鐵民校注，中華書局 1997 年版。

《杜牧集系年校注》，（唐）杜牧撰，吳在慶校注，中華書局 2008 年版。

《戴叔倫詩集校注》，（唐）戴叔倫撰，蔣寅校注，上海古籍出版社 2010 年版。

《楊炯集箋注》，（唐）楊炯撰，祝尚書箋注，中華書局 2016 年版。

《趙嘏詩注》，（唐）趙嘏撰，譚優學注，上海古籍出版社 1985 年版。

《盧照鄰集箋注》，（唐）盧照鄰撰，祝尚書校注，上海古籍出版社 2011 年版。

《沈佺期宋之問集校注》，（唐）沈佺期、宋之問撰，陶敏、易淑瓊校注，中華書局 2017 年版。

《韋應物集校注》，（唐）韋應物撰，陶敏、王友勝校注，上海古籍出版社 1998 年版。

《劉禹錫全集編年校注》，（唐）劉禹錫撰，陶紅雨注，中華書局 2019 年版。

《白居易文集校注》，（唐）白居易撰，謝思煒校注，中華書局 2011 年版。

《韓昌黎詩集編年箋注》，（唐）韓愈撰，（清）方世舉箋注，中華書局 2012 年版。

《張九齡集校注》，（唐）張九齡撰，熊飛校注，中華書局 2008 年版。

《王績詩注》，（唐）王績撰，王國安注，上海古籍出版社 1981 年版。

《賈島集校注》，（唐）賈島撰，齊文榜校注，中華書局 2020 年版。

《岑參集校注》，（唐）岑參撰，陳鐵民、侯忠義校注，上海古籍出版社 2004 年版。

《孟郊詩集校注》，（唐）孟郊撰，喻學才校注，人民文學出版社 1995 年版。

《儲光羲詩集》，（唐）儲光羲撰，上海古籍出版社 1992 年版。

《皮子文藪》，（唐）皮日休撰，蕭滌非、鄭慶篤整理，上海古籍出版社 2017 年版。

《賀知章詩注》，（唐）賀知章撰，王啟興注，上海古籍出版社 1986 年版。

《王昌齡詩注》，（唐）王昌齡撰，李雲逸注，上海古籍出版社 1984 年版。

《元稹集》，（唐）元稹撰，中華書局 2010 年版。

《高適詩集編年箋注》，（唐）高適撰，劉開揚箋注，中華書局 1981 年版。

《劉希夷詩注》，（唐）劉希夷撰，陳文華注，上海古籍出版社 1997 年版。

《唐風集》，（唐）杜荀鶴撰，《景印文淵閣四庫全書》本。

《司空曙詩集校注》，（唐）司空曙撰，文航生校注，人民文學出版社 2011 年版。

《唐彥謙詩箋釋》，（唐）唐彥謙撰，袁津琥箋注，巴蜀書社 2021 年版。

《姚合詩集校注》，（唐）姚合撰，吳河清校注，上海古籍出版社 2012 年版。

《李頎詩歌校注》，（唐）李頎撰，王錫九校注，中華書局 2018 年版。

《鄭谷詩集箋注》，（唐）鄭谷撰，嚴壽徵、趙昌平、黃明箋注，上海古籍出版社 2009 年版。

《盧綸詩集校注》，（唐）盧綸撰，劉初棠校注，上海古籍出版社 1989 年版。

《陸龜蒙全集校注》，（唐）陸龜蒙撰，何錫光校注，鳳凰出版社

2015 年版。

《秦韜玉詩注》，（唐）秦韜玉撰，李之亮注，上海古籍出版社 1989
年版。

《溫庭筠全集校注》，（唐）溫庭筠撰，劉學鍇校注，中華書局 2007
年版。

《李商隱詩歌集解》（增訂重排本），（唐）李商隱撰，劉學鍇、余恕
誠集解，中華書局 2004 年版。

《崔顥詩注》，（唐）崔顥撰，萬競君注，上海古籍出版社 1982
年版。

《張祜詩集校注》，（唐）張祜撰，尹占華校注，上海古籍出版社
2020 年版。

《丁卯集箋證》，（唐）許渾撰，羅時進箋證，中華書局 2012 年版。

《羅隱集校注》，（唐）羅隱撰，潘惠慧校注，浙江古籍出版社 2011
年版。

《錢起集校注》，（唐）錢起撰，王定璋校注，浙江古籍出版社 2015
年版。

《毘陵集校注》，（唐）獨孤及撰，劉鵬、李桃校注，遼海出版社
2007 年版。

《劉長卿詩編年箋注》，（唐）劉長卿撰，儲仲君箋注，中華書局
2017 年版。

《陳子昂集》，（唐）陳子昂撰，徐鵬點校，上海古籍出版社 2013
年版。

《李賀詩歌集注》，（唐）李賀撰，（清）王琦等注，上海古籍出版社
1978 年版。

《曹唐詩注》，（唐）曹唐撰，陳繼明注，上海古籍出版社 1996
年版。

《李嶠詩注》，（唐）李嶠撰，徐定祥注，上海古籍出版社 1995
年版。

《寒山詩注（附拾得詩注）》，（唐）寒山、拾得撰，項楚注，中華書

局 2019 年版。

《齊己詩集箋注》，（唐）齊己撰，王秀林校注，中國社會科學出版社 2011 年版。

《韋莊集箋注》，（五代）韋莊撰，聶安福箋注，上海古籍出版社 2002 年版。

《李璟李煜詞校注》，（五代）李璟、李煜撰，詹安泰校注，上海古籍出版社 2015 年版。

《陽春集校注》，（五代）馮延巳撰，黃畬校注，天津古籍出版社 1993 年版。

《梅堯臣集編年校注》，（北宋）梅堯臣撰，朱東潤編年校注，上海古籍出版社 2006 年版。

《歐陽修詩文集校箋》，（北宋）歐陽修撰，洪本健校箋，上海古籍出版社 2009 年版。

《曾鞏集》，（北宋）曾鞏撰，中華書局 1984 年版。

《嘉祐集箋注》，（北宋）蘇洵撰，曾棗莊、金成禮箋注，上海古籍出版社 1993 年版。

《蘇軾詩集》，（北宋）蘇軾撰，孔凡禮注解，中華書局 1982 年版。

《蘇軾詞編年校注》，（北宋）蘇軾撰，王宗堂校注，中華書局 2007 年版。

《蘇轍集》，（北宋）蘇轍撰，陳宏天、高秀芳點校，中華書局 2017 年版。

《王荊文公詩箋注》，（北宋）王安石撰，（北宋）李壁箋注，上海古籍出版社 2010 年版。

《樵歌校注》，（北宋）朱敦儒撰，鄧子勉校注，上海古籍出版社 2010 年版。

《李之儀文集箋注》，（北宋）李之儀撰，史月梅注，中國水利水電出版社 2019 年版。

《黃庭堅詩集注》，（北宋）黃庭堅撰，（北宋）任淵、史容、史季溫注，中華書局 2003 年版。

《范石湖集》，（北宋）范成大撰，上海古籍出版社 1981 年版。

《秦觀集編年校注》，（北宋）秦觀撰，周義敢、程自信注：人民文
　　學出版社 2001 年版。

《樂章集校注》，（北宋）柳永撰，薛瑞生校注，中華書局 2012
　　年版。

《王令集》，（北宋）王令撰，沈文倬註解，上海古籍出版社 2011
　　年版。

《張先集編年校注》，（北宋）張先撰，吳雄和、沈松勤校注，上海
　　古籍出版社 2012 年版。

《蘇舜欽集》，（北宋）蘇舜欽撰，上海古籍出版社 1981 年版。

《李綱全集》，（北宋）李綱撰，岳麓書社 2004 年版。

《清江三孔集》，（北宋）孔文仲、孔武仲、孔平仲撰，孫永選校點，
　　齊魯書社 2002 年版。

《參寥子詩集編年校注》，（北宋）釋道潛撰，陳小輝校注，江西人
　　民出版社 2017 年版。

《李清照集箋注》，（南宋）李清照撰，徐培均箋注，中華書局 2017
　　年版。

《辛棄疾集編年箋注》，（南宋）辛棄疾撰，辛更儒注，中華書局
　　2015 年版。

《張孝祥詞校箋》，（南宋）張孝祥撰，宛敏灝校箋，中華書局 2010
　　年版。

《謝疊山全集校注》，（南宋）謝枋得撰，華東師範大學出版社 1995
　　年版。

《朱淑真集注》，（南宋）朱淑真撰，（南宋）鄭元佐校注，中華書局
　　2008 年版。

《劍南詩稿校注》，（南宋）陸遊撰，錢仲聯校注，上海古籍出版社
　　1985 年版。

《周密集》，（南宋）周密撰，楊瑞點校，浙江古籍出版社 2015
　　年版。

《山房集》，（南宋）周南撰，文淵閣《四庫全書》本。

《劉克莊箋校》，（南宋）劉克莊撰，辛更儒校箋，中華書局 2011 年版。

《葉適集》，（南宋）葉適撰，劉公純、王孝魚、李哲夫點校，中華書局 2010 年版。

《楊萬里集箋校》，（南宋）楊萬里撰，辛更儒箋校，中華書局 2007 年版。

《姜白石詞箋注》，（南宋）姜夔撰，陳書良箋注，中華書局 2015 年版。

《翁卷集箋注》，（南宋）翁卷撰，余力箋注，線裝書局 2009 年版。

《戴復古詩集》，（南宋）戴復古撰，金芝山點校，浙江古籍出版社 2012 年版。

《蘆川詞箋注》，（南宋）張元幹撰，曹濟平校注，上海古籍出版社 2010 年版。

《文忠集》，（南宋）周必大撰，《景印文淵閣四庫全書》本。

《文天祥詩集校箋》，（南宋）文天祥撰，劉文源校箋，中華書局 2017 年版。

《趙孟頫集》，（元）趙孟頫撰，錢偉彊點校，浙江古籍出版社 2012 年版。

《雁門集》，（元）薩都剌撰，上海古籍出版社 1982 年版。

《元好問詩編年校注》，（明）元好問撰，狄寶心校注，中華書局 2011 年版。

《袁宏道集箋校》，（明）袁宏道撰，錢伯城箋校，上海古籍出版社 2018 年版。

《湯顯祖戲曲集》，（明）湯顯祖撰，錢南揚校注，上海古籍出版社 2010 年版。

《唐詩品匯》，（明）高棅編選，上海古籍出版社 1988 年影印本。

《宋詩鈔》，（明）吳之振等選，中華書局 1986 年版。

《詩藪》，（明）胡應麟撰，中華書局 1986 年影印本。

《嘯樓詩集》，（明）李雲龍撰，廣東省立中山圖書館藏民國抄本。

《錢牧齋全集》，（清）錢謙益撰，上海古籍出版社 2003 年版。

《惜抱軒詩文集》，（清）姚鼐，上海古籍出版社 2010 年版。

《龔自珍己亥雜詩注》，（清）龔自珍撰，劉逸生注，中華書局 2019
年版。

《朱彝尊詞集》，（清）朱彝尊撰，屈興國校注，浙江古籍出版社
2012 年版。

《文選》，（南朝）蕭統編，（唐）李善注，上海古籍出版社 1986
年版。

《分門纂類唐歌詩》，（南宋）趙孟奎等編，商務印書館 1935 年版。

《古文辭類纂》，（清）姚鼐編，中華書局 2022 年版。

《宋百家詩存》，（清）曹庭棟選，文淵閣《四庫全書》本。

《元詩別裁集》，（清）張景星、姚培謙、王永祺編，中華書局 1975
年影印本。

《清詩別裁》，（清）沈德潛編，上海古籍出版社 1984 年版。

《黔詩紀略》，（清）唐樹義撰，關賢柱點校，貴州人民出版社 1993
年版。

《全上古三代秦漢三國六朝文》，（清）嚴可均輯，中華書局 1958
年版。

《全唐文》，（清）董誥等編，中華書局 1983 年影印本。

《全唐詩》，（清）彭定求等編，中華書局 1999 年版。

《文心雕龍》，（南朝）劉勰撰，詹鍈義證，上海古籍出版社 1989
年版。

《二十四詩品》，（唐）司空圖撰，陳玉蘭評注，中華書局 2019
年版。

《隨園詩話》，（清）袁枚撰，浙江古籍出版社 2016 年版。

二　近人今人專撰或论文

《先秦漢魏晉南北朝詩》，逯欽立編，中華書局 1983 年版。

《全唐文新編》，周紹良編，吉林文史出版社 1999 年版。

《全唐詩補編》，陳尚君編，中華書局 1992 年版。

《全宋詞》，唐圭璋編，中華書局 2005 年版。

《全宋文》，曾棗莊、劉琳編，上海辭書出版社 2006 年版。

《全宋詩》，北京大學古文獻研究所編，北京大學出版社 1998 年版。

《全元詩》，楊鐮主編，中華書局 2013 年版。

《全粵詩》，中山大學中國古文獻研究所編，嶺南美術出版社 2009 年版。

《晚晴簃詩匯》，（民國）徐世昌編，聞世點校，中華書局 2018 年版。

《劉師培全集》，（民國）劉師培撰，中央黨校出版社 1997 年版。

《詞詮》，（民國）楊樹達著，中華書局 1979 年版。

《詩詞曲語辭匯釋》，張相著，上海古籍出版社 2009 年版。

《宋詩選注》，錢鐘書著，生活・讀書・新知三聯書店 2002 年版。

《唐人選唐詩新編》，傅璇琮等編，中華書局 2014 年版。

《貞石詮唐》，陳尚君著，復旦大學出版社 2016 年版。

《浙江方志考》，洪煥椿著，浙江人民出版社 1984 年版。

《浙江省第三次全國文物普查新發現叢書（摩崖石刻）》，浙江省文物局編，浙江古籍出版社 2012 年版。

《浙南摩崖石刻研究》，徐文平著，浙江大學出版社 2015 年版。

《處州金石》上冊，吳志華編，浙江古籍出版社 2014 年版。

《處州金石》下冊，吳志華編，浙江古籍出版社 2017 年版。

《處州歷代書法》，徐文平著，浙江古籍出版社 2008 年版。

《處州摩崖石刻研究》，徐文平著，浙江古籍出版社 2010 年版。

《青田文物圖集》，王友忠編，中央文獻出版社，2007 年版。

《石門洞太鶴山摩崖碑碣》，青田縣文物管理委員會 1991 年印行。

《青田高市歷史文化名勝古跡》，青田縣第三次全國文物普查領導辦公室 2010 年印行。

《石門洞摩崖石刻與碑刻》，徐文平著，青田縣文化與廣電旅遊體育局 2019 年印行。

《慶元縣第三次全國文物普查成果專輯》，葉海編，西泠印社出版社
　　2012 年版。

《古韻探索：青田縣第三次全國文物普查成果集》，陳炳雲編，中央
　　文獻出版社 2013 年版。

《松陽金石志》，吳偉民編，中國文史出版社 2016 年版。

《欏林金石志》，雲和縣政協文史委編，西泠印社出版社 2018 年版。

《謝靈運摩崖詩刻辨偽與考佚》，邱亮著，見于《文學遺產》2021 年
　　第 5 期，第 55—65 頁。

《宋景定柳進叔摩崖題刻考證》，程永軍、曹輝著，見于《文物鑒定
　　與鑒賞》2018 年第 4 期，第 77 頁。

《明代溫州倭寇編年》，孫延釗著，見于《孫延釗集》，上海社會科
　　學院出版社 2006 年版，第 64 頁。

後　　記

　　浙江省麗水市，是我曾經長期生活過的地方。從二〇一三年七月第一次來到麗水市算起，到二〇二一年三月家屬因工作需要而調離麗水市為止，我在那裡共計生活了七年零八個月。清晰的記得，二〇一三年國慶假日期間，我和幾位朋友一起，前往位於麗水市慶元縣五大堡鄉境內的明代銀坑洞遊玩。當時在兩位村民嚮導的帶領下，我們歷時一個多小時，穿越了整個坑洞。當我們準備返程時，其中的一位嚮導提示我們，在這孔銀坑洞洞口石壁上，鐫刻有一首正德七年（一五一二）佚名礦工所賦無題七言絕句。對於摹勒在石壁上的這首七言絕句，我和同行的朋友們都感到十分驚奇。

　　從主題內容和藝術水平上看，此詩的作者顯然是一位當年在銀坑洞勞作的礦工，而且這位礦工已經掌握了基本的詩歌知識與創作技能，是受到過一定的詩學訓練以及學校教育的。但是，他並沒有像胡紘、湯思退、何澹、端木國瑚等各代麗水籍士人那樣，通過科舉考試實現自己社會階層上的躍升，而是重新回歸到了平凡的日常生活。他成為一名礦工，靠著勞動謀生。某日，勞作之餘，他閒坐洞口，見山間百花爭艷，遂乘興吟作七絕一首："我作岩上說因衣，□可人□□運時。山中百花年年放。前人過去後人來。"這首七絕，雖然藝術水平不高，字跡上也極為潦草，但卻幫助我開啟了此後多年對於麗水歷代詩歌石刻的尋訪之旅。

　　我的尋訪，是以縣市區為單元漸次開展的，具體步驟如下：一，查閱明清處州及下轄各縣方志中的金石志或古跡志，以及今人所編各類文物圖錄，以初步摸清"家底"；二，走訪當地鄉賢、民間學者以及文物管理部門，以查漏補缺；三，根據前期調查到的詩刻信息，逐一進行實地踏勘。在這三個步驟中，以"實地踏勘"環節，花費精力最多也最為關鍵。只有經過實地踏勘，才能夠獲得寶貴的第一手資料，同時也才能有足夠的底氣，去辯證的吸收前人成果。

踏勘的過程，首先是辛苦的。因為，有相當數量的詩歌石刻，至今仍然分佈在偏僻孤遠之處。記憶最深的，就是對於遂昌縣三台山含暉洞清端木國瑚詩刻與徐榮詩刻的尋訪。現在的含暉洞，雖然後綴有"景區"二字，但實際上並沒有什麼開發。那天，我從三台山山腳出發，沿著石板路，向山中走去，一路上杳無人煙，幸好天朗氣清，所以我也並不感到害怕。當我找到含暉洞、走進含暉洞以後，發現洞內一片陰暗，只有岩縫中透進幾縷陽光。目力所及，根本見不到任何摩崖。原本想著，此行廢矣，但我遇到了正從山中更深處拾級而下的巡視員。他是山下村莊的村民。在這位巡視員的指引下，我打開探照燈，方才在洞頂覓得端木國瑚摩崖詩刻，同時還在山中一塊形似航船的巨石石壁上，尋到了徐榮摩崖詩刻。當我返程回到山下時，發現自己的鞋子已經破洞，褲子上也有多道劃痕，足見訪石之難。

同時，踏勘的過程，也是不乏溫暖的。每當我遇到瓶頸，往往會遇到一些善心人無私地伸出援手。對於青田縣溫溪鎮"小石門"景區清末郭秀民摩崖詩刻的探訪，就是其中一例。在青田縣溫溪鎮轄境內有座山峰，因山中的一處山岩景觀，與名聞遐邇的青田縣高市鄉"石門洞"景區入口處極似，故而得名"小石門"。但與高市鄉"石門洞"相比，溫溪鎮"小石門"的開發現狀卻相距甚遠。當日，由於自己人地生疏，加上計劃不周，在我打車來到"小石門"景區時，誤將入口處的"小石門"牌坊當作終點。而過早下車的結果，就是不得不徒步六公里來到山頂。我氣喘吁吁的到達山頂，竟然發現山上寂靜空曠且缺乏指示標誌，頓時懵圈。

民國梁啟超先生有篇題為《學問之趣味》的文章。他在文中介

紹說，自己做學問的最大動力就是"趣味"，并言："趣味總是慢慢
的來，越引越多，像那吃甘蔗，越往下才越得好處。"我也是循著
"趣味"開始麗水詩刻尋訪之旅的。而且，我在實地探訪的過程中，
也日益深刻的體會到了"趣味"的重要性。實地探訪儘管辛苦，但
只要體會到了其中"趣味"，也便樂在其中了。

　　我在山頂轉悠，見遠處山岩旁有座佛寺，寺內有位老者在掃地，
於是便走上前去打聽詩刻。老者聽完我的講述，知道我在尋找"帶
字的石壁"，便欣然放下手中的掃把，帶我逐一查看佛寺周邊所有摩
崖，其中就有我要尋找的那方清末郭秀民詩刻。這方摩崖詩刻，刊
刻在佛寺後的一處石壁上，所在位置極其隱秘。若要見到詩刻，需
要七轉八拐，經過好幾道門鎖。假如沒有這位老者的帶領，恐怕我
不得不無功而返了。當我準備離開時，老者見我面有饑色，便要燒
飯給我吃。我心裡想，自己已經耽誤人家很多時間了，怎麼好意思
再給人家添麻煩呢？於是推脫趕車，匆匆下山離去。萍水相逢，這
位老者竟然如此真實地對待我這位訪石的年輕人。這樣的老者、這
樣的經歷，怎能不讓人感到溫暖？!

　　經過近十年的斷續考察，我在今浙江省麗水市境內，共計搜集
到了七七方新中國建立以前摹刻或勒立的詩歌石刻。這七七方詩刻
以外，或許還會有漏網之魚，但應該不是很多。對於這七七方詩刻
的大多數，我都訪得原石并攝有照片。至於少量訪而未得的詩刻，
我也通過朋友幫忙或大數據檢索，找到了今貌或拓本照片。

　　這批詩刻，屬長期存在但始終沒有受到足夠關注的新資料。從
時間跨度上看，它們的鐫刻年代，始於唐開元年間，迄於民國三十
四年；從縣區覆蓋面上看，在麗水下轄各縣市區中，除龍泉市一地
以外，其他縣區均見有詩刻分佈；從保存現狀上看，大部分保存狀
況良好，僅個別漫漶難識或湮沒無存。它們具有相當的學術價值。
這一點，從詩歌輯佚上，就可以窺得一斑。由於我們至今沒有編纂
出明清兩代詩歌總集，所以在明清詩歌輯佚上，這批詩刻資料的價
值自不待言。即使是就《全唐詩》、《全宋詩》等其他各代詩歌總集

而言，麗水詩刻中也不乏未被收載之佚詩。

　　本書能夠付梓，自然離不開朋友們的幫助以及老師們的指導。杭州訪石愛好者姜建清、馬鷹，麗水市政府彭全兵、吳志華、吳修榮等人，都在圖片搜集上給予了寶貴協助；我的碩士導師伏俊璉教授、博士後合作導師張劍光教授，分別在選題和體例上提出了中肯意見。在此，向他們一併致以謝忱。

　　我國是石刻大國。這裡所說的"石刻"，不僅包括"秦公大墓石磬"、"侯馬盟書"等珍貴石刻文物，而且還包括其他大量價值隱而未彰的石刻資料。它們都是中華優秀傳統文化的重要載體。希望本書的出版，能夠引起大家對於各地石刻資料的關注。

　　最後，我想將本書獻給我的麗水朋友。我在自己的上一部小著《中古時期敦煌文人詩歌傳播研究》"後記"中曾言，我在麗水生活期間，承蒙當地朋友的關照，如果沒有他們的提攜與加持，我在那裡的經歷必然不會那麼順利。儘管我已經離開麗水多年，但內心深處始終感念著那些曾經幫助過我的人，同時也一直渴望著能夠為麗水區域文化的發掘與弘揚，做點力所能及的事情。本書對於麗水歷代詩刻的揭示，或許可以讓我的這種情感，得到稍許撫慰。

　　今天是二〇二四年第一天，恭祝我的朋友們新年快樂，是為記。

2024 年 1 月 1 日，於杭州錢塘江畔